Strafrecht

Die 10 wichtigsten
Musterklausuren

für's Examen

Hemmer/Wüst

Juli 2008

Strafrecht

Die 10 wichtigsten
Musterklausuren

für's Examen

Hemmer/Wüst

Juli 2008

Hemmer/Wüst Verlagsgesellschaft

Hemmer/Wüst, Strafrecht/Die 10 wichtigsten Musterklausuren für's Examen
ISBN 978-3-89634-790-3

4. Auflage, Juli 2008

gedruckt auf chlorfrei gebleichtem Papier
von Schleunungdruck GmbH, Marktheidenfeld

Inhaltsverzeichnis: Die Zahlen beziehen sich auf die Seiten des Skripts.

Kommentare:

Schönke/Schröder,	Strafgesetzbuch (zitiert: Sch-Sch/Bearbeiter)
Lackner/Kühl,	Strafgesetzbuch mit Erläuterungen (zitiert: Lackner/Bearbeiter)
Tröndle/Fischer,	Strafgesetzbuch (zitiert: Tröndle/Bearbeiter)
Meyer-Goßner,	Strafprozeßordnung

Lehrbücher:

Pieroth/Schlink	Grundrechte, Staatsrecht II
Roxin	Strafrecht Allgemeiner Teil
Wessels/Beulke,	Strafrecht Allgemeiner Teil
Wessels/Hettinger,	Strafrecht Besonderer Teil 1
Wessels/Hillenkamp,	Strafrecht Besonderer Teil 2

Fall 1:

Sachverhalt:

Artur erkennt auf dem Heimweg um 23 Uhr, dass Cäsar seinen Wagen nicht abgeschlossen und mit steckendem Zündschlüssel hat stehen lassen. Er nutzt die Gelegenheit, auch einmal mit einer Nobelkarosse fahren zu können, und unternimmt eine längere Spritztour. Anschließend stellt er den PKW, wie von vornherein geplant, um 3 Uhr morgens wieder vor dem Haus des Cäsar ab.

Da Artur aber beobachtet worden ist, kommt es zu einem Ermittlungsverfahren. Zur Vermeidung einer Verurteilung bittet Artur seinen Freund Detlef, ihm "ein Alibi zu besorgen". Detlef willigt ein. Artur erscheint auch auf der Geschäftsstelle des Gerichts und bittet um Aufnahme einer Erklärung: Detlef solle als Tatzeuge zum Verhandlungstermin geladen werden, da er bezeugen könne, mit ihm bis 0.30 Uhr im Kino gewesen zu sein. Detlef wird geladen und macht in der Verhandlung auch die von Artur gewünschten Ausführungen, obwohl er sich noch genau an die wirklichen Begebenheiten erinnern kann. Der Richter zweifelt an den Aussagen des Detlef und ordnet, als dieser weiterhin hartnäckig bei seiner Aussage bleibt, eine 10-minütige Verhandlungspause an. Er kündigt an, Detlef anschließend vereidigen zu wollen. Artur und Detlef, die zuvor beide nicht mit einer Vereidigung gerechnet hatten, stehen in dieser Pause zusammen auf dem Flur, sprechen jedoch nicht miteinander. Anschließend beeidet Detlef seine Aussage.

Außerdem bittet Artur den mit ihm befreundeten Taxifahrer Theo, dem Gericht eidesstattlich zu versichern, dass er ihn um 0.45 Uhr nach Hause gefahren habe. Daher schickt Theo wider besseres Wissen folgendes Schreiben an das Gericht:

"Hiermit versichere ich an Eides Statt, dass ich den Artur um 0.45 Uhr nach Hause gefahren habe."

Auch seine Frau Frieda bezieht Artur in seine "Verteidigung" mit ein. Da Frieda leicht vergesslich ist, bittet er sie, vor Gericht auszusagen, dass er in der fraglichen Nacht um 1.00 Uhr nach Hause gekommen sei. Dabei geht er davon aus, dass die Frieda sich nicht mehr an seine genaue Rückkehr erinnern könne. Diese kann sich jedoch sehr wohl noch genau an die Vorkommnisse erinnern. Dennoch macht sie in der Hauptverhandlung die gewünschten Aussagen und beeidet diese anschließend. Aufgrund der Entlastungszeugen wird Artur schließlich auch freigesprochen.

Bearbeitervermerk:

Prüfen Sie die Strafbarkeit von Artur, Detlef, Theo und Frieda.

Lösung

1. Tatkomplex: Die Spritztour mit dem PKW

hemmer-Methode: Gerade in umfangreicheren Klausuren, wie sie in der Fortgeschrittenen-Übung und im Examen gestellt werden, ist es meistens erforderlich (aus Gründen der Übersichtlichkeit aber zumindest ratsam), mehrere Tatkomplexe zu bilden.

Hier ist schon die "Spritztour" ein eigener Abschnitt. Als weitere eigene Abschnitte könnte man auch jeweils die verschiedenen Aussagedelikte ansehen; indes ist dies nicht erforderlich, da diese bereits durch die verschiedenen handelnden Personen getrennt sind.

Strafbarkeit des A

I. Diebstahl des PKW, § 242 I StGB

1. A hat den PKW des C, eine fremde bewegliche Sache, weggenommen, indem er den noch bestehenden, wenn auch gelockerten Gewahrsam des C gebrochen und neuen Gewahrsam begründet hat.

hemmer-Methode: Unproblematisches kurz abhandeln! Die fremde bewegliche Sache muss zwar erwähnt, aber nicht näher erläutert werden. Dagegen könnte man zur Problematik des gelockerten Gewahrsams noch einen Satz mehr schreiben; muss dies aber wohl deshalb nicht, weil der Diebstahl im Ergebnis ohnehin zu verneinen ist und die "Spritztour" außerdem nur als Aufhänger für die Aussagedelikte dient.

2. Das Vorliegen des *Tatbestandsvorsatzes* kann unproblematisch bejaht werden.

Fraglich ist jedoch die *Zueignungsabsicht*, da es am Vorsatz bezüglich der dauernden Enteignung des Eigentümers insoweit fehlt, als A von Anfang an mit Rückführungswillen handelt.

Selbst wenn man mit der Rechtsprechung und weiten Teilen der Literatur als Objekt der Zueignung auch den in der Sache verkörperten Wert ansieht (die h.M. folgt der sog. Vereinigungstheorie, die Substanz- und Sachwerttheorie kombiniert), kommt man zu keinem anderen Ergebnis. Da der C die Sache alsbald nach der Verwendung wieder zurückgegeben hat, liegt kein ins Gewicht fallender Wertverlust vor, so dass die Zueignungsabsicht zu verneinen ist.

3. X hat keinen Diebstahl begangen.

II. Unbefugter Gebrauch eines Fahrzeugs, § 248b I StGB

1. A hat den PKW des C gegen dessen Willen in Gebrauch genommen, indem er die Spritztour unternahm. Damit hat er den objektiven Tatbestand verwirklicht.

2. A handelte vorsätzlich.

3. Rechtfertigungs- und Schuldausschließungsgründe sind nicht ersichtlich.

4. A hat sich daher nach § 248b StGB strafbar gemacht.

III. Diebstahl des Benzins, § 242 I StGB

Dadurch, dass A durch die Ingebrauchnahme des Pkws gleichzeitig das im Tank befindliche Benzin weggenommen und durch teilweisen Verbrauch sich zugeeignet hat, hat er den Tatbestand des § 242 I StGB verwirklicht. Da dieser Benzindiebstahl aber die regelmäßige Begleittat einer unbefugten Ingebrauchnahme des Fahrzeugs ist (Fall der Konsumtion), wird er durch § 248b StGB verdrängt. Daran ändert auch die Subsidiaritätsregel des § 248b I StGB nichts, da ansonsten die durch diese Vorschrift zum Ausdruck kommende Privilegierung des Gebrauchs ohne Zueignungsabsicht unterlaufen würde.

2. Tatkomplex: Die Falschaussagen

A. Strafbarkeit des D

I. Meineid, § 154 I StGB

1. D könnte sich durch die Aussage vor Gericht nach § 154 I StGB strafbar gemacht haben. Er hat vor Gericht einen Eid geleistet. Dieser war falsch, denn er bezog sich auf eine objektiv wahrheitswidrige Aussage. Mit der h.M.[1] ist auch dieser objektiven Theorie zu folgen, denn die Vorstellung von der Richtigkeit ist angemessener im subjektiven Tatbestand zu prüfen.

2. D müsste bezüglich der Wahrheitswidrigkeit seiner Aussage zumindest bedingten Vorsatz gehabt haben. Diese Voraussetzung ist gegeben, so dass D vorsätzlich handelte.

3. D handelte auch Rechtswidrig und schuldhaft.

4. Es könnte aber ein Fall von § 154 II StGB vorliegen.

---

[1] Vgl. etwa TRÖNDLE/FISCHER, § 153 Rn. 4f.

Dies ließe sich u.U. - nicht jedoch zwingend - annehmen, wenn ein Fall eines Vereidigungsverbotes gemäß § 60 Nr. 2 StPO vorgelegen hätte.[2]

hemmer-Methode: Grds. müssen Sie zur Strafzumessung bis zum Ersten Staatsexamen keine Stellung nehmen, wenn der Sachverhalt dies nicht ausdrücklich anordnet. Etwas anderes gilt aber für die Strafzumessungsregeln, die sich aus dem StGB ergeben, also die Anordnungen eines besonders bzw. minder schweren Falls (z.B. §§ 154 II; 243 StGB) oder Strafmilderungen nach § 49 StGB, sofern einzelne Vorschriften (z.B. §§ 17 S.2; 23 II StGB) hierauf verweisen.

a) Ob hier ein Fall des § 60 Nr. 2 StPO vorliegt, muss anhand seines Gesetzeszwecks ermittelt werden. Dieser besteht darin, dass ein Teilnahmeverdächtiger nicht vereidigt werden soll, weil er sich in einem Gewissenskonflikt befindet und ihm die nötige Unbefangenheit fehlt, so dass deswegen der Eid seiner *Funktion* nicht genügen kann, den *Beweiswert einer Aussage zu erhöhen.*[3] Eventuell geht es auch um den Schutz des Zeugen selbst (str.).

Um § 60 Nr. 2 StPO anwenden zu können, muss der Zeuge sich daher vor der Hauptverhandlung strafbar gemacht haben. Die mögliche Strafbarkeit *durch* die Aussage genügt für § 60 Nr. 2 StPO nicht.[4] Denn dann besteht noch keine Zwangslage, da der Zeuge seine Aussage jederzeit berichtigen kann.

hemmer-Methode: Machen Sie sich unbedingt klar, dass § 153 StGB beim Nacheid erst vollendet ist, sobald die Vernehmung abgeschlossen ist. Dies ist der Fall, wenn der Richter zu erkennen gibt, dass an er von den Zeugen keine weitere Auskunft über den Vernehmungsgegenstand erwartet[5]. Der Versuch des Meineids schließt sich an die Vollendung der Falschaussage an und beginnt mit dem Beginn des Sprechens der Eidesformel.

Während der Vernehmung macht sich der Zeuge also keinesfalls wegen den §§ 153 ff. StGB strafbar.

Zu prüfen ist hier also, ob vorher schon eine Straftat vorlag. Da für eine Beteiligung an der angeklagten Tat selbst nichts vorgebracht und ersichtlich ist, ist alleine auf das *Versprechen der Falschaussage* abzustellen.

b) Eine Falschaussage kann grds. problemlos als Strafvereitelungshandlung qualifiziert werden.[6] Dabei steht der Versuch auch der tatsächlichen Beteiligung i.S.v. § 60 Nr. 2 StPO gleich.[7]

Voraussetzung ist aber, dass mindestens das *Versuchsstadium* erreicht wurde. Ungenügend ist nach h.M. dagegen die dem Angeklagten gemachte *bloße Zusage* einer künftigen Falschaussage in der Hauptverhandlung.[8] Da dies nur eine straflose Vorbereitungshandlung darstellt,[9] besteht der genannte Konflikt (vgl. Gesetzeszweck oben) gar nicht, also auch kein Bedürfnis für die Anwendung von § 60 Nr. 2 StPO. Die bloße Zusage einer Falschaussage steht einer Vereidigung nicht entgegen.

Da hier beide nicht mit einer Vereidigung rechneten, eine Zusage eines *Meineids* also keinesfalls vorliegt (vgl. *§§ 30 II, 154 I StGB*; beim Meineid handelt es sich um ein Verbrechen i.S.d. § 12 I StGB), kann sich auch aus diesem Aspekt keinesfalls etwas anderes ergeben.

hemmer-Methode: Letztlich würde sich aber auch die Zusage eines Meineides trotz der grundsätzlichen Strafbarkeit nach §§ 30, 154 I StGB nicht auswirken. Der Gewissenskonflikt des Zeugen entfällt nämlich deswegen, weil dieser durch Richtigstellung gemäß § 31 Nr. 2 StGB straflos wird, also rechtlich unbefangen aussagen kann.[10]

---

[2]   Vgl. TRÖNDLE/FISCHER, § 154 Rn. 19 m.w.N.
[3]   Meyer-Goßner, § 60 Rn. 8 m.w.N.
[4]   Vgl. etwa auch BayObLG NJW 1991, 1126; Meyer-Goßner, § 60 Rn. 20.
[5]   BGHSt 8, 301, 314.

[6]   TRÖNDLE/FISCHER, § 258 Rn. 7 m.w.N.
[7]   MEYER-GOßNER, § 60 Rn. 19.
[8]   Vgl. MEYER-GOßNER, § 60 Rn. 21.
[9]   TRÖNDLE/FISCHER, § 258 Rn. 19 m.w.N.
[10] Meyer-Goßner, § 60 Rn. 21; so auch BGHSt 30, 332.
[12] Vgl. SCH-SCH/LENCKNER, § 156 Rn. 10.

5. D ist strafbar nach § 154 I StGB, für § 154 II StGB ist nach dem Sachverhalt nichts ersichtlich.

II. Strafvereitelung, § 258 StGB

1. D hat durch seine Versicherung bewirkt, dass A nicht aus § 248b StGB bestraft wurde, und dadurch den objektiven Tatbestand der Verfolgungsvereitelung verwirklicht.

2. Er wusste, dass A die Tat, die ihm vorgeworfen wurde, auch begangen hatte und wollte somit die Strafverfolgung vereiteln. Damit ist der subjektive Tatbestand erfüllt.

hemmer-Methode: Hinsichtlich der Vortat des Vereitelungsbegünstigten soll nach h.M. dolus eventualis genügen, da sich auf diese Tatsache der Begriff "absichtlich" logisch nicht beziehen könne. "Absicht" oder "Wissentlichkeit" (d.h. dolus directus 1. oder 2. Grades) müsse somit nur hinsichtlich der "Vereitelung" vorliegen. Angesichts des Gesetzeswortlauts erscheint aber auch eine a.A. vertretbar, zumal der Begriff des "Vereitelns" eigentlich auch die Kenntnis von der Vortat voraussetzt.

3. Rechtswidrigkeit und Schuld sind gegeben.

4. D hat sich nach § 258 I StGB strafbar gemacht. Mit dem Meineid gemäß § 154 I StGB besteht Idealkonkurrenz, § 52 I StGB.

III. Vortäuschen einer Straftat, § 145d II StGB

Der Tatbestand des § 145d II StGB ist nicht erfüllt, da D lediglich den Verdacht vom Täter abgelenkt hat, so dass die Strafverfolgungsbehörden nicht auf eine falsche Fährte gelenkt und damit nicht ungerechtfertigt in Anspruch genommen wurden.

hemmer-Methode: Dieses Delikt könnte auch weggelassen werden, zumal § 145d StGB ein Recht exotischer Tatbestand ist. Punkten Sie aber zusätzlich, indem Sie die (keineswegs abwegige) Vorschrift kurz anprüfen. Das gleiche gilt für den folgenden § 271 StGB.

IV. Mittelbare Falschbeurkundung, § 271 I StGB

Bei dem Gerichtsprotokoll handelt es sich zwar um eine öffentliche Urkunde i.S.v. § 271 I StGB, so dass diese Vorschrift, die anders als § 267 StGB auch die *schriftliche Lüge* pönalisiert, Anwendung finden könnte. Die äußere Beweiskraft des Gerichtsurteils geht jedoch nur dahin, die Abgabe der Erklärung zu beurkunden, nicht jedoch deren Richtigkeit. Folglich stellt die Falschaussage des D keine mittelbare Falschbeurkundung dar.

B. Strafbarkeit des T

I. Falsche Versicherung an Eides Statt, § 156 StGB

1. T könnte sich durch das Abschicken des Schreibens nach § 156 StGB strafbar gemacht haben.

Das Gericht müsste eine zuständige Behörde i.S.d. § 156 StGB sein. Zuständig ist eine Behörde, wenn sie befugt ist, zum einen überhaupt und zum anderen gerade in diesem Verfahren und über diesen Gegenstand eidesstattliche Versicherungen abzunehmen.[12] Außerdem darf die eidesstattliche Versicherung im konkreten Fall nicht völlig wirkungslos sein.

Vor dem Strafgericht können eidesstattliche Versicherungen nur von anderen Personen als dem Beschuldigten und auch nur dann abgegeben werden, wenn sie nicht die Schuld- und Straffrage betreffen[13], denn in diesen Fragen ist ein Freibeweis unzulässig.

hemmer-Methode: Die Begriffe Strenge- und Freibeweis sollten unbedingt bekannt sein: Unter dem Strengebeweisverfahren versteht man die Tatsache, dass bezügl. Schuld- und Rechtsfolgenfragen nur die in der StPO vorgesehenen Beweismittel (Zeugen-, Sachverständigen-, Urkunden- und Augenscheinsbeweis) verwendet werden dürfen. Näher dazu siehe hemmer/wüst, StPO-Skript Rn. 234 ff.

---

[13] BGHSt 24, 38; TRÖNDLE/FISCHER, § 156 Rn. 5.

Da es im vorliegenden Fall aber gerade um die Tatbegehung durch A geht, war das Strafgericht keine zuständige Behörde i.S.d. § 156 StGB.

2. T ist nicht aus § 156 StGB zu bestrafen. Da es sich bei § 156 StGB um ein Vergehen handelt und der Versuch nicht mit Strafe bedroht ist, ist die Abgrenzung von Wahndelikt und untauglichem Versuch an dieser Stelle ohne Bedeutung.

II. Strafvereitelung, § 258 I StGB

1. Möglicherweise hat sich T aber nach § 258 I StGB strafbar gemacht. Fraglich ist, ob das Abschicken des Schreibens *kausal* für den Freispruch und die daraus resultierende Verfolgungsvereitelung war.

Dies wäre nur dann der Fall, wenn das Schreiben auch in der Hauptverhandlung verwertet worden wäre. Dem könnte jedoch der Unmittelbarkeitsgrundsatz entgegenstehen (§ 250 S.2 StPO).

Da es sich hier allerdings um eine für den Angeklagten *günstige* Aussage handelt, kann davon ausgegangen werden, dass er bzw. sein Verteidiger gemäß § 251 I Nr. 1 StPO mit der Verwertung als Urkunde einverstanden waren, so dass von einer tatsächlichen Einflussnahme auf den Prozess ausgegangen werden kann.

Damit wurde der objektive Tatbestand nicht nur versucht, sondern sogar vollendet.

hemmer-Methode: Ein sehr schwieriges und verstecktes Problem, bei dem es schon sehr hoch anzurechnen ist, wenn es überhaupt entdeckt wird! Die Ablehnung der Strafvereitelung ist aber ohne weiteres vertretbar, zumal der Sachverhalt keine konkreten Anhaltspunkte enthielt.

2. Vorsatz, Rechtswidrigkeit und Schuld liegen vor, so dass T nach § 258 I StGB zu bestrafen ist.

C. Strafbarkeit der F

I. Meineid, § 154 I StGB

1. F könnte sich wegen ihrer Aussage gemäß § 154 I StGB strafbar gemacht haben. Die F hat hier vor dem Gericht einen Eid geleistet. Dieser war *falsch*, denn er bezog sich auf eine *objektiv wahrheitswidrige* Aussage.

2. F kannte die Wahrheitswidrigkeit ihrer Aussage, handelte also vorsätzlich.

3. F handelte auch Rechtswidrig und schuldhaft.

4. F ist des Meineids schuldig. Aufgrund der Angehörigenstellung der F (vgl. § 11 I Nr. 1a StGB) besteht jedoch die Möglichkeit einer Strafmilderung nach §§ 157 I, 49 II StGB.

II. Strafvereitelung, § 258 I StGB

F hat vorsätzlich, rechtswidrig und schuldhaft den Tatbestand der Verfolgungsvereitelung verwirklicht. Zugunsten der F greift jedoch der Strafausschließungsgrund des § 258 VI StGB ein, da sie Angehörige i.S.d. § 11 I Nr. 1a StGB ist.

D. Strafbarkeit des A

I. Anstiftung zum Meineid des D, §§ 154 I, 26 StGB

1. Eine vorsätzliche Rechtswidrige Haupttat liegt in Form des von D begangenen Meineids vor.

2. A hat durch seine Bitte an den D, vor Gericht die besagte Äußerung vorzunehmen, den Tatentschluss des D, einen Meineid zu leisten, durch eine Willensbeeinflussung im Wege des offenen geistigen Kontakts hervorgerufen.

3. Die Bestrafung scheitert jedoch am erforderlichen *doppelten Anstiftervorsatz*, da dem A zwar Vorsatz hinsichtlich seiner Anstiftungshandlung zur Last gelegt werden kann, er jedoch *nicht damit rechnete*, dass D vereidigt wurde, so dass kein Vorsatz bezüglich der vorsätzlichen und rechtswidrigen Haupttat vorliegt.

4. A hat sich nicht nach §§ 154 I, 26 StGB strafbar gemacht.

II. Anstiftung zur falschen uneidlichen Aussage des D, §§ 153 I, 26 StGB

1. A hat den Tatentschluss des D, eine falsche uneidliche Aussage zu begehen, hervorgerufen. Diese ist auch erfolgt, da die falsche uneidliche Aussage zum tatsächlich erfolgten Meineid kein aliud, sondern ein *minus* darstellt.[14]

2. Der doppelte Anstiftervorsatz ist in diesem Fall zu bejahen.

3. Rechtfertigungs- und Schuldausschließungsgründe sind nicht ersichtlich, so dass sich A nach den §§ 153 I, 26 StGB strafbar gemacht hat.

III. Anstiftung zum Meineid des D durch Unterlassen, §§ 154 I, 26, 13 I StGB

1. A könnte sich jedoch wegen Anstiftung zum Meineid durch Unterlassen strafbar gemacht haben.

a) Eine *Garantenstellung* des D könnte sich aus Ingerenz ergeben. Das vorausgegangene pflichtwidrige Tun könnte in der Benennung des D als Zeugen sowie in der vorher an D geäußerten Bitte, falsch für ihn auszusagen, liegen. A konnte sich nämlich ausrechnen, dass er D auf diese Weise in eine missliche Lage bringen würde.

Der BGH war zunächst mit der Annahme einer Garantenstellung aus Ingerenz recht großzügig. So wurde bereits das unwahre Bestreiten des Tatvorwurfs durch den Beschuldigten im Strafprozess als pflichtbegründende Vorhandlung angesehen.[15] Diese Rechtsprechung wurde jedoch auf Kritik des Schrifttums[16] hin eingeschränkt. Mittlerweile verlangt der BGH, dass der Beschuldigte die Aussageperson in eine *prozessunangemessene besondere Gefahr* der Falschaussage gebracht hat.[17]

Diese Voraussetzung ist im vorliegenden Fall aber erfüllt, da A den D wissentlich zu einer Falschaussage angestiftet und sogar noch die Vernehmung des D beantragt hat, obwohl er wusste, dass er diesen damit in eine schwierige Lage bringen würde.[18]

Die Gegenauffassung in der Literatur, die eine Garantenstellung ablehnt, indem sie die volle Verantwortlichkeit des Aussagenden betont und eine Garantenstellung nur bei fehlender Verantwortlichkeit des Aussagenden selbst annimmt[19], ist abzulehnen, da hier Kriterien der mittelbaren Täterschaft und der Garantenstellung miteinander vermengt werden.

b) Fraglich ist jedoch, *woran* der Unterlassensvorwurf anzuknüpfen ist.

Hierbei ist zu beachten, dass die StPO dem Angeklagten schon aus unverzichtbaren rechtsstaatlichen Erwägungen ein Schweigerecht gewährt (vgl. etwa §§ 243 IV, 136 I 2 StPO), also auch keine Verpflichtung auferlegt, sich zur Richtigkeit einer falschen Zeugenaussage zu äußern. Es wäre daher mit den Beschuldigtenrechten im Strafprozess nicht vereinbar, dem A die Pflicht zu einer Einwirkung auf den Aussagenden *während* dessen Vernehmung aufzubürden.

Im vorliegenden Fall standen A und D jedoch in der Verhandlungspause zusammen auf dem Flur, wo es dem A ohne weiteres möglich gewesen wäre, den D zu einer Rücknahme seiner Äußerung zu bewegen.

Daher bestand für A die Möglichkeit und auch die Rechtspflicht, in der Verhandlungspause auf den D einzuwirken und ihn zu einem Widerruf seiner Äußerungen zu bewegen.[20] Dieser Rechtspflicht ist A nicht nachgekommen.

c) Fraglich ist jedoch die *Kausalität*. Es kann nicht mit Sicherheit angenommen werden, dass D, der bereits *hartnäckig geleugnet* hatte, sich durch eine entsprechende Bitte des A noch einmal hätte umstimmen lassen. Es muss insoweit daher der Grundsatz in dubio pro reo eingreifen.

2. A hat daher keine *Anstiftung* zum Meineid durch Unterlassen begangen.

---

[14] TRÖNDLE/FISCHER, § 154 Rn. 20.
[15] BGH MDR/D 1953, 272.
[16] Vgl. SCH-SCH/LENCKNER, v. § 153 Rn. 39.
[17] BGHSt 14, 230.
[18] Vgl. BGH NStZ 1993, 489.
[19] SCH-SCH/LENCKNER, v. § 153 Rn. 40.
[20] Vgl. BGH NStZ 1993, 489.

hemmer-Methode: Im vorliegenden Fall wäre es gut vertretbar gewesen, die Anstiftung kürzer abzuhandeln und sich direkt der Frage einer Beihilfe durch Unterlassen zu widmen. Immerhin ist nämlich schon umstritten, inwiefern eine Anstiftung überhaupt durch sein reines Unterlassen begangen werden kann. Die wohl h.L. lehnt dies ab[21], während der BGH[22] auf diese Frage noch nicht einmal am Rande eingeht, weil er ohnehin die bei den Unterlassungsdelikten erforderliche "Quasikausalität" verneint.

hemmer-Methode: Gehen Sie die Lösung noch einmal danach durch, wie hier das ganze Spektrum möglicher Beteiligungsformen (Anstiftung, Anstiftung durch Unterlassen, Beihilfe durch Unterlassen) durchgespielt wird und wo jeweils die Probleme liegen. Es wäre zwar denkbar, gleich mit der Beihilfe durch Unterlassen zu beginnen und die Probleme dann jeweils in der Abgrenzung (zum Tun und zur Anstiftung) zu behandeln, allerdings wirken Inzidentprüfungen häufig schwerfällig.

IV. Beihilfe zum Meineid des D durch Unterlassen, §§ 154 I, 27 I, 13 I StGB

1. In Betracht käme jedoch Beihilfe in Form der sog. *psychischen Beihilfe*. Diese psychische Beihilfe kann auch einem bereits zur Tat entschlossenen Täter geleistet werden.[23] Durch Nichtvornahme der rechtlich gebotenen und ihm auch tatsächlich möglichen Einwirkungshandlung hat der A den Tatentschluss des D *gestärkt*, so dass der objektive Tatbestand verwirklicht ist.

2. Ein entsprechender Vorsatz des A bezüglich seiner Beihilfehandlung sowie der rechtswidrigen Haupttat ist anzunehmen. Ein Irrtum über das Vorliegen der Garantenpflicht wäre auf Tatbestandsebene unbeachtlich, da A die Tatsachen kannte, aus denen sich die Garantenstellung ergab.

3. Rechtfertigungsgründe sind nicht ersichtlich.

4. Hinsichtlich des Verschuldens könnte A zwar einem Verbotsirrtum (§ 17 StGB) erlegen sein, wenn er sich über das Bestehen oder die Grenzen seiner Garantenpflicht geirrt hätte. Dieser Irrtum wäre jedoch auf alle Fälle vermeidbar gewesen, so dass lediglich eine fakultative Strafmilderung nach §§ 17 S.2, 49 I StGB in Betracht kommt.

5. A hat sich der Beihilfe zum Meineid durch Unterlassen schuldig gemacht.

6. Mit der Anstiftung zur uneidlichen Falschaussage besteht Tateinheit, § 52 I StGB.[24]

Die für die Annahme von Tateinheit notwendige *Überschneidung* liegt hier *in der Anstiftungshandlung*, die einmal *unmittelbar* die Strafbarkeit begründet, gleichzeitig aber beim Unterlassungsdelikt unverzichtbar ist für die Garantenstellung.

hemmer-Methode: Hier ist mit entsprechender Argumentation auch eine andere Ansicht vertretbar. Der BGH nimmt ohne jede Begründung Tateinheit gemäß § 52 I StGB an.

V. Anstiftung zur Strafvereitelung des D, §§ 258 I, 26 StGB

A hat den D zur Strafvereitelung angestiftet. Für den Vortäter ist jedoch die Anstiftung zur selbstbegünstigenden Strafvereitelung nicht strafbar (vgl. § 258 I StGB: "dass ein anderer").

hemmer-Methode: Beachten Sie die Mischung der Stilarten im Gutachten, die nicht willkürlich erfolgt, sondern in der sich die Schwerpunktsetzung widerspiegelt: Zum Problem der Beteiligung am Meineid wird ausführlich und genau begründet Stellung genommen, die Anstiftung zur Strafvereitelung kann dagegen kurz "abgehakt" werden.

---

[21] Sch-Sch/Cramer/ Heine, § 26 Rn. 5.
[22] BGH NStZ 93, 489.
[23] BGH NJW 1951, 451.

[24] BGH NStZ 93, 489.

Die Straflosigkeit der Anstiftung zur selbstbegünstigenden Strafvereitelung könnte im Übrigen auch mit dem Gedanken des § 258 V StGB begründet werden. Beachten Sie, dass der Gesetzgeber die gleiche Konstellation bei der Begünstigung für strafwürdig befunden hat, § 257 III 2 StGB.

VI. Anstiftung zur versuchten falschen Versicherung an Eides Statt durch T, §§ 156, 22, 23 I, 26 StGB

Der Versuch der falschen Versicherung an Eides Statt ist nicht strafbar, da es sich um ein Vergehen handelt (§§ 23 I, 12 I StGB). Es fehlt daher bereits an der rechtswidrigen Haupttat.

VII. Versuchte Anstiftung des T zur falschen Versicherung an Eides Statt, §§ 159, 156 StGB

hemmer-Methode: Durch § 159 StGB wird der auf Verbrechen beschränkte Anwendungsbereich des § 30 I StGB auf die Vergehenstatbestände der §§ 153, 156 StGB erweitert, während der Meineid über § 30 I StGB direkt erfasst wird. Die Regelung des § 159 StGB ist insofern systemwidrig, als weder bei § 153 StGB noch bei § 156 StGB der Versuch unter Strafe gestellt ist, hier jedoch die versuchte Anstiftung zu diesen Delikten strafbar ist. Begründet wird dies kriminalpolitisch mit der besonderen Gefährlichkeit der Anstiftung zu Aussagedelikten.

1. A hat den T angestiftet, eine falsche Versicherung an Eides Statt beim Strafgericht abzugeben. Da dieses aber nicht zur Entgegennahme der Versicherung zuständig war, war die Tat des T entweder ein strafloser untauglicher Versuch oder nur ein Wahndelikt.

Diese Abgrenzung ist für die Anwendbarkeit des § 159 StGB auf den A insofern von Bedeutung, als beim Vorliegen eines Wahndelikts § 159 StGB ausscheidet, da hier überhaupt nicht auf die Begehung von strafbarem Unrecht hingewirkt wird.

Der Unterschied zwischen untauglichem Versuch und Wahndelikt liegt darin, dass beim untauglichen Versuch irrigerweise ein Sachverhalt angenommen wird, bei dessen Vorliegen der entsprechende Tatbestand verwirklicht wäre, während beim stets straflosen Wahndelikt der Täter bei richtiger Tatsachenkenntnis aufgrund falscher rechtlicher Erwägungen von der Verwirklichung eines Delikts ausgeht.

Diese Abgrenzung ist insbesondere bei Aussagedelikten dann nicht einfach, wenn die verkannten Normen im Vorfeld des in Frage stehenden Straftatbestandes angesiedelt sind (z.B. prozessuale Zuständigkeitsregeln). Ein Teil der Literatur und wohl auch der BGH in seiner nicht ganz widerspruchsfreien Rechtsprechung messen diesen "Irrtümern im Vorfeld des Tatbestandes" vorsatzausschließenden bzw. versuchsbegründenden Charakter zu.[25]

Demzufolge wird bei dem Irrtum über die Zuständigkeit einer Stelle zur Entgegennahme einer entsprechenden Aussage ein Wahndelikt nur dann angenommen, wenn die fragliche Stelle in keinem Fall - unter welchen Voraussetzungen und in welchem Verfahren auch immer - zur Abnahme einer entsprechenden Äußerung zuständig ist. Da die Strafgerichte in Verfahrensfragen durchaus zur Entgegennahme einer Versicherung an Eides Statt zuständig sind, ist demzufolge ein untauglicher Versuch anzunehmen.[26]

2. Umstritten ist, ob aus § 159 StGB auch dann bestraft werden soll, wenn der Angestiftete einen untauglichen Versuch begangen hat. Dann wäre nämlich der Täter selbst nicht wegen Versuchs strafbar (§§ 156, 23 I, 12 II StGB), wohl aber der Anstifter wegen versuchter Anstiftung.

Da dies für unbefriedigend gehalten wird, wendet die Rspr. den § 159 StGB in einem solchen Fall nicht an. Dies wird damit begründet, dass § 30 I StGB zwar auch anwendbar sei, wenn die Tätigkeit, der Angestiftete nach dem Willen des Anstifters entfalten soll, nur zu einem untauglichen Versuch führen könnte; jedoch beruhe dies darauf, dass diese Vorschrift allgemein nur für Verbrechen gelte, deren Versuch stets strafbar sei.

---

[25]   Vgl. SCH-SCH/ESER, § 22 Rn. 82 ff. m.w.N.
[26]   Vgl. SCH-SCH/LENCKNER, § 154 Rn. 15.

Die Anstiftung zur Abgabe einer falschen ei-
desstattlichen Versicherung (also einem Vergehen, § 12 II StGB) vor einer unzuständigen
Behörde sei daher nicht der Strafandrohung
des § 159 StGB unterworfen.[27]

Die in der Literatur vertretene Gegenansicht
fühlt sich dagegen dem Wortlaut des
§ 159 StGB verpflichtet.[28]

Andererseits wird darauf verwiesen, dass es
zur Beurteilung der Strafbarkeit auf die Vorstellung des Täters von der Tat ankommen
müsse.[29] Die einschränkende Auslegung des
BGH führt jedoch zu gerechteren Ergebnissen
und ist daher vorzugswürdig.[31]

3. A ist nicht nach §§ 159, 156 StGB strafbar
(a.A. selbstverständlich vertretbar).

**VIII. Anstiftung zur Strafvereitelung des
T, §§ 258 I, 26 StGB**

A hat den T zur Strafvereitelung angestiftet.
Als Vortäter hat er sich damit aber nicht strafbar gemacht. Da der Vortäter sich nicht nach
§ 258 StGB strafbar machen kann (Vortat "eines anderen"), kann er insoweit auch nicht als
Anstifter bestraft werden (vgl. auch arg e
contrario § 257 III 2 StGB).

**IX. Anstiftung zum Meineid der F,
§§ 154 I, 26 StGB**

Die Anstiftung zum Meineid der F scheitert am
Anstiftervorsatz, da sich der Vorsatz des A
nicht darauf bezog, dass F *vorsätzlich* falsch
aussagte. A ging davon aus, dass sie an die
Richtigkeit ihrer Aussage glaubte. Dann hätte
sie nach § 16 I StGB nicht vorsätzlich gehandelt.

**X. Versuchte Anstiftung zum Meineid,
§ 154 I, 30 I StGB**

Aus dem gleichen Grund, nämlich dem fehlenden Anstiftervorsatz, scheitert auch die
versuchte Anstiftung zum Meineid.

**XI. Verleitung der F zur Falschaussage,
§ 160 I StGB**

hemmer-Methode: § 160 StGB schließt die
Lücke, die sich daraus ergibt, dass es sich bei
den §§ 153 ff. StGB um *eigenhändige Delikte*
handelt, die deshalb nicht in mittelbarer Täterschaft begangen werden können.
Wegen des außerordentlich geringen Straf-
rahmens der Vorschrift ist jedoch davon auszugehen, dass sie nur Ergänzungsfunktion
haben kann und nicht alle Fälle erfasst, die
konstruktiv mittelbare Täterschaft darstellen.
Unter § 160 StGB fallen daher nur die Konstellationen, in denen der Hintermann den Aussagenden für gutgläubig (also unvorsätzlich[32])
hält, nicht jedoch die Fälle, bei denen der Aus-
sagende schuldlos handelt (so z.B. bei einer
Bedrohung des Aussagenden durch den Hintermann). Hier greift die Anstiftung ein, die
wegen der *limitierten* Akzessorietät nur eine
vorsätzliche und rechtswidrige (nicht dagegen
eine schuldhafte) Haupttat verlangt.

1. Eine objektiv falsche Aussage liegt vor.
Fraglich ist jedoch das Verleiten, da die F hier
nicht *gutgläubig*, sondern *bewusst falsch* aus-
gesagt hat.

Nach dem BGH steht jedoch ein bösgläubiges
Handeln der F in Abweichung von der Vorstellung des A der Tatbestandsmäßigkeit des
§ 160 I StGB nicht entgegen.

Auch bei Bösgläubigkeit des Verleiteten sei
der Tatbestand erfüllt, was mit dem Vergleich
zu § 357 StGB begründet wird,[33] bei dem
auch jede Art von Einwirkung vom Tatbestand
erfasst wird, unabhängig davon, ob der Verleitete vorsätzlich oder gutgläubig handelt.

Nach a.A. scheidet in dem Fall, dass der Eid
bewusst falsch beschworen oder die uneidliche Aussage bewusst falsch gemacht wird,
eine Vollendung des § 160 I StGB aus, da es
wegen des Exzesses des Verleiteten gar nicht
zu der vom Verleitenden gewünschten Aussage kommt.

[27] Vgl. BGHSt 24, 38, 40.
[28] Vgl. SCH-SCH /LENCKNER, § 159 Rn. 4.
[29] LACKNER/KÜHL, § 159 Rn. 3.
[31] Vgl. TRÖNDLE/FISCHER, § 159 Rn. 6.
[32] Vgl. TRÖNDLE/FISCHER, § 160 Rn. 2.
[33] BGHSt 21, 116; SCH/SCH/LENCKNER, § 160 Rn. 9.

Es soll nur eine Strafbarkeit wegen Versuchs nach § 160 I, II StGB in Betracht kommen.[34] Die Ansicht des BGH ist vorzugswürdig, da der Verleitete die Gefährdung der Rechtspflege als den von ihm gewünschten Erfolg durch Herbeiführung einer objektiv falschen Aussage erreicht und die Bewertung seines Verhaltens als Tatvollendung nicht daran scheitern kann, dass der Verleitete in subjektiver Hinsicht mehr tut, als vom Hintermann geplant (a.A. vertretbar).

2. Rechtfertigungs- und Schuldausschließungsgründe sind nicht ersichtlich, so dass sich A nach § 160 I StGB strafbar gemacht hat.

XII. Strafvereitelung in mittelbarer Täterschaft, §§ 258 I, 25 I 2. Alt StGB

Eine Strafbarkeit wegen Strafvereitelung in mittelbarer Täterschaft scheitert bereits daran, dass A als Vortäter nicht tauglicher Täter der Strafvereitelung sein kann.

XIII. Konkurrenzen

Der unbefugte Gebrauch eines Fahrzeugs (§ 248b StGB) steht mit den im zweiten Tatkomplex begangen Straftaten in Tatmehrheit, § 53 I StGB.

---

[34] TRÖNDLE/FISCHER, § 160 Rn. 7 m.w.N.

Zusammenfassung

1. Tatkomplex:
Die Spritztour mit dem PKW

Strafbarkeit des A

I. § 242 I StGB bzgl. Pkw (-)

II. § 248b I StGB (+)

III. § 242 I StGB bzgl. Benzin (+) ,
aber auf Konkurrenzebene von § 248b
StGB verdrängt.

2. Tatkomplex:
Die Falschaussagen

A. Strafbarkeit der D

I. § 154 I StGB (+),
auch kein Fall des § 154 II StGB, da ein
Verstoß gegen § 60 Nr. 2 StPO nicht vorliegt

II. § 258 I StGB (+)

III. § 145d II StGB (-)

IV. § 271 I StGB (-)

B. Strafbarkeit des T

I. § 156 StGB (-)
Strafgericht keine zuständige Behörde
im Sinn der Vorschrift

II. § 258 I StGB (+)

C. Strafbarkeit der F

I. § 154 I StGB (+)

II. § 258 I StGB (-)

Angehörigenprivileg des § 258 VI StGB

D. Strafbarkeit des A

I. §§ 154 I, 26 StGB bzgl. D (-)
kein Vorsatz bzgl. Vereidigung

II. §§ 153, 26 StGB bzgl. D (+)

III. §§ 154 I, 26, 13 I StGB bzgl. D (-)
Garantenstellung des A (+);
jedenfalls aber keine Kausalität

IV. §§ 154 I, 27 I, 13 I StGB bzgl. D (+)

V. §§ 258 I, 26 StGB bzgl. T (-)

VI. §§ 156, 22, 26 StGB bzgl. T (-)
mangels Versuchsstrafbarkeit keine
vorsätzliche rechtswidrige Haupttat

VII. §§ 159, 156 StGB bzgl. T (-)
nach BGH einschränkende Auslegung,
wenn es nur zu einem untauglichen Versuch kommen konnte

VIII. §§ 258 I, 26 StGB bzgl. T (-)
T ist Vortäter

IX. §§ 154 I, 26 StGB bzgl. F (-)
kein Anstiftervorsatz

X. §§ 154 I, 30 I StGB bzgl. G (-)

XI. § 160 I StGB bzgl. F (+)
nach BGH sogar Vollendung

XII. §§ 258 I, 25 I 2.Alt StGB (-)

Fall 2

Sachverhalt:

Müller (M) ist ein ausgesprochener Geizhals. Da er nie bereit ist, mehr zu zahlen, als nötig ist, hat er sich für die Besorgungen anlässlich seiner anstehenden Geburtstagsparty schon mehrere Strategien zurechtgelegt.

Im Supermarkt "Allkauf" (A) steckt er vor dem Süßwarenregal zunächst eine Schachtel Pralinen in seine weite Manteltasche. Als er in der Spirituosenabteilung angekommen ist, bemerkt er, dass er noch dringend eine Flasche Campari für seine Gäste benötigt. Da ihm diese aber zu teuer ist, kommt ihm eine Idee, wie er 10 € sparen kann: Er löst das Etikett eines billigen Weines ab und überklebt damit den Preis der Flasche Campari.

Sodann begibt er sich in die Haushaltswarenabteilung. Dort nimmt M eine Haushaltswaage mit, die er benötigt, um seinen Geburtstagskuchen zu backen. Als er den Karton öffnet, um dessen Inhalt zu überprüfen, stellt er fest, dass in der zur Haushaltswaage gehörenden Schüssel noch eine Menge Platz ist. In einem günstigen Moment legt er kurzerhand eine Backmischung für seinen Kuchen hinein. An der Kasse bezahlt M lediglich die Haushaltswaage, sowie den niedrigeren Preis für die Flasche Campari.

Danach fährt M zum Sound-Markt (S), da er noch für Musik sorgen will. In einem unbeobachteten Augenblick steckt er die von ihm ausgesuchten CDs in seine Manteltasche. Anschließend will er das Geschäft durch eine Ausgangsschleuse neben einer unbesetzten Kasse verlassen. Auf der Höhe der Kasse lösen jedoch die von ihm versteckten CDs die Alarmanlage aus. M hatte nicht bemerkt, dass dieses Geschäft kürzlich seine Waren mit elektromagnetischen Sicherungsetiketten versehen hatte. M wird von dem Personal des Sound-Markts gestellt.

Bearbeitervermerk:

Prüfen Sie die Strafbarkeit des Müller.

Lösung

Strafbarkeit des M

1. Tatkomplex: Die Vorgänge im Supermarkt

I. Hausfriedensbruch, § 123 I StGB

1. Da die betretenen Geschäftsräume dem allgemeinen Publikumsverkehr offen standen und somit ein generalisiertes Einverständnis vorlag, fehlt es am Eindringen gegen oder ohne den Willen des Berechtigten.

Allein die deliktische Absicht beim Betreten des Supermarkts macht das Eindringen jedenfalls dann noch nicht widerrechtlich, wenn die Absicht - wie hier - nicht äußerlich erkennbar ist.[35]

2. M ist nicht wegen Hausfriedensbruchs strafbar.

hemmer-Methode: Die Frage, ob ein Hausfriedensbruch vorliegt, ist ein "Standard-Zusatzproblem", wenn der Täter in krimineller Absicht ein Kaufhaus, eine Bank, eine Tankstelle etc. betritt. Die Lösung ist allerdings weitgehend unumstritten, so dass das Problem kurz abgehandelt werden sollte.

---

[35] LACKNER/KÜHL, § 123 Rn. 7; vgl. auch TRÖNDLE/FISCHER, § 123 Rn. 17.

Im Strafrecht kann man in solchen Fällen auch als Student durchaus zum Urteilsstil greifen. Eine äußere Erkennbarkeit der Absicht liegt z.B. vor, wenn ein "Bankräuber" die Bank mit einer Strumpfmaske auf dem Kopf betritt.

II. Diebstahl der Pralinen durch Einstecken, § 242 I StGB

1. Dadurch, dass M die Pralinen in seine Manteltasche gesteckt hat, könnte er sich nach § 242 I StGB strafbar gemacht haben.

a) Die Schachtel Pralinen ist für M eine fremde, bewegliche Sache. Diese müsste er weggenommen haben. Unter Wegnahme versteht man den Bruch fremden Gewahrsams und die Begründung neuen, nicht notwendigerweise tätereigenen Gewahrsams. Mit dem Einstecken könnte M neuen Gewahrsam begründet haben. Nach der herrschenden Apprehensionstheorie ist bereits in dem Moment neuer Gewahrsam begründet, wenn unauffällige, leicht fortzuschaffende Gegenstände z.B. in die eigene Kleidung gesteckt werden.[36] Die Kleidung stellt eine eigene Gewahrsamssphäre dar und bildet eine sog. *Gewahrsamsenklave.*

hemmer-Methode: Dies ist unstrittig und kann deswegen in einer Fortgeschrittenenklausur kurz abgehandelt werden. Problematischer wird es beim beobachteten Diebstahl. Nach einer Ansicht setzt nämlich Gewahrsam ein Herrschaftsverhältnis voraus, kraft dessen der Einwirkung auf die Sache keine Hindernisse mehr entgegenstehen. Beim beobachteten Diebstahl im Selbstbedienungsladen sei dies nicht der Fall.[37] Dagegen hindert nach h.M. eine zufällige oder planmäßige Beobachtung des Geschehens die Vollendung der Wegnahme nicht, da § 242 I StGB keine heimliche Begehung voraussetze.[38]

Die Beobachtung gibt dem Opfer nur die Möglichkeit, bereits entzogenen Gewahrsam wiederzuerlangen.[39]

M hat die Pralinen daher weggenommen.

b) Dies tat er vorsätzlich und mit Zueignungsabsicht.

2. M handelte auch rechtswidrig und schuldhaft, so dass er wegen Diebstahl zu bestrafen ist.

3. Nach § 248a StGB ist ein Strafantrag erforderlich, da es sich um eine geringwertige Sache handelt (Grenze der Geringwertigkeit derzeit bei € 50.-[40]). Auch ohne Strafantrag können die Strafverfolgungsbehörden einschreiten, wenn ein besonderes Strafverfolgungsinteresse besteht. Letzteres ist anzunehmen bei Rückfall, gewerbsmäßigem Diebstahl oder besonderer Berührung von Allgemeininteressen,[41] was bei einem bloßen Ladendiebstahl i.d.R. zu verneinen sein wird.

III. Urkundenunterdrückung durch Entfernen des Preisetiketts, § 274 I Nr.1 StGB

1. Dadurch, dass M das Etikett von der Flasche abzog, könnte er sich nach § 274 I Nr.1 StGB strafbar gemacht haben.

a) Das Preisetikett müsste eine Urkunde darstellen. Darunter versteht man eine verkörperte Gedankenerklärung, die zum Beweis im Rechtsverkehr geeignet und auch bestimmt ist und die ihren Aussteller erkennen lässt.[42] Unter den Urkundsbegriff fallen auch sog. Beweiszeichen, die mit einem körperlichen Gegenstand fest verbunden sind. Sie stellen nach Gesetz, Herkommen oder Vereinbarung der Beteiligten erkennbar eine menschliche Gedankenerklärung dar.[43]

---

[36] WESSELS/HILLENKAMP, BT-2, Rn. 113.
[37] SCH-SCH/ESER, § 242 Rn. 39 f.
[38] OLG Düsseldorf NJW 1988, 1335.

[39] BGHSt 16, 273.
[40] str.: so wie hier OLG Hamm NJW 2003, 3145 = Life&Law 2003, 782 ff; für geringere Grenze TRÖNDLE/FISCHER, § 248 a Rn. 3; BGH, 2 StR 176/ 04 zieht die Grenze bei 25 Euro.
[41] TRÖNDLE/FISCHER, § 248 a Rn. 7.
[42] WESSELS/HETTINGER, BT-1, Rn. 790.
[43] TRÖNDLE/FISCHER, § 267 Rn. 4.

hemmer-Methode: Von den Beweiszeichen sind die sog. Kennzeichen zu unterscheiden. Diese dienen nur der unterscheidenden Kennzeichnung, der Sicherung oder dem Verschluss.
Bei dem Urkundsbegriff handelt es sich um eine Definition, die Sie in der Klausur ohne langes Überlegen parat haben müssen: Merken Sie sich, dass eine Urkunde i.S.d. StGB nur vorliegt, wenn Perpetuierungs-, Beweis- und Garantiefunktion gegeben sind.

Ein Preisetikett enthält im Geschäftsverkehr eine Aussage über den Preis der bezeichneten Ware. Es lässt auch den Aussteller, hier den Allkauf-Markt, erkennen.

Voraussetzung für die Urkundeigenschaft ist jedoch auch, dass im Fall zusammengesetzter Urkunden eine feste Verbindung zum Bezugsobjekt besteht. Die Verbindung bei einem Selbstklebeetikett ist hierbei ausreichend, sofern das Etikett unmittelbar an der Ware selbst angebracht wird und nicht nur an einer losen Verpackung.[44] Es lässt sich damit festhalten, dass das Preisetikett zusammen mit der Flasche als Bezugsobjekt eine (zusammengesetzte) Urkunde i.S.d. § 274 I Nr. 1 StGB darstellt.[45]

b) Die Urkunde darf dem Täter nicht oder nicht ausschließlich gehören. Dabei ist nicht die dingliche Rechtslage maßgeblich, sondern ob der Täter das Recht hat, die Urkunde zum Beweis im Rechtsverkehr zu gebrauchen.[46] Beweisführungsberechtigt ist bei einem Preisetikett jedenfalls auch der ausstellende Supermarkt. Damit "gehört" es dem Täter nicht.

c) Als Tathandlung kommt das Vernichten in Betracht, das vorliegt, wenn die Urkundsqualität durch Beseitigung des gedanklichen Inhalts endet. Durch Entfernen des Etiketts von seinem Bezugsobjekt wird die zusammengesetzte Urkunde als Beweismittel untauglich, die Beweissubstanz geht verloren. M hat die Urkunde daher vernichtet.

2. M handelte vorsätzlich.

Er müsste auch die erforderliche Nachteilszufügungsabsicht besessen haben.

Entgegen dem Wortlaut ist hierbei nach h.M. nicht Absicht im Sinne von dolus directus 1. Grades erforderlich, sondern es genügt das Bewusstsein, dass der Nachteil notwendige Folge der Tat ist, also dolus directus 2. Grades.[47] Allerdings muss der Täter beabsichtigen, die Benutzung gerade des gedanklichen Inhalts in einer aktuellen Beweissituation zu vereiteln. Dem M ging es jedoch nur darum, das Etikett anderweitig zu verwenden. Da die Ware jederzeit neu ausgezeichnet werden kann und auch M wohl davon ausging, dass sich ein fehlendes Preisetikett (was ja häufig vorkommt) leicht ersetzen lässt, fehlte ihm die Nachteilszufügungsabsicht.

3. M ist nicht gem. § 274 I Nr. 1 StGB strafbar.

IV. Urkundenfälschung durch Anbringen des billigeren Preises, § 267 I StGB

1. Durch das Anbringen des billigeren Preises auf der Campari-Flasche könnte sich M jedoch nach § 267 I StGB strafbar gemacht haben.

a) Das Preisetikett ist zusammen mit der Campari-Flasche eine zusammengesetzte Urkunde.

b) Fraglich ist jedoch, welche Handlungsalternative des § 267 I StGB einschlägig ist.

Man könnte vertreten, dass in dem Überkleben des alten Preises zunächst eine Urkundenunterdrückung nach § 274 I Nr. 1 StGB liegt, wobei die Urkundsqualität für einen kurzen Moment endet. Dies wird um so augenfälliger, wenn der alte Preis nicht einfach überklebt, sondern erst entfernt wird. Das Aufkleben des neuen Etiketts stellt dann genaugenommen die Herstellung einer unechten Urkunde (1. Alt.) dar.

Die h.M. nimmt in einem solchen Fall allerdings die 2. Alt des § 267 I StGB an. Denn bei natürlicher Betrachtungsweise seien die soeben beschriebenen Einzelakte als einheitliche Tathandlung anzusehen, durch die der Verfälschungstatbestand verwirklicht werde (2. Alt.).

---

[44] Vgl. dazu den Oberhemdenfall" des OLG Köln NJW 79, 729.
[45] Tröndle/Fischer, § 267 Rn. 4.
[46] Wessels/Hettinger, BT-1, Rn. 889.

[47] Tröndle/Fischer, § 274 Rn. 6.

Die zwischenzeitliche Urkundenunterdrückung (s.u. V.) sei nur Mittel zur Verfälschung und werde damit als notwendige Begleittat von § 267 I 2. Alt StGB verdrängt.[48]

Da der Verfälschungstatbestand (2. Alt) einen Spezialfall der 1. Alt darstellt, genießt er diesem gegenüber gesetzeskonkurrierenden Vorrang. Soweit also im Verfälschen zugleich das Herstellen einer unechten Urkunde liegt, muss die 1. Alt zurücktreten. Damit hat M den Verfälschungstatbestand verwirklicht.[49]

M hat von dieser Urkunde außerdem durch Vorzeigen an der Kasse Gebrauch gemacht (3. Alt.). Fraglich ist, ob er damit zwei Urkundenfälschungen begangen hat. Verfälscht der Täter eine Urkunde in konkreter Gebrauchsabsicht, wird jedoch überwiegend angenommen, es liege nur eine Urkundenfälschung vor.[50] Die Rechtsprechung begründet dies damit, dass im Fälschen oder Verfälschen die Vollendung, im Gebrauchmachen die Beendigung der Straftat liege.[51] Nach der Argumentation der Lehre werde - auf zeitlich verschiedener Stufe - nur ein Angriff auf die Sicherheit des Beweisverkehrs vorgenommen.

hemmer-Methode: Dass Herstellen und anschließender Gebrauch nur eine Urkundengefährdung bedeuten, kann man auch mit dem Wortlaut des § 267 StGB begründen. Indem bereits die Herstellung zur Täuschung im Rechtsverkehr erfolgen muss, liegt quasi ein zweiaktiges Delikt vor. Das spätere Gebrauchen entspricht der von vornherein bestehenden Absicht stellt dann kein zusätzliches Unrecht dar. Alternativ ließe sich dieses - grds. unumstrittene - Ergebnis auch damit begründen, dass im Verfälschen eine mitbestrafte Vor- oder aber (wohl überzeugender) im Gebrauchen eine mitbestrafte Nachtat liegt.

2. M handelte vorsätzlich und zur Täuschung im Rechtsverkehr, das heißt mit dem Willen, einen anderen über die Echtheit der Urkunde zu täuschen und damit zu einem rechtserheblichen Verhalten zu veranlassen.

3. Ein besonders schwerer Fall gem. § 267 III StGB liegt nicht vor, da die Tat sich lediglich auf eine Flasche Campari im Wert von ca. 20,- € bezog, so dass von einem Vermögensverlust größeren Ausmaßes nicht die Rede sein kann.

4. Da M auch rechtswidrig und schuldhaft gehandelt hat, ist er gem. § 267 I StGB strafbar.

V. Urkundenunterdrückung durch Überkleben des teureren Preises, § 274 I Nr. 1 StGB

1. Das überklebte Preisetikett stellt eine Urkunde dar.

Als Handlungsalternative kommt das Vernichten in Betracht, denn durch das Überkleben wird ein Preisschild in der Regel als Beweismittel untauglich gemacht.

M handelte vorsätzlich und mit Nachteilszufügungsabsicht, denn er war sich bewusst, dass mit dem alten Preisschild auf der konkreten Flasche kein Beweis mehr zu erbringen war.

2. M handelte rechtswidrig und schuldhaft.

3. M hat sich der Urkundenunterdrückung schuldig gemacht. Die Tat wird allerdings von § 267 I 1. Alt. StGB verdrängt (vgl. oben)

VI. Sachbeschädigung durch Überkleben des teureren Preises, § 303 I StGB

1. Das Preisetikett der teureren Flasche ist eine fremde Sache. Eine Beschädigung liegt vor, weil es ohne Substanzbeeinträchtigung nicht wieder zum Vorschein gebracht werden kann.[52]

2. M handelte vorsätzlich, Rechtswidrig und schuldhaft.

3. M ist der Sachbeschädigung schuldig; allerdings ist das Strafantragserfordernis des § 303c StGB zu beachten. § 303 StGB tritt hinter § 274 I StGB und damit im Ergebnis auch hinter § 267 I 2. Alt. StGB zurück.

[48] WESSELS/HETTINGER, BT-1, Rn. 844.
[49] Lesenswert zu den Urkundsdelikten GEPPERT, Jura 1988, 158 ff.
[50] GEPPERT, Jura 1988, 158, 163.
[51] BGHSt 17, 97 ff.
[52] BGH NStZ 1992, 508: "Überklebtes Wahlplakat".

hemmer-Methode: Setzen Sie richtige Schwerpunkte: Die §§ 274, 303 I StGB sind in diesem Zusammenhang von untergeordneter Bedeutung und treten auf Konkurrenzebene (vgl. u.) zurück, so dass sie nur knapp (aber hinsichtlich ihrer Tatbestandsvoraussetzungen gleichwohl vollständig) geprüft werden müssen.

Andererseits ist ihr Vorliegen wohl auch nicht so offensichtlich und unproblematisch, dass sie nur mit einem Satz auf der Konkurrenzebene (etwa: "Die gleichfalls verwirklichten §§ ... treten zurück") behandelt werden sollten.

VII. Urkundenfälschung durch Hineinlegen der Backmischung in den Karton, § 267 I StGB

1. Dadurch, dass M die Backmischung in den Karton legte, könnte er sich nach § 267 StGB strafbar gemacht haben. Dazu müsste er eine unechte Urkunde hergestellt bzw. eine Echte Urkunde verfälscht haben.

Der Inhalt des Kartons entsprach nach dem Hineinlegen der Backmischung nicht mehr dem Inhalt, der laut Außenseite des Kartons vorhanden sein sollte.

Bei dem Karton mit der Aufschrift bzgl. des Inhalts könnte es sich um eine zusammengesetzte Urkunde handeln. Eine solche liegt aber nur dann vor, wenn eine verkörperte Gedankenerklärung mit ihrem Bezugsobjekt räumlich fest zu einer Beweismitteleinheit verbunden wird, so dass beide zusammen einen einheitlichen Beweis- und Erklärungsinhalt in sich vereinigen.[53]

Fraglich ist die Beweisbestimmung des Kartons. Unzweifelhaft besteht zwischen dem Karton und der Beschreibung des Inhalts eine feste Verbindung. Dies reicht aber nicht aus, da sich die Beschreibung nicht auf den Karton selbst, sondern nur auf dessen Inhalt bezieht. Nur dieser kann Bezugsobjekt für die Aufschrift sein. Insoweit fehlt es aber an der für die Bejahung einer zusammengesetzten Urkunde erforderlichen festen Verbindung zwischen Aufschrift und Bezugsobjekt.

2. M hat sich nicht nach § 267 StGB strafbar gemacht.

hemmer-Methode: Hierbei handelt es sich um einen Tatbestand, der unter "ernsten Bedingungen", d.h. vor allem bei einem entsprechenden Zeitlimit auch weggelassen (oder jedenfalls viel kürzer geprüft) werden könnte.

VIII. Diebstahl der Backmischung durch Verstecken im Karton, § 242 I StGB

1. M könnte durch das Verstecken der Backmischung aber einen Diebstahl begangen haben.

Die Backmischung als bewegliche Sache war für M fremd.

M müsste daran den Gewahrsam gebrochen und neuen begründet haben. Fraglich ist daher nur, ob M zum Zeitpunkt des Einsteckens der Backmischung in den Karton schon neuen Gewahrsam begründet hat. Dies könnte nach der herrschenden Apprehensionstheorie der Fall sein, da es sich um einen kleinen Gegenstand handelt. Indes kann der Karton noch keine Gewahrsamsenklave des M begründen. Es besteht insofern ein Unterschied zu selbst mitgebrachten, persönlichen Gegenständen wie dem Mantel.

Bezogen auf den Karton war eine jederzeitige Zugriffsmöglichkeit des Ladenbesitzers bzw. -verwalters nach wie vor gegeben und hätte - anders als bei der Suche nach Gegenständen in der Kleidung - überhaupt keiner Rechtfertigung bedurft. Durch das Verstecken allein hat M keinen Gewahrsam begründet[54].

hemmer-Methode: Das Gleiche gilt, wenn die Ware in anderer Weise im Einkaufswagen versteckt wird, so z.B. durch das Bedecken mit Prospekten.

---

[53] OLG Stuttgart NJW 1978, 715.

[54] Zum Gewahrsambruch in Selbstbedienungsläden vgl. auch BayObLG NJW 97, 3326, das ausnahmsweise die Vollendung selbst bei Passieren der Kasse ablehnt.

Ein Grenzfall zwischen dem ("körpernahen") Mantel und dem Einkaufswagen ist das Verstecken in einer vom Kunden mitgebrachten Einkaufstasche: einerseits gehört sie bereits zur "Sphäre" des Kunden, andererseits ist sie nicht ähnlich eng wie die Kleidung.

2. Zum Zeitpunkt des Versteckens der Backmischung liegt seitens des M jedenfalls kein vollendeter Diebstahl vor.

IX. Diebstahl am Campari durch das Passieren der Kasse, § 242 I StGB

1. Dadurch dass M mit der Flasche die Kasse passierte, könnte er sich nach § 242 I StGB strafbar gemacht haben. Die Flasche Campari müsste eine fremde, bewegliche Sache sein. Problematisch ist allein das Merkmal "fremd", denn die Kassiererin könnte dem M das Eigentum an der Flasche übertragen haben. Fraglich ist insoweit nur, wie sich deren Irrtum über den wahren Preis auswirkt. Nach dem Zivilrechtlichen Abstraktionsprinzip sind jedoch Verpflichtungs- und Verfügungsgeschäft grundsätzlich voneinander unabhängig zu behandeln. Daher hat die Kassiererin, wenn auch im Irrtum über den Kaufpreis, dem M die Flasche Campari übereignet. Diese ist damit nicht mehr fremd.

2. M ist nicht wegen Diebstahls an der Flasche Campari strafbar.

hemmer-Methode: Hier erschiene es wohl vertretbar, eine durch das Kassieren des korrekten Preises aufschiebend bedingte Übereignung anzunehmen (wenngleich diese Konstruktion das Abstraktionsprinzip spürbar zurückdrängen würde). Allerdings würde ein Diebstahl dann jedenfalls am Merkmal der Wegnahme scheitern.

X. Betrug an der Kasse durch Bezahlen des niedrigeren Preises, § 263 I StGB

1. M hat sich aber eventuell des Betruges schuldig gemacht.

a) M müsste die Kassiererin getäuscht haben. Ausdrücklich ist dies nicht geschehen. Durch das Vorzeigen der Ware gibt der Käufer jedoch nach der Verkehrsauffassung konkludent zu verstehen, der anhaftende Preis sei derjenige, mit dem die Ware auch ausgezeichnet worden sei.

Da dem nicht so war, liegt damit eine Täuschungshandlung vor. Durch diese wurde bei der Kassiererin auch ein entsprechender Irrtum erregt, denn diese ging davon aus, dies sei der durch Befugte angebrachte Preis. Infolge des Irrtums müsste sie eine Vermögensverfügung vorgenommen haben, worunter man jedes Tun, Dulden oder Unterlassen versteht, das sich unmittelbar vermögensmindernd auswirkt. Ein solchen vermögensminderndes Tun kann hier problemlos in der von der Kassiererin vorgenommenen (irrtumsbedingten) Übereignung gesehen werden.

hemmer-Methode: Vertretbar wäre es auch, das Unterlassen der Geltendmachung des Differenzbetrags in den Vordergrund zu stellen. Es läge dann ein sog. Forderungsbetrag vor, bei dem - anders als beim Sachbetrug (dazu unten) - keine Verfügungsbefugnis erforderlich ist.
Lebensnäher erscheint es aber, die Strafrechtlich relevante Vermögensverfügung in der Übereignung zu sehen!

Es müsste dadurch ein Vermögensschaden entstanden sein. Unschädlich ist jedenfalls die Personenverschiedenheit von Verfügendem (Kassiererin) und Geschädigtem (Allkauf), da bei § 263 StGB nur Identität von Getäuschtem und Verfügendem erforderlich ist.

Im Falle eines Dreiecksbetrugs reicht es aus, dass der Getäuschte in der Lage ist, rechtlich oder tatsächlich über das betroffene Vermögen zu verfügen.[55] Dies ist hier der Fall, da die Kassiererin berechtigt ist, dem Käufer bezahlte Waren auszuhändigen.

Problematischer ist allerdings der Vermögensschaden, denn die Mehrforderung bleibt ja bestehen und geht nicht etwa durch Nichterhebung unter. Das Vermögen von Allkauf ist somit an sich nicht geschmälert worden.

---

[55] LACKNER/KÜHL, § 263 Rn. 28.

Jedoch kann diese Forderung mangels Kenntnis nie realisiert werden, womit letztlich doch ein Vermögensschaden vorliegt. Der objektive Tatbestand des Betrugs ist damit erfüllt. Zudem sind zivilrechtliche Ansprüche, die dem Geschädigten aufgrund der Täuschung erwachsen (z.B. aus Bereicherungs- oder Deliktsrecht), im Rahmen der Schadenskompensation ohnehin unbeachtlich.[56]

b) M handelte auch vorsätzlich und mit der Absicht stoffgleicher Bereicherung.

2. Er handelte auch rechtswidrig und schuldhaft.

3. M ist wegen Betrugs strafbar. Über § 263 IV StGB ist auch hier das Strafantragserfordernis nach § 248a StGB zu beachten.

XI. Diebstahl durch Nichtbezahlen der Backmischung an der Kasse, § 242 I StGB

1. Bei der Backmischung handelt es sich um eine fremde, bewegliche Sache, die insbesondere auch dem M nicht übereignet wurde. Ein Gewahrsamsbruch nebst Neubegründung liegt zwar noch nicht im Verstecken der Backmischung im Karton (s.o.), könnte jedoch im Passieren der Kasse ohne Bezahlung liegen.

Allerdings ist zu beachten, dass die Bejahung des Diebstahlsdelikts nicht unumstritten ist, sondern der Sachverhalt auch die Tatbestandsmerkmale eines Betruges i.S.d. § 263 I StGB erfüllen könnte.

Wenn sich der Täter eine Sache durch Täuschung verschafft, kommt es für die strafrechtliche Abgrenzung zwischen Diebstahl und Betrug darauf an, ob ihm dies durch Wegnahme i.S.d. § 242 StGB, also eine eigenmächtige Handlung, oder aber durch Vermögensverfügung des Getäuschten i.S.d. § 263 I StGB gelingt.[57] Dabei wird allgemein angenommen, dass diese Merkmale sich gegenseitig ausschließen.

Für ihre Unterscheidung kann es nicht allein auf das äußere Bild von Geben oder Nehmen ankommen, sondern darauf, ob nach der inneren Willensrichtung des Getäuschten ein *freiwilliger* oder *unfreiwilliger Gewahrsamsverlust* vorliegt, ob also der Geschädigte bewusst über die Vermögensstücke zugunsten des Täters verfügen oder ob er den Gewahrsam behalten wollte.[58]

Hieraus ist zu folgern, dass sich das Opfer beim "Sachbetrug" der vermögensbedeutsamen Wirkung seines Verhaltens bewusst sein muss.[59]

Von diesen praktisch unstreitigen Grundsätzen ausgehend, nimmt das OLG Düsseldorf an, dass die Kassiererin durch die Erlaubnis, den Kassenbereich zu verlassen, dem Kunden gestatte, sich des gesamten Inhalts des Kartons zu bemächtigen. Sie sei sich daher der vermögensbeeinflussenden Wirkung der so erteilten Erlaubnis durchaus bewusst und habe sich lediglich in einem Irrtum über die tatsächlichen Verhältnisse befunden.[60]

Allerdings ist durchaus fraglich, ob man überhaupt sagen kann, die Kassiererin treffe in einem solchen Fall auch hinsichtlich der unbemerkt "vorbeigeschleusten" Ware eine bewusste Verfügung. Vielmehr fehlt es an einem solchen Willen, wenn die Kassiererin nicht erkennt, dass sich im Karton noch weitere Waren befinden. Erst Recht kann nicht davon die Rede sein, dass ein genereller Verfügungswille des Kassierers in Bezug auf den gesamten Inhalt des Kartons besteht. Die Annahme eines generellen Verfügungswillens läuft im Ergebnis auf eine Fiktion hinaus.[61]

hemmer-Methode: Der soeben zitierte Fall lag insofern anders, als die vorbeigeschleusten Waren im Einkaufswagen durch eine Zeitung verdeckt waren. Es ist fraglich, ob der vorliegende Fall deshalb eine unterschiedliche Behandlung rechtfertigt, da ja die Kassiererin zumindest den Karton sieht.

[56] Vgl. SCH-SCH/CRAMER/PERRON, § 263 Rn. 120.
[57] BGH NJW 1995, 3129, 3130 m.w.N.

[58] BGH NJW 1995, 3129, 3130 m.w.N.
[59] Vgl. die Nachweise bei OLG Zweibrücken NStZ 1995, 448, 449.
[60] OLG Düsseldorf, NStZ 1993, 287; zu dieser Entscheidung BROCKER, JuS 94, 919.
[61] BGH NJW 1995, 3129, 3130 m.w.N.

Jedoch kann ihr auch hier kein Verfügungsbewusstsein unterstellt werden, da es ihr ja arbeitsvertraglich untersagt ist, über andere als die abkassierten Waren zu verfügen.

Realistischer erscheint dagegen folgende Betrachtung: Die Aufgabe der Kassiererin beschränkt sich auf die Abrechnung der ihr vorgezeigten Waren; durch das Eintippen der dazugehörigen Preise in die Kasse werden die Gegenstände individualisiert, auf die sich ihr Übertragungswille bezieht.[62]

Weitergehende Erklärungen kann und will sie schon aufgrund ihrer arbeitsvertraglichen Verpflichtungen nicht abgeben, eine weiterreichende Verantwortung aufgrund der von ihr nur begrenzt durchgeführten Kontrolle deshalb nicht übernehmen.[63]

hemmer-Methode: Ob eine andere Beurteilung geboten ist, wenn der Kassierer den Täter ausdrücklich fragt, ob er sämtliche Waren vorgelegt habe, und dieser die Frage bewusst wahrheitswidrig beantwortet, lässt der BGH ausdrücklich offen. Er scheint aber dazu zu tendieren, auch bei einer solchen Konstellation Diebstahl anzunehmen; denn eine solche Frage des Kassierers ändert nichts daran, dass sich der Täter durch dessen Täuschung nur die Gelegenheit zur Wegnahme dadurch verschafft, dass der Kassierer ihn in der irrigen Vorstellung, er habe alle Waren erfasst, die Kassenzone passieren lässt. Geht es dem Täter im Ergebnis aber darum, den Gewahrsam ohne Wissen und damit ohne Einverständnis des Getäuschten aufzuheben, liegt nicht Betrug, sondern Diebstahl vor.

Überdies ist noch folgendes zu bedenken: Die Unterstellung eines generellen Verfügungswillens des Kassierers und - davon ausgehend - die Annahme von Betrug in diesen Fällen würde im Blick auf den qualifizierten Straftatbestand des räuberischen Diebstahls (§ 252 StGB) zu schwer erträglichen Unterschieden in der Behandlung nach Anschauung des täglichen Lebens gleichgelagerter Sachverhalte führen.[64]

Als Vortat des räuberischen Diebstahls kommt nur (vollendeter) Diebstahl in Betracht, nicht aber Betrug. Die Annahme von Betrug hätte danach zur Folge, dass der Täter, der nach dem Verlassen des Kassenbereichs gegen den ihn verfolgenden Detektiv tätlich wird, um sich den Besitz an der nicht bezahlten Ware zu erhalten, nur wegen Betruges und Nötigung sowie ggf. wegen Körperverletzung verurteilt werden könnte.

Hätte derselbe Täter demgegenüber die Ware bereits vor dem Passieren der Kasse eingesteckt und damit einen vollendeten Diebstahl begangen, so wäre er, wenn er unter den gleichen Voraussetzungen Gewalt anwendet, wegen des Verbrechens des räuberischen Diebstahls zu bestrafen.

Eine solch unterschiedliche Bewertung an sich gleicher Sachverhalte wäre willkürlich und würde auch dem Schutzzweck des § 252 StGB nicht gerecht.

hemmer-Methode: Die Abgrenzung von Betrug und Diebstahl beim "Einkauf" in Selbstbedienungsläden ist ein Klassiker. Nachdem aber der BGH auf Vorlagebeschluss des OLG Zweibrücken, das von der zitierten Entscheidung des OLG Düsseldorf abweichen wollte, sein Machtwort gesprochen hat, lässt sich die Annahme eines Betrugs in der Klausur nur noch sehr schwer und mit erheblichem Begründungsaufwand vertreten. Dabei ist freilich das Argument der Nichtanwendbarkeit des § 252 StGB durchaus nicht so eindeutig, wie es der BGH darstellt. Gerade nach dem Verständnis der Rspr. könnte nämlich in der gewaltsamen Verteidigung einer durch einen Sachbetrug erlangten Sache durchaus ein Fall der §§ 253, 255 StGB liegen.

Fraglich ist lediglich noch, ab welchem Zeitpunkt von einem vollendeten Diebstahl ausgegangen werden kann. Dies ist der Fall, wenn die Ware durch die Kassenzone gebracht wurde und der Zahlungsvorgang abgeschlossen ist. Dann liegt hier Vollendung vor.[65]

2. M hat vorsätzlich, in Zueignungsabsicht, Rechtswidrig und schuldhaft gehandelt und sich somit nach § 242 I StGB strafbar gemacht.

---

[62] BGH NJW 1995, 3129, 3130.
[63] OLG Zweibrücken NStZ 1995, 448, 449.
[64] BGH NJW 1995, 3129, 3130 m.w.N.
[65] Vgl. OLG Köln NJW 1984, 810.

Das Antragserfordernis des § 248a StGB ist zu beachten.

hemmer-Methode: Aufbaumäßig war es nicht einfach, die Delikte des 1. Tatkomplexes zu ordnen. Hier wurden sie in zeitlicher Reihenfolge geprüft, möglich war jedoch eine Gruppierung nach den einzelnen Gegenständen.

XII. Konkurrenzen

Die Urkundenunterdrückung durch Überkleben des alten Preisschilds tritt als notwendige Begleittat hinter § 267 I StGB zurück. § 303 StGB wird als notwendige Begleittat von § 274 I Nr. 1 StGB konsumiert.[66] Durch das Gebrauchmachen von der Urkunde an der Kasse (§ 267 I Alt. 3 StGB) liegt eine Teilidentität der Ausführungshandlungen mit § 263 I StGB vor, wodurch Handlungseinheit hergestellt wird. Der Diebstahl der Backmischung an der Kasse wird zeitgleich mit dem Betrug ausgeführt, so dass hier ebenfalls Handlungseinheit anzunehmen ist. Was den vorangegangenen Diebstahl an den Pralinen angeht, ist von einer natürlichen Handlungseinheit und damit Tateinheit (§ 52 I StGB) auszugehen, da das Gesamtgeschehen in einem engen räumlichen und zeitlichen Zusammenhang steht und daher bei natürlicher Betrachtungsweise als einheitliches Geschehen zu würdigen ist.

2. Tatkomplex: Die Vorgänge im Sound-Markt

Diebstahl der CDs in einem besonders schweren Fall, §§ 242, 243 I 2 Nr. 2 StGB

1. Die CDs waren für M fremde, bewegliche Sachen. Die Wegnahmehandlung könnte im Einstecken zu sehen sein. Problematisch ist jedoch, ob angesichts des elektromagnetischen Sicherungsetiketts nur ein *versuchter Diebstahl* in Betracht kommt oder mit dem Einstecken in die Manteltasche schon *Vollendung* anzunehmen ist.

Ein Teil der Lit. verneint in diesem Fall Vollendung, denn der Täter könne durch den in jedem Fall ausgelösten Alarm den Gewahrsam nicht ohne Behinderung durch den Berechtigten ausüben. Damit stünden der Herstellung eines tatsächlichen Sachherrschaftsverhältnisses wesentliche Hindernisse entgegen.[67]

Nach a.A.[68] ist dagegen Gewahrsam begründet und die Wegnahme daher vollendet, wenn der Täter die Herrschaft über die Sache derart erlangt hat, dass er sie, unbehindert durch den alten Gewahrsamsinhaber, ausüben und dieser seinerseits über die Sache nicht mehr verfügen kann, ohne die Verfügungsgewalt des Täters zu beseitigen. Im Selbstbedienungsladen ist das bereits der Fall, wenn der Täter - jedenfalls bei Sachen geringen Umfangs - die Beute mit Zueignungsabsicht in die Tasche steckt oder sonst verbirgt. Daran ändert auch das Sicherungsetikett nichts. Vielmehr wird es auf das Geschick des Täters, seine kriminelle Energie, das Vorhandensein weiterer Kunden sowie auf sonstige Umstände ankommen, ob einem entschlossenen Täter das Entkommen mit der Beute gelingt.

Von diesen, im nachhinein oft gar nicht zu rekonstruierenden Zufälligkeiten kann aber die Frage der Gewahrsamsbegründung nicht abhängen, zumal auch eine nur ganz vorübergehende Sachherrschaft Gewahrsam ist.[69] Anders könnte es zwar liegen, wenn der Kontrollbereich durch zusätzliche Maßnahmen, etwa eine Überwachung durch stets einsatzbereite Hausdetektive, so geschützt ist, dass der Täter von vornherein nicht die geringste Möglichkeit gehabt hätte, mit der Beute zu entkommen. Hierfür ist aber vorliegend nichts ersichtlich.

Dieser Ansicht ist zuzustimmen. Das Sicherungsetikett verhindert in der Tat nur die Beendigung, nicht aber die Vollendung des Diebstahls. Auch insoweit ist daher an der Enklaventheorie festzuhalten.

2. M handelte vorsätzlich.

3. Er handelte auch rechtswidrig und schuldhaft.

---

[66] SCH-SCH/CRAMER/HEINE, § 274 Rn. 22.

[67] SCH-SCH/ESER, § 242 Rn. 40.
[68] TRÖNDLE/FISCHER, § 242 Rn. 18; BayObLG NJW 1995, 3000 (JuS 1996, 78); zu dieser Entscheidung KARGL, JuS 96, 971.
[69] BGHSt 16, 271, 273.

4. Fraglich ist noch, ob das Regelbeispiel des § 243 I 2 Nr. 2 StGB Anwendung findet. Die CDs könnten durch das Sicherungsetikett "gegen Wegnahme besonders gesichert" sein. Jedoch fallen nach ganz überwiegender Ansicht nur solche Schutzvorrichtungen darunter, die nicht erst die Beendigung, sondern bereits die Vollendung der Wegnahme verhindern sollen.[70] Es liegt damit kein Diebstahl in einem besonders schweren Fall vor.

5. M ist wegen Diebstahls nach § 242 I StGB strafbar.

---

[70] LACKNER/KÜHL, § 243 Rn. 16; vgl. auch OLG Düsseldorf NJW 98, 1002; kritisch SCH-SCH/ESER, § 243 Rn. 24.

Zusammenfassung

Strafbarkeit des M

**1. Tatkomplex: Die Vorgänge im Super-
    markt**

I.   § 123 I StGB (-)

II. § 242 I StGB bzgl. Pralinen (+)

III. § 274 I Nr. 1 StGB
     durch Entfernen des Preisetiketts (-),
     keine   Nachteilszufügungsabsicht

IV. § 267 I StGB
     durch Anbringen des billigeren Preises
     (+)

V.   § 274 I Nr. 1 StGB
     durch das Überkleben (+), aber von
     § 267 I StGB verdrängt

VI. § 303 I StGB (+)

VII. § 267 I StGB
     durch Verstecken der Backmischung (-)

VIII. § 242 I durch Verstecken im Karton (-)
     zu diesem Zeitpunkt jedenfalls keine
     Vollendung

IX. § 242 I StGB bzgl. Campari-Flasche (-)

X.   § 263 I StGB bzgl. Campari-Flasche (+)

XI. § 242 I StGB bzgl. Backmischung bei
     Passieren der Kasse (+),
     insbesondere nicht § 263 I StGB, da
     keine Vermögensverfügung der Kassie-
     rerin bzgl. der vorbeigeschleusten Ware

XII. Konkurrenzen

**2. Tatkomplex: Die Vorgänge im Sound-
    Markt**

     § 242 I StGB (+)
     auch bei elektronischer Sicherung der
     Ware vollendeter Diebstahl, kein Fall des
     § 243 I 2 Nr. 2 StGB

Fall 3

Sachverhalt:

Die Prostituierte Babsi Billig hatte sich, nachdem sie des jahrelangen Anschaffens überdrüssig geworden war, einen seriösen Halbtagsjob gesucht und zur Freizeitgestaltung der Gruppe "Militant für den Frieden" angeschlossen. Nun verbrachte sie ihre Freizeit kurzweilig auf Friedensdemonstrationen, Podiumsdiskussionen und vor Kasernentoren.

Am 2.11.04 nahm Babsi im Rahmen einer Aktionswoche an einer Blockade in der Nähe einer Bundeswehrkaserne teil. Um ihren Forderungen mehr Nachdruck zu verleihen, hatten sich die Teilnehmer mit ihren Fahrzeugen auf die Straße gestellt, um den Durchgang zu versperren. Die Polizei hatte jedoch schnell reagiert und die Autofahrer schon mehrere hundert Meter vor der Blockade angehalten und umgeleitet. Nach einer Stunde zogen die Teilnehmer enttäuscht wieder ab.

Als sich B und ihre Gesinnungsgenossen am 5.11.04 auf der Anfahrt mit einem Reisebus zu einer bereits im Vorfeld verbotenen Demonstration befanden, wurden sie auf einer Raststätte frühzeitig von der Polizei gestoppt; die Personalien wurden aufgenommen. Aus Protest gegen diese Behandlung und gegen das Verbot der Veranstaltung verteilten sich alle Insassen des Reisebusses auf den Fahrbahnen und versperrten einer Vielzahl von Autofahrern den Weg. B und die übrigen Teilnehmer wurden von der Straße entfernt, nachdem sie bereits einen kilometerlangen Stau verursacht hatten.

Der sensationslüsterne Journalist Jürgen Jeck hatte all diese Veranstaltungen mit regem Interesse verfolgt und schrieb einen Artikel für die Wochenendausgabe des "Main-Kurier". Er berichtete über Aktionsfeld und Zusammensetzung der Gruppe "Militant für den Frieden". Er ging dabei auch auf die "Aktionswoche" ein und äußerte sich folgendermaßen: "Am 5.11.04 wurde die genannte Gruppe von der Polizei auf dem Weg zu einer Demonstration gestoppt. Nachdem sie einen Sitzblockade auf der Autobahn veranstaltet hatte, wurde sie mittels eines Schlagstockeinsatzes von der Polizei gefügig gemacht, um erst gar keine Gegenwehr aufkommen zu lassen. Dann trug die Polizei die vor Schmerzen jaulenden Teilnehmer von der Fahrbahn. Die nachfolgende Aufnahme der Personalien zog sich über Stunden hin, ohne dass die Betroffenen den Einsatzbus verlassen durften. An der Effizenz der Polizei dürften nach diesem gelungenen Einsatz keine Zweifel mehr verbleiben!" Was die Zusammensetzung der Gruppe betrifft, berichtete J: "...Der Mitgliederkreis hat sich in den letzten Jahren stark vergrößert. Mittlerweile wollen Szenekenner unter den weiblichen Mitgliedern schon ein ehemaliges Callgirl gesichtet haben, das nun offenbar nicht mehr Karriere auf der Straße, sondern in politischen Kreisen zu machen versucht...."

Als der den Einsatz leitende Polizeioberwachtmeister und seine Kollegen den Bericht in der Zeitung lesen, sind sie über diese "Lügengeschichten" empört. Auch B und ihre weiblichen Mitstreiter halten den Bericht für eine "Unverschämtheit".

Bearbeitervermerk:

Prüfen Sie die Strafbarkeit von Babsi Billig und Jürgen Jeck nach dem StGB. Es ist davon auszugehen, dass die erforderlichen Strafanträge gestellt wurden.

Lösung:

A. Strafbarkeit der B

1. Tatkomplex: Blockade am 2.11.2004

I. Nötigung, § 240 I StGB

1. Das Blockieren von Straßen mit Fahrzeugen, um andere Verkehrsteilnehmer aufzuhalten, ist anders als bei Sitzblockaden körperlich wirkender Zwang, da die Autofahrer das Hindernis, selbst wenn sie wollten, nicht überwinden könnten. Die Zwangseinwirkung ist hier insbesondere auch nicht bloß psychischer Natur, so dass trotz der einschränkenden Auslegung des Gewaltsbegriffs bei Straßenblockaden durch das BVerfG[71] von der Verwirklichung der Gewaltalternative ausgegangen werden kann.

Fraglich ist jedoch, ob die Nötigung vorliegend vollendet war. B hat die Nötigungshandlung (Blockieren der Straße) ausgeführt. Auch zum Nötigungserfolg (Keine Durchfahrt auf dieser Straße für andere Verkehrsteilnehmer) ist es gekommen.

hemmer-Methode: Dies durfte nicht übersehen werden. Zwar konnte das Gebäude auf einem anderen Weg erreicht werden, jedoch gehört zur Willensentschließungsfreiheit auch grundsätzlich die freie Wahl des Wegs.

Jedoch hielten die anderen Autofahrer nicht unter dem unmittelbaren Zwang an, dass vor ihnen Demonstranten sich weigerten, die Fahrbahn zu verlassen. Vielmehr wurden sie durch die Weisung der Polizei am Weiterfahren gehindert.

Folgt man den allgemeinen Kausalitätsregeln, könnte man an eine Unterbrechung des Kausalverlaufs durch das Dazwischentreten der Polizei denken.

Eine solche kommt jedoch dann nicht in Frage, wenn die früher gesetzte Bedingung bis zum Eintritt des Erfolges fortwirkt.[72] Ein solcher Fortwirkungszusammenhang ist hier zweifellos gegeben. Denn ohne die Blockade wäre die Polizei nicht tätig geworden, um die Autofahrer anzuhalten bzw. umzuleiten. Auch eine Unterbrechung des Zurechnungszusammenhangs scheidet aus. Denn das Tätigwerden der Polizei liegt keineswegs außerhalb der allgemeinen Lebenserfahrung in einer solchen Situation.[73]

Eine Ansicht[74] verlangt jedoch einen spezifischen Zusammenhang zwischen Nötigungshandlung und -folge. Das Nötigungsopfer müsse von der ausgeübten Gewalt erreicht worden sein, sie als solche empfinden und sich ihr bewusst beugen. Eine mittelbare Gewalteinwirkung reiche nicht aus. Das ergebe sich aus dem Wortlaut des § 240 I StGB ("mit Gewalt nötigt"). Außerdem könne man auch die Polizei nicht als "verlängerten Arm" der Blockierer ansehen.

Diese Auffassung begegnet aber durchgreifenden Bedenken. Zwar mag es begrüßenswert sein, auf diesem Wege neben der Berücksichtigung der Fernziele beim Strafmaß zu einer weiteren Erleichterung für die Täter zu finden. Jedoch kann es keinen Unterschied machen, ob die blockierten Verkehrsteilnehmer unmittelbar von den Demonstranten oder ein paar hundert Meter vorher von der Polizei angehalten werden. Zwar erscheint es sinnwidrig, gerade das polizeiliche Handeln den Blockierern zuzurechnen, jedoch zeigt das gerade, dass der Nötigende, der sein Ziel über den Umweg des polizeilichen Eingreifens erreicht, ebenso vollendet tatbestandsmäßig i.S.d. § 240 StGB handelt wie der, dessen Blockade unmittelbar wirkt. Maßgebliches Korrektiv zur Ausscheidung atypischer Kausalverläufe muss die allgemeine Regel über die Unterbrechung des Zurechnungszusammenhanges bleiben.

hemmer-Methode: An dieser Stelle war mit dem BGH und dem ehemaligen BayObLG eine a.A. selbstverständlich gut vertretbar.

---

[71] BVerfG, NStZ 95, 276.

[72] Vgl. WESSELS/BEULKE, AT, Rn. 164.
[73] So i.E. OLG Stuttgart, MDR 86, 602.
[74] BGH 37, 353; BayObLG NJW 90, 59; vgl. SCH-SCH/ESER § 240 Rn. 14 m.w.N.

Konsequenterweise musste dann die Versuchsstrafbarkeit bejaht werden.

2. B handelte vorsätzlich. Insbesondere stellt sich das Dazwischentreten der Polizei auch subjektiv als unerhebliche Abweichung vom Kausalverlauf dar, die vom Vorsatz der B noch gedeckt ist.

3. Zu untersuchen ist, ob die Nötigung auch rechtswidrig ist.

a) §§ 34, 193 StGB kommen als Rechtfertigungsgründe nicht in Betracht.

Auch aus den Grundrechten der Meinungs- und Versammlungsfreiheit (Art. 5 I, 8 I GG) lässt sich keine Rechtfertigung der B herleiten. Denn ihr Verhalten ging über das hinaus, was notwendig war, um von diesen Grundrechten Gebrauch zu machen. Das Grundrecht der Meinungs- wie der Versammlungsfreiheit berechtigt nicht dazu, anderen seine Meinung mittels Gewalt aufzuzwingen.[75]

hemmer-Methode: Grundsätzlich sollten bei der Prüfung der Rechtswidrigkeit der Nötigung zuerst Rechtfertigungsgründe angesprochen werden. Liegen solche vor, ist die Rechtswidrigkeit ausgeschlossen, ohne dass es der Abwägung des § 240 II StGB bedarf.

b) Bei § 240 StGB (wie auch bei § 253 StGB) handelt es sich um einen sog. offenen Tatbestand, d.h. die Rechtswidrigkeit der Tat ist positiv festzustellen, § 240 II StGB. Die Verwerflichkeit der Nötigung kann sich aus ihrem Zweck, dem eingesetzten Mittel oder der Relation von beiden ergeben. Da Zweck und Mittel im vorliegenden Fall an sich nicht zu beanstanden sind, kann das Rechtswidrigkeitsurteil nur auf ihrem Verhältnis zueinander beruhen.

Erforderlich ist dabei eine am Einzelfall orientierte Abwägung aller Umstände.

Umstritten hierbei ist, welche Ziele des Nötigenden Berücksichtigung finden müssen. Primär will und erreicht der Nötigende die Einschränkung der Bewegungsfreiheit von Verkehrsteilnehmern.

Damit bezweckt er jedoch auch und gerade, die Aufmerksamkeit der Öffentlichkeit, speziell der Massenmedien, zu erregen. Man könnte nun - wie auch die Minderheit der Verfassungsrichter in einer Entscheidung des BVerfG[76] – daran denken, auch diese Fernziele bei der Abwägung zu berücksichtigen.

Die besseren Argumente sprechen aber wohl dafür, die Fernziele der Demonstranten bei der Rechtswidrigkeit unberücksichtigt zu lassen. Zu beachten ist nämlich, dass unbeteiligte Bürger genötigt werden, die keine Möglichkeit haben, die (in den Augen der Demonstranten bestehenden) Missstände abzuschaffen. Im Übrigen stehen dem Bürger im demokratischen Rechtsstaat genügend Möglichkeiten zur Verfügung, seine "Fernziele" in die politische Meinungsbildung einzubringen. Der Einsatz von Gewalt in Form von Straßenblockaden kann nicht als rechtmäßiges Mittel im politischen Meinungskampf angesehen werden, gleich um welche anerkennenswerten Ziele es dem Gewaltübenden auch gehen mag.

Vielmehr kommt es bei der Frage der Rechtswidrigkeit der Nötigung nur auf das Verhältnis zwischen dem Nötigungsmittel und der unmittelbaren Folge der Zwangsausübung an. Das muss aber nicht heißen, dass jede Demonstration per se eine rechtswidrige Nötigung darstellt. Rechtlich verwerflich ist nur, was sozial unverträglich und wegen seines grob anstößigen Charakters sozialethisch in besonders hohem Maße zu missbilligen ist.[77]

Insbesondere müssen bei der Abwägung auch Dauer und Intensität der Willens- und Fortbewegungsbeeinträchtigung des Genötigten eine Rolle spielen. Im Rahmen einer "Demonstration" muss es als sozialadäquat angesehen werden, dass es zu Verkehrsbehinderungen kommt (dies schon im Hinblick auf Art. 5 I, 8 I GG). Ganz kurzen Blockaden ist daher mehr ein Kundgabe-, denn ein Nötigungscharakter beizumessen. Daraus resultierende Beeinträchtigungen der Fortbewegungsfreiheit sind folglich hinzunehmen.

Vorliegend dauerte die Blockade jedoch eine Stunde und fand nicht lediglich durch die körperliche Anwesenheit der Demonstranten, sondern unter Zuhilfenahme von Fahrzeugen statt.

---

[75] BGHSt 23, 56.

[76] So das Minderheitsvotum in BVerfGE 73, 206, 257.

[77] WESSELS/HETTINGER, BT-1, Rn. 426.

Setzt man diese Folge der Nötigung in Relation zu der von B ausgeübten Gewalt, kann das Handeln der B nicht gebilligt werden.

hemmer-Methode: Die Diskussion über die Berücksichtigung von Fernzielen ist auch in jüngster Zeit nicht abgeebbt. Eine andere Ansicht ist daher ohne weiteres vertretbar.

4. B handelte auch schuldhaft und ist daher nach § 240 I StGB zu bestrafen.

Bei der Frage, welche Strafe verhängt werden soll, kommt es auf die persönliche Schuld, namentlich auch auf die Beweggründe und Ziele des Täters an, § 46 I, II StGB. Hier ist der richtige Ort, Fernziele der Täter zu berücksichtigen.[78] Da diese keine eigennützige Natur haben, sondern vielmehr - wenn auch möglicherweise falsch aufgefasster - staatsbürgerlicher Verantwortung entspringen, müssen sie strafmildernd berücksichtigt werden.

hemmer-Methode: In aller Regel ist im Ersten Examen auf die Strafzumessung (oder gar ein konkretes Strafmaß!) nicht einzugehen, wenn es nicht ausdrücklich verlangt ist. Da die Rspr. jedoch hier die Lösung eines zentralen Problems in den Bereich der Strafzumessung verlagert, sollte dazu kurz Stellung genommen werden.

II. Landfriedensbruch, § 125 I Nr. 1 StGB

1. Zunächst müsste die Blockade aus einer "Menschenmenge" heraus erfolgt sein. Nach dem Sinn des § 125 StGB ist dies eine nicht mehr auf den ersten Blick überschaubare Anzahl von Menschen, bei der es auf den einen oder anderen Hinzukommenden oder Weggehenden nicht ankommt. Schon hier ist im Rahmen einer Einzelfallwertung zu ermitteln, ob gerade aus dem Zusammensein mehrerer in einer Menschenmenge eine spezifische Gefahr resultiert. Es ist daher schon äußerst fraglich, ob die Teilnehmer der Blockade eine Menschenmenge i.S. dieser Norm darstellen.

Des Weiteren müssen Gewalttätigkeiten aus der Menschenmenge heraus begangen werden. Ursprünglich verstand man darunter Gewalt i.S.d. § 240 I StGB. Diese Gleichstellung ist heute nicht mehr zu rechtfertigen.

Denn während der allgemeine Gewaltbegriff nur auf alle möglichen Methoden fremder Willensbeugung abstellt, muss unter "Gewalttätigkeit" aggressives, gegen die körperliche Unversehrtheit von Menschen oder fremde Sachen gerichtetes aktives Tun unter Einsatz physischer Kraft verstanden werden.[79]

2. B hat daher keinen Landfriedensbruch begangen.

hemmer-Methode: Selbstverständlich müssen Sie keine Details zu § 125 StGB kennen, jedoch kann für eine gute Arbeit durchaus eine kurze Auseinandersetzung mit den Tatbestandsmerkmalen verlangt werden.

Denken Sie grundsätzlich auch kurz daran, dass sich Strafvorschriften nicht nur im StGB finden lassen. Enthält der Bearbeitervermerk keine Einschränkung, so kann in der Klausur auch einmal Nebenstrafrecht anzuprüfen sein. Gerade bei Demonstrationen und Sitzblockaden müssen Sie daher auch an das VersammlG denken, das in den §§ 21 ff. Strafvorschriften enthält. Relevant ist hier insbesondere der § 27 VersammlG, der das Führen von Waffen, aber auch Verstöße gegen das Vermummungsverbot pönalisiert.

2. Tatkomplex: Straßenblockade am 5.11.2004

I. Nötigung, § 240 I StGB

1. Wiederum kommt eine Nötigung durch die Ausübung von Gewalt in Betracht. Durch die Sitzblockade könnte B gegenüber den Fahrzeugen eine Nötigung mittels Gewalt begangen haben.

An dieser Stelle muss auf den Gewaltbegriff näher eingegangen werden.

---

[78] So auch BGHSt 35, 270.

[79] SCH-SCH/LENCKNER/STERNBERG-LIEBEN, § 125 Rn. 5.

Verlangte das Reichsgericht zunächst die Anwendung körperlicher Kraft zur Überwindung eines geleisteten oder erwarteten Widerstandes,[80] so wurde das Erfordernis der Kraftentfaltung bald wieder aufgegeben.

Später wertete der BGH als entscheidendes Moment die beim Opfer auftretende körperliche Zwangswirkung.[81] Dieses Merkmal wurde jedoch dadurch "aufgeweicht", dass auch die psychosomatischen Wirkungen einer geäußerten Drohung, wie etwa die Nervenerregung beim Opfer unter den Gewaltbegriff subsumiert wurden.[82] Logische Konsequenz dieser Entwicklung war schließlich das Laepple-Urteil, bei dem ein Sitzstreik auf Straßenbahnschienen als Gewalt i.S.d. § 240 StGB angesehen wurde. Hierbei wurde zur Begründung nicht auf die Nervenerregung des Straßenbahnfahrers zurückgegriffen, für ausreichend hielt der BGH auch den psychisch wirkenden Zwang, sofern er *von einigem Gewicht* war.[83] Dieser sog. *entmaterialisierte Gewaltbegriff*, der nun auch auf das Erfordernis der körperlichen Einwirkung auf das Opfer verzichtete, wurde vom BVerfG lange Zeit gebilligt.[84]

Gewalt war danach "...körperlich oder psychisch wirkender Zwang durch ein Verhalten, das als gegenwärtige Übelszufügung nach seiner Zielrichtung, Intensität und Wirkungsweise bestimmt und geeignet ist, die Freiheit der Willensentschließung oder -betätigung zu beeinträchtigen."

An dieser Auffassung wurde jedoch kritisiert, der Gewaltbegriff habe sich zu einem "Sammelbecken für alle Zwangsformen außerhalb der Drohungsalternative" entwickelt.[85] Insbesondere sei eine solche Auslegung vom Wortsinn des § 240 StGB nicht mehr gedeckt und verstoße gegen die Garantie des Art. 103 II GG. Ein solchermaßen weit aufgefasster § 240 StGB genüge dem Bestimmtheitsgrundsatz nicht mehr.

Das BVerfG sah sich nun in einer jüngeren Entscheidung veranlasst, dieser Entwicklung in der Rechtsprechung entgegenzusteuern. Es hatte zu beurteilen, ob der für die Strafbarkeit von Sitzdemonstranten aus § 240 I StGB zugrunde gelegte Gewaltbegriff gegen das Bestimmtheitsgebot des Art. 103 II GG verstößt.

Hierbei geht das BVerfG davon aus, dass zumindest die Fälle, in denen das Verhalten des Täters allein durch seine körperliche Anwesenheit an einer Stelle, die ein anderer annehmen oder passieren möchte, gekennzeichnet ist, nicht unter den Gewaltbegriff subsumiert werden können, sofern das Opfer nur psychisch gehemmt wird, seinen Willen durchzusetzen.[86] Hierbei brachten die Richter in ihrem umstrittenen (5:3 Stimmen)-Urteil zum Ausdruck, dass der gleichzeitige Verzicht auf eine gewisse körperliche Kraftentfaltung (auf Täterseite) und eine körperliche Zwangswirkung (auf Opferseite) den Gewaltbegriff ausufern lässt, und beauftragten die Strafgerichte, eine mit Art 103 II GG vereinbare Auslegung des Gewaltbegriffes vorzunehmen.

Die erweiternde Auslegung des Gewaltbegriffs in § 240 I StGB im Zusammenhang mit Sitzblockaden verstößt danach jedenfalls gegen Art. 103 II GG.

Der BGH sieht jedoch bei Sitzblockaden, die auf der Autobahn vorgenommen werden, unverändert den § 240 I StGB verwirklicht. Er greift hierbei die weit gesteckten Vorgaben des BVerfG auf und nimmt eine Eingrenzung nur hinsichtlich der psychischen Zwangswirkung vor, während er den Verzicht auf die körperliche Kraftentfaltung als sinnvoll einstuft.[87] Da außerdem durch die ersten Fahrzeuge für die hinteren Fahrzeuge eine tatsächlich nicht zu überwindende Barriere geschaffen werde, könne auch körperlich wirkender Zwang angenommen werden, so dass zumindest für diesen Fall eine Strafbarkeit wegen Nötigung nach wie vor in Betracht komme.

---

[80] RGSt 56, 88.
[81] BGHSt 1, 145.
[82] BGHSt 19, 263; 23, 126; z.B. Bedrohung des Opfers mit einer Schusswaffe, dichtes Auffahren auf der Autobahn.
[83] Vgl. BGHSt 23, 46.
[84] BVerfGE 73, 206.
[85] WESSELS/HETTINGER, BT-1, Rn. 384.

[86] Vgl. BVerfG NStZ 1995, 276; zum Gewaltbegriff des BVerfG auch ARNOLD, JuS 97, 289 und HERZBERG, JuS 97, 1067.
[87] Vgl. BGH NStZ 1995, 542; beachte auch BGH NJW 98, 2149 zur Nötigung bei Castor-Transporten.

Der BGH sieht in dieser Entscheidung keine Abkehr vom Beschluss des BVerfG; dieser habe lediglich dann praktische Auswirkungen, wenn aufgrund der geringen Zahl der blockierten Fahrzeuge nur psychische Zwangswirkung hervorgerufen würden. Bilde sich jedoch eine Autoschlange, sei den Demonstranten die physische Zwangswirkung der zuerst angehaltenen Fahrzeuge auf die Nachfolgenden zuzurechnen.

Nötigung sei kein eigenhändiges Delikt; außerdem werde hierdurch auch nicht der Kausalzusammenhang unterbrochen.[88]

Diese Auffassung des BGH ist erwartungsgemäß nicht ohne Kritik geblieben.

Die Unterscheidung zwischen den Autofahrern in der ersten Reihe (diesen gegenüber liegt keine strafbare Nötigung vor, da das Hindernis nur psychischer Natur ist) und denen ab der zweiten Reihe (diese werden quasi in mittelbarer Täterschaft genötigt) ist äußerst spitzfindig und im Hinblick auf § 31 I BVerfGG bedenklich.

Auch in dogmatischer Hinsicht ist die Entscheidung des BGH nicht unangreifbar, denn der Nötigungserfolg besteht ja nicht in der Hinderung der Weiterfahrt an sich, sondern darin, dass den nachfolgenden Autos kein Platz in der "ersten Reihe" zuteil wird. Denn spätestens hier müssen auch die nachfolgenden Autofahrer halten müssen, ohne dass ihnen gegenüber eine strafbare Nötigung vorgelegen hätte. Insofern ist doch fraglich, ob dieser konkrete Nötigungserfolg tatsächlich noch dem Schutzzweck des § 240 StGB unterfällt.[89]

hemmer-Methode: Interessant ist weiterhin, dass auch die untergeordneten Gerichte dem BGH zum Teil die Gefolgschaft verweigern. So hat insbesondere das OLG Koblenz unter ausdrücklicher Ablehnung der BGH-Auffassung im Wiederaufnahmeverfahren aufgrund von § 79 BVerfG ein unter der alten Rechtsprechung zu § 240 StGB ergangenes Urteil aufgehoben, obwohl der BGH nach wie vor zur Strafbarkeit der Sitzdemonstranten gelangt wäre.[90]

Schließt man sich - wenn auch unter Bedenken - der BGH-Rechtsprechung an, hat B im vorliegenden Fall Gewalt i.S.d. § 240 I StGB verübt.

2. B handelte auch vorsätzlich.

3. Rechtfertigungsgründe sind nicht ersichtlich (vgl. dazu schon oben). Daher muss die Verwerflichkeit der Nötigung gem. § 240 II StGB positiv festgestellt werden. Nötigungserfolg war die Verursachung einer kilometerlangen Autoschlange, Nötigungsmittel die Sitzblockade. Fernziele wie der Ausdruck des Protestes gegen die Behandlung vor Ort und des Unmuts über das Verbot der geplanten Veranstaltung sind bei der Abwägung nicht zu berücksichtigen (siehe dazu schon oben). Der Eingriff in den Straßenverkehr war auch nicht nur geringfügig und auch keine bloße Nebenfolge einer Demonstration, sondern gezielt beabsichtigt, so dass die Anwendung von Gewalt im Verhältnis zum Nötigungserfolg nicht als sozialadäquat, sondern als verwerflich bezeichnet werden muss.

4. B handelte auch schuldhaft und ist daher wegen Nötigung zu bestrafen.

II. Gefährlicher Eingriff in den Straßenverkehr, § 315b I Nr. 2 StGB

1. Durch die Sitzblockade auf der Autobahn könnte B einen gefährlichen Eingriff in den Straßenverkehr vorgenommen haben. Durch das Sitzen auf der Autobahn hat B die Sicherheit des Straßenverkehrs dadurch gefährdet, dass sie ein Hindernis bereitete (Nr. 2). Hierdurch müsste eine konkrete Gefahr für Leib oder Leben eines anderen oder eine fremde Sache von bedeutendem Wert verursacht worden sein. Die abstrakte Gefährlichkeit des Vorgehens der B ist insofern nicht ausreichend. Der Sachverhalt gibt aber keine Auskunft über einen z.B. knapp verhinderten Unfall durch starkes Abbremsen, so dass vom Ausbleiben einer konkreten Gefahr auszugehen ist.

2. B ist nicht wegen gefährlichen Eingriffs in den Straßenverkehr strafbar.

---

[88]   Zu der BGH-Entscheidung auch Schmidt, JuS 1995, 1135.

[89]   Vgl. Hoyer, JuS 96, 200, 204 sowie dazu Kudlich, JuS 1996, 664.

[90]   OLG Koblenz NJW 96, 3351.

hemmer-Methode: Der BGH ist im vorliegenden Fall auf § 315b StGB nicht eingegangen. Angesichts der großen Gefahr, die eine Sitzblockade auf der Autobahn für den Verkehr und für die Demonstrationsteilnehmer bedeutet, erscheint die Diskussion des § 315b StGB jedoch naheliegend.

III. Versuchter gefährlicher Eingriff in den Straßenverkehr, §§ 315b I Nr. 2, II, 22 StGB

1. Der Tatbestand des § 315b I StGB ist nicht vollendet. Der Versuch ist gem. § 315b II StGB strafbar.

2. B wusste, dass sie durch ihr Verhalten Menschenleben und Fahrzeuge gefährden konnte, und es ist zu unterstellen, dass sie dies auch in Kauf nahm, da eine solche Gefährdung sehr nahe lag. Daher ist von dolus eventualis auszugehen.

3. Durch das Besetzen der Autobahn hat die B auch nach ihrer Vorstellung von der Tat zur Verwirklichung des Tatbestands unmittelbar angesetzt, da auf einer Autobahn ohne wesentliche Zwischenakte von einem Moment auf den anderen mit einem heranbrausenden Fahrzeug zu rechnen ist.[91]

4. B hat sich damit nach §§ 315b I Nr. 2, 22 StGB strafbar gemacht.

IV. Landfriedensbruch, § 125 I Nr. 1 StGB

Mangels Gewalttätigkeiten aus einer Menschenmenge liegt kein Landfriedensbruch vor.

B. Strafbarkeit des J

I. Verleumdung, § 187 StGB

1. J könnte die Polizei als Institution verleumdet haben.

Beleidigungsfähig sind neben Einzelpersonen auch *Personengemeinschaften*.

Diesen kommt dann Ehrschutz zu, wenn sie eine rechtlich anerkannte soziale Funktion erfüllen und einen einheitlichen Willen bilden können.[92] Ersteres trifft für die Polizei ohne weiteres zu. Fraglich ist aber die Organisationsstruktur der Polizei, insbesondere, ob es einen einheitlichen Träger politischer oder verwaltungsmäßiger Verantwortung gibt. Da die Polizei aus einer Vielzahl von Einrichtungen in Bund und Ländern besteht, besitzt sie keinen einheitlichen Träger. Die Polizei als Institution genießt damit keinen Ehrschutz.[93]

Allerdings ist zu beachten, dass sich die Äußerungen des J auf einen konkreten Anlass bezogen, so dass die für den Einsatz zuständige Polizeibehörde individualisiert werden kann. Daher liegt insoweit eine Verleumdung der konkret betroffenen Polizeibehörde vor.

hemmer-Methode: Entgegen dem Wortlaut des § 194 I StGB ist nicht nur die Beleidigung i.S.v. § 185 StGB, sondern sind alle Beleidigungsdelikte des 14. Abschnitts Antragsdelikte!

2. J könnte auch alle am Einsatz beteiligten Polizisten verleumdet haben.

Zwar wurde hier kein Polizist bezeichnet, jedoch kommt die Verleumdung von *Einzelpersonen unter einer Kollektivbezeichnung* in Betracht. Ein solcher Fall ist gegeben, wenn der Personenkreis derart klar umgrenzt ist, dass er deutlich aus der Allgemeinheit hervortritt.[94] Bei der pauschalen Nennung der "Polizei" ist dies nicht der Fall, jedoch muss auch hier wiederum beachtet werden, dass aufgrund des konkreten Anlasses die zuständige Polizei am Ort des Geschehens ermitteln werden kann. Diese Einsatztruppe ist auch zahlenmäßig überschaubar und tritt somit deutlich aus der Allgemeinheit hervor. Fraglich ist weiterhin, ob der erforderliche Individualbezug gegeben ist. Dabei muss durch Auslegung ermittelt werden, ob mit der Nennung der Polizei zugleich die Beamten betroffen werden sollten.

---

[91] So auch Hruschka, NJW 1996, 160, 163.

[92] Wessels/Hettinger, BT-1, Rn. 468.
[93] So auch BayObLG NJW 90, 1742.
[94] Wessels/Hettinger, BT-1, Rn. 473.

Dies lässt sich hier nicht abschließend feststellen, kann aber mit Rücksicht auf die drastischen Beschreibungen, die jeglicher Grundlage entbehrten, angenommen werden (a.A. vertretbar). Jeder am Einsatz beteiligte Polizist könnte daher selbständig einen Strafantrag wegen Verleumdung stellen.

hemmer-Methode: Die Beleidigung von Personenmehrheiten sowie von Einzelpersonen unter einer Kollektivbezeichnung waren zentrale Problemkreise in den umstrittenen Soldaten-Urteilen des BVerfG.[95] Mit derartigen Fragestellungen ist im 1. Examen durchaus zu rechnen.

3. Die Polizei und die zuständigen Beamten müssten verleumdet worden sein. Kennzeichnend für die Verleumdung ist die wissentliche Kundgabe unwahrer, ehrenrühriger Tatsachen gegenüber Dritten. Der Bericht über den Schlagstockeinsatz und über die stundenlange Personalienaufnahme war in den wesentlichen Punkten frei erfunden und beruhte damit auf unwahren Tatsachen. Diese waren auch ehrenrührig, da sie geeignet waren, die betreffende Polizei und ihre Beamten in der öffentlichen Meinung herabzuwürdigen, so dass das Vertrauen in die Tätigkeit der Polizei erschüttert wurde. Auch fand eine Kundgabe gegenüber Dritten statt.

hemmer-Methode: Vergegenwärtigen Sie sich noch einmal das System der Beleidigungstatbestände! Die Beleidigung (§ 185 StGB) erfasst die Kundgabe von ehrenrührigen Tatsachen und Werturteilen gegenüber dem Betroffenen sowie von ehrenrührigen Werturteilen gegenüber Dritten. Die üble Nachrede (§ 186 StGB) und die Verleumdung (§ 187 StGB) erfassen nur die Kundgabe von ehrenrührigen Tatsachen gegenüber Dritten. Bei gleichzeitiger Kundgabe von ehrenrührigen Tatsachen gegenüber dem Betroffenen ist daher Tateinheit grundsätzlich möglich.[96]

§ 186 StGB und § 187 StGB schließlich unterscheiden sich vom subjektiven Tatbestand her: Während der Täter bei § 187 StGB wider besseren Wissens handelt, muss die Nichterweislichkeit der ehrenrührigen Behauptung bei § 186 StGB nicht vom Vorsatz des Täters umfasst sein. Es handelt sich nicht um ein Merkmal des objektiven Tatbestandes, sondern um eine objektive Bedingung der Strafbarkeit. Der Täter wird auch dann aus § 186 StGB bestraft, wenn er die verbreitete Tatsache für wahr gehalten hat. Ein solcher Irrtum geht zu seinen Lasten.

Damit liegt der objektive Tatbestand der Verleumdung vor.

4. J hatte die Tatsachen wissentlich und willentlich entstellt und war sich auch der Ehrenrührigkeit seiner Behauptungen bewusst, so dass er vorsätzlich handelte.

5. Im Bereich der Ehrdelikte kann eine Rechtfertigung durch § 193 StGB stattfinden, dessen Hauptanwendungsfall die Wahrnehmung berechtigter Interessen ist[97].

Es kommt hierbei in der Regel zu einer Abwägung der Meinungs- bzw. Pressefreiheit (Art. 5 I GG) mit dem Recht auf Ehre, wobei im Sinne der Wechselwirkungslehre des BVerfG festgestellt werden muss, welchem Recht im konkreten Fall der Vorrang gebührt.[98] Art. 5 I GG findet seine Grenzen nämlich in den allgemeinen Gesetzen, dem Jugend- und dem Ehrschutz (Art. 5 II GG). Ein Journalist kann sich bei Äußerungen durch die Presse auf seine Meinungs- bzw. Pressefreiheit berufen; diese soll gerade seine Berufsausübung sichern. Dem Schutz des Art. 5 I GG unterfällt jedoch nicht eine bewusst wahrheitswidrige Berichterstattung. Das BVerfG fordert in diesem Zusammenhang die subjektive Wahrhaftigkeit des Geäußerten bzw. Publizierten; die Überzeugung des Äußernden soll wiedergegeben werden. Bewusste Entstellungen der Wahrheit genießen demnach keinen Schutz.[99]

---

[95]　BVerfG NJW 94, 2943 und NJW 95, 3303.
[96]　Vgl. TRÖNDLE/FISCHER, § 185 Rn. 20 a.E.; SCH-SCH/LENCKNER, § 186 Rn. 21.

[97]　Siehe dazu L&L 2004, 406 ff.
[98]　SCH-SCH/LENCKNER, § 193 Rn. 8.
[99]　PIEROTH/SCHLINK, Grundrechte, Rn. 600; BGH NStZ 92, 535.

Somit scheidet im Rahmen der Verleumdung nach h.M. eine Rechtfertigung nach § 193 StGB in der Regel aus.[100]

Während im Rahmen der üblen Nachrede (§ 186 StGB) dem Berichterstatter, falls dieser seinen Informationspflichten genüge getan und nicht leichtfertig Behauptungen aufgestellt hat, noch eine Art "erlaubtes Risiko" für den Fall der Nichterweislichkeit der berichteten Tatsache zugebilligt wird[101], ist dafür bei der Verleumdung kein Platz. Da hier die Wahrheit bewusst entstellt wird, kann kein berechtigtes Interesse geltend gemacht werden.

hemmer-Methode: Ein berechtigtes Interesse nimmt z.B. der Journalist nicht wahr, der beleidigende Berichte veröffentlicht, die lediglich die Freude am Klatsch und an der Sensationsgier befriedigen sollen[102], denn nur ein ernsthaftes Informationsinteresse der Öffentlichkeit vermag rechtfertigend zu wirken.

Da J unter keinem Gesichtspunkt ein berechtigtes Interesse für seinen Zeitungsbericht geltend machen kann, ist er nicht gerechtfertigt und handelte damit rechtswidrig.

6. J handelte schuldhaft.

7. J ist wegen Verleumdung strafbar. Die erforderlichen Strafanträge wurden gestellt.

II. Beleidigung der Polizeibeamten, § 185 StGB

1. Daneben kommt noch eine Beleidigung der betroffenen Polizeibeamten in Betracht. Beleidigung ist die Kundgabe der Miss- oder Nichtachtung gegenüber dem Betroffenen. Der Bericht in der Zeitung enthielt unwahre, ehrenrührige Tatsachen, die geeignet waren, die Betroffenen in der Öffentlichkeit verächtlich zu machen. Die Kundgabe müsste auch diesen gegenüber stattgefunden haben. Zwar könnte man vertreten, dass der Bericht auch von den Polizeibeamten in der Zeitung gelesen wird, also auch diesen gegenüber kundgegeben wird.

Jedoch ist der Bericht an die Öffentlichkeit gerichtet und erfolgt nicht unmittelbar gegenüber den Betroffenen. Daher liegt keine Kundgabe gegenüber den betroffenen Polizeibeamten vor.

2. Eine Beleidigung der Polizeibeamten scheidet damit aus.

III. Beleidigung der weiblichen Gruppenmitglieder, § 185 StGB

1. J könnte die weiblichen Mitglieder der Gruppe beleidigt haben, indem er eines von ihnen als ehemaliges Callgirl bezeichnete, das nunmehr nicht auf der Straße, sondern in politischen Kreisen Karriere zu machen beabsichtigt. In Betracht kommt mangels namentlicher Individualisierung der B wiederum eine Beleidigung unter einer Kollektivbezeichnung, diesmal jedoch in der Form, dass der Täter nur ein bestimmtes Mitglied meint, jedoch offen lässt, wer konkret gemeint ist, so dass jeder betroffen sein kann.

In diesem Fall muss der angesprochene Personenkreis deutlich und hinreichend bestimmbar sein.[103] Ist dies der Fall, sind alle Gruppenmitglieder, die diese Kriterien erfüllen, betroffen. Alle weiblichen Mitglieder können somit aufgrund ihres Geschlechts mit dieser Beleidigung gemeint sein. Insbesondere liegt trotz des Wahrheitsgehalts der gemachten Äußerung dennoch eine Beleidigung vor, da die Formulierung die Missachtung durch den J erkennen lässt. Es ist der Fall der sog. *Formalbeleidigung* (§ 192 StGB) gegeben.

hemmer-Methode: Hier war mit guter Begründung auch eine andere Ansicht vertretbar.

Die Bejahung der Beleidigung gegenüber den weiblichen Gruppenmitgliedern steht auch nicht im Widerspruch zu der Ablehnung des § 185 StGB gegenüber dem Polizisten, wenn man davon ausgeht, dass hier primär ein Werturteil vorliegt, wobei für die Strafbarkeit des J dann nicht die Kundgabe gegenüber den weiblichen Gruppenmitgliedern, sondern gegenüber den Zeitungslesern maßgebend ist.

---

[100] TRÖNDLE/FISCHER, § 193 Rn. 3.
[101] SCH-SCH/LENCKNER, § 193 Rn. 8.
[102] SCH-SCH/LENCKNER, § 193 Rn. 9.

[103] WESSELS/HETTINGER, BT-1, Rn. 475.

Somit wurden alle weiblichen Gruppenmitglieder von J persönlich beleidigt und sind daher strafantragsberechtigt.

2. J handelte vorsätzlich.

3. J handelte auch rechtswidrig, da er sich insbesondere nicht auf § 193 StGB berufen kann: Formalbeleidigungen sind i.d.R. nicht gerechtfertigt.[104] J handelte auch schuldhaft.

4. J ist gem. § 185 StGB strafbar. Die erforderlichen Strafanträge wurden gestellt.

C. Konkurrenzen

I. Strafbarkeit der B

Die Nötigung im 2. Tatkomplex steht mit dem versuchten gefährlichen Eingriff in den Straßenverkehr in Tateinheit, da beide Delikte durch eine Handlung begangen wurden, § 52 I StGB.

Was die einzelnen Tatkomplexe angeht, muss von mehreren Handlungen ausgegangen werden. Daher liegt bezüglich § 240 I; §§ 240 I, 315b I, 22, 52 I StGB Realkonkurrenz (§ 53 I StGB) vor.

II. Strafbarkeit des J

Die zwei Delikte wurden durch eine Handlung begangen. Die Beleidigung steht daher mit der Verleumdung in Tateinheit, § 52 I StGB.

---

[104] SCH-SCH/LENCKNER, § 193 Rn. 2.

Zusammenfassung

A. Strafbarkeit der B

1. Tatkomplex: Blockade am 2.11.04

I. § 240 I StGB (+),
   hier physische Gewalt; keine Unterbrechung des Kausalverlaufs durch Eingreifen der Polizei; keine Berücksichtigung
   von Fernzielen bei der Rechtswidrigkeit

II. § 125 I Nr. 1 StGB (-)

2. Tatkomplex: Straßenblockade am 5.11.04

I. § 240 I StGB (+)
   einschränkende Auslegung des Gewaltbegriffs durch das BVerfG, nach BGH
   aber Gewalt jedenfalls gegenüber Autofahrern ab der zweiten Reihe (a.A. vertretbar)

II. § 315b I Nr. 2 StGB (-)
   keine konkrete Gefahr

III. §§ 315b I Nr. 2, 22 StGB (+)

IV. § 125 I Nr. 1 StGB (-)

B. Strafbarkeit des J

I. § 187 StGB (+)
   Verleumdung nicht der Polizei als Institution,   sondern der einzelnen Polizisten
   unter einer   Kollektivbezeichnung

II. § 185 StGB bzgl. der Polizei (-)
   keine Kundgabe

III. § 185 StGB bzgl. der weiblichen
   Gruppenmitglieder (+)

C. Konkurrenzen

I. Strafbarkeit der B, §§ 52 I, 53 I StGB

II. Strafbarkeit des J, § 52 StGB

Fall 4

Sachverhalt:

Bernd verliert bei einem Besuch im Spielcasino sein gesamtes Geld. Auf der Rückfahrt sieht er am Rande der Landstraße winkend den Bauunternehmer Ulrich stehen, der mit seinem PKW liegengeblieben ist. Bernd, der beobachtet hat, wie Ulrich im Casino große Geldbeträge gewonnen hat, sieht eine Möglichkeit, seine Verluste wettzumachen. Er hält an und schlägt dem Ulrich vor, ihn mitzunehmen, so dass er von zu Hause aus den Abschleppdienst anrufen könne. Erfreut über diese Hilfe steigt Ulrich ein. Nach kurzer Fahrtstrecke biegt Bernd in einen Feldweg ein, fährt mit der Rechten Seite des Wagens so dicht an einen Baum, dass die Beifahrertür nicht geöffnet werden kann, und fordert den Ulrich unter Vorhalten einer mitgeführten schussbereiten Pistole auf, sein Bargeld herauszugeben, was dieser notgedrungen auch tut. Nunmehr im Besitz von 25.000 € lässt Bernd den Ulrich an der Landstraße aussteigen und fährt heim.

Bernds Bruder Theo will Otto wegen vorangegangener Auseinandersetzungen zwischen diesem und seiner derzeitigen Lebensgefährtin Renate zur Rede zu stellen. Als Theo den Otto mit einem Stilett bedroht, erklärt dieser, vor dem Messer keine Angst zu haben. Wegen dieser Äußerung Ottos gerät Theo in immer stärkerem Maß in Wut und Erregung und sticht ihn mit dem Messer mitten in den Bauch. Otto sinkt daraufhin bewusstlos zu Boden. In dem Bewusstsein, dass die vorangegangene Gewaltanwendung nachhaltigen Eindruck auf die anwesende Kerstin, die Lebensgefährtin des Otto, gemacht hat, fordert Theo diese nunmehr auf, dem am Boden liegenden Otto die Uhr vom Handgelenk zu nehmen und an ihn zu übergeben. Immer noch eingeschüchtert, nimmt Kerstin, die sich zunächst schützend vor Otto gestellt hat, diesem die Uhr vom Arm und reicht sie dem Theo, der sie einsteckt.

Bearbeitervermerk:

Prüfen Sie die Strafbarkeit von Bernd und Theo.

Lösung

A. Strafbarkeit des B

I. Schwere räuberische Erpressung, §§ 253 I, 255, 250 I, II StGB

1. B könnte sich dadurch, dass er den U unter Vorhalten der mitgeführten schussbereiten Pistole dazu gebracht hat, ihm das Geld zu geben, einer schweren räuberischen Erpressung schuldig gemacht haben.

B hat den U unter Drohungen mit gegenwärtiger Gefahr für Leib und Leben dazu genötigt, ihm das Geld herauszugeben. Dadurch hat B dem Vermögen des U einen Nachteil zugefügt, so dass dem Wortlaut nach der objektive Tatbestand des § 253 StGB erfüllt ist.

Da B die Tat unter Anwendung von Drohungen mit gegenwärtiger Gefahr für Leib und Leben des U begangen hat, könnte gleichzeitig der qualifizierte Tatbestand der räuberischen Erpressung des § 255 StGB erfüllt sein.

Fraglich ist jedoch, ob die §§ 253 I, 255 StGB verlangen, dass sich das abgenötigte, vermögensschädigende Verhalten als Vermögensverfügung darstellt und ob eine solche hier vorliegt.

Nach der Rechtsprechung[105] ist für §§ 253 I, 255 StGB keine Vermögensverfügung erforderlich. Danach schließen sich die § 249 StGB und § 255 StGB nicht tatbestandlich gegenseitig aus, vielmehr umfasst der Tatbestand des § 255 StGB auch den des § 249 StGB. Jedoch verdrängt § 249 StGB den § 255 StGB als lex specialis im Wege der Gesetzeskonkurrenz.

---

[105] Vgl. BGHSt 7, 252.

Die Abgrenzung ist nach der Rspr. in den Fällen, in denen der Täter sich mit Raubmitteln in Zueignungsabsicht den Gewahrsam an fremden beweglichen Sachen verschafft, allein nach dem äußeren Erscheinungsbild der Tat vorzunehmen.

Hiernach läge im Fall keine Wegnahme vor, so dass § 255 StGB gegeben wäre.

Demgegenüber vertritt die h.L.[106] für das Verhältnis der §§ 249, 255 StGB die Auffassung, dass diese Normen sich tatbestandlich ausschließen, da § 249 StGB die Wegnahme durch den Täter im Sinne einer Fremdschädigung verlange, während für § 255 StGB eine Vermögensverfügung des Genötigten i.S.e. Selbstschädigung erforderlich sei. Insoweit stimme die Erpressung mit dem Betrug überein, so dass das Verhältnis zwischen § 249 StGB und § 255 StGB dasselbe sei wie zwischen § 242 StGB und § 263 StGB. Die Erpressung setze somit ebenso wie der Betrug eine unmittelbare Selbstschädigung voraus und stehe damit im Gegensatz zu den §§ 242, 249 StGB, wo es sich um Delikte unmittelbarer Fremdschädigung durch Wegnahme handelte.

Der Schaden müsse unmittelbar durch ein vermögensminderndes Verhalten des Getäuschten bzw. des Genötigten verursacht werden. Hieraus folgt gleichzeitig, dass bei § 255 StGB als Gewalt nur vis compulsiva, nicht aber vis absoluta in Frage komme, da bei letzterer keine Vermögensverfügung des Genötigten mehr möglich sei.

Die Abgrenzung der Vermögensverfügung im Sinne einer Selbstschädigung des Genötigten (§ 255 StGB) von der Fremdschädigung durch Wegnahme durch den Täter (§ 249 StGB) ist nach der h.L. wie beim Verhältnis zwischen Betrug und Diebstahl nicht nach dem äußeren Erscheinungsbild, sondern von der inneren Willensrichtung des Opfers her zu treffen. Eine Vermögensverfügung ist dann anzunehmen, wenn der Genötigte den Gewahrsamsverlust als von seinem eigenen Verhalten abhängig ansehe.

Eine Wegnahme soll dagegen dann vorliegen, wenn es für den Genötigten in der konkreten Zwangslage gleichgültig erscheint, wie er sich verhält, da er die Sache in jedem Fall dem Zugriff des Täters ausgeliefert sieht, so dass auch bei der Herausgabe durch den Genötigten eine Wegnahme vorliegen kann.

Stellt man auf die Sicht des U ab, wird man im vorliegenden Fall angesichts des Vorhaltens einer schussbereiten Pistole eine Vermögensverfügung verneinen und vielmehr (trotz formalen Übergabeakts) von einer Wegnahme ausgehen müssen.

hemmer-Methode: Problematisch an diesem Ansatz ist, dass zumindest dann, wenn das Opfer die Beute bei sich trägt, der Anwendungsbereich der §§ 253, 255 StGB extrem eingeschränkt wird.

Handelt es sich somit vom äußeren Erscheinungsbild her um eine Herausgabe, nach der inneren Willensrichtung des Opfers aber um eine Wegnahme, so kommt es hier darauf an, welcher Ansicht zu folgen ist.

Die besseren Argumente sprechen für die h.L.:

Sie kann sich zunächst auf die Gesetzessystematik berufen. Es wäre absolut untypisch, das speziellere Delikt (§ 249 StGB) an den Anfang eines Abschnitts zu setzen und erst später das allgemeinere Delikt (§ 255 StGB) folgen zu lassen, dann vor allem aber hinsichtlich der Rechtsfolge beim allgemeineren Delikt (§ 255 StGB) wiederum auf das speziellere Delikt zu verweisen.

Vor allem führt die von der Rspr. vertretene Ansicht dazu, dass die vom Gesetzgeber gewollte Privilegierung desjenigen, der ohne Zueignungsabsicht handelt, unterlaufen wird. Entwendet der Täter gewaltsam ein Auto, um damit lediglich eine Spritztour zu unternehmen, scheidet eine Strafbarkeit nach § 249 I StGB mangels Zueignungsabsicht aus. Der Täter hat sich nur nach § 240 I und § 248b StGB strafbar gemacht.

Da aber nach der Rspr. die §§ 253, 255 StGB auch bei einer bloßen Duldung der Wegnahme gegeben sind, wäre der von vornherein rückführungswillige Täter gleichwohl einer räuberischen Erpressung schuldig, also doch gleich einem Räuber zu bestrafen.

---

[106] Vgl. für viele Sch-Sch/Eser, § 249 Rn. 2; Wessels/Hillenkamp, BT-2, Rn. 733.

Im Ergebnis würde sich das Fehlen der Zueignungsabsicht nicht zu seinen Gunsten auswirken. Schließlich hätte § 249 I StGB als lex specialis zu §§ 253, 255 StGB keine eigenständige Bedeutung und wäre dementsprechend überflüssig.

hemmer-Methode: Entwickeln Sie auch ein Gespür dafür, wann der klassische Streit zwischen Rspr. und h.L. in welcher Breite zu diskutieren ist.

Wenn schon nach dem äußeren Erscheinungsbild eine Wegnahme vorliegt, können Sie sich regelmäßig kurz fassen.

Im vorliegenden Fall (erzwungene Wegnahme, die nach Ansicht der Literatur eine Wegnahme darstellt) ist der Streit problematisch, da Rspr. und h.L. zu unterschiedlichen Tatbeständen gelangen, praktische Konsequenzen für die Bestrafung des Täters hat es allerdings nicht!

2. B ist nicht aus §§ 253 I, 255, 250 I, II StGB strafbar.

II. Schwerer Raub, §§ 249 I, 250 I, II StGB

1. B könnte sich aber wegen schweren Raubes strafbar gemacht haben.

B hat durch das Vorhalten der schussbereiten Pistole den U mit gegenwärtiger Gefahr für Leib und Leben bedroht.

Die Drohung wurde zum Zwecke der Wegnahme des Geldes (eine für den B fremde, bewegliche Sache) angewandt, da für das Vorliegen der Wegnahme nicht auf das äußere Erscheinungsbild, sondern auf die innere Willensrichtung des Genötigten abzustellen ist (s.o.).

B führte beim Raub auch eine Schusswaffe mit sich, § 250 I Nr. 1a StGB. Durch das Vorhalten des Schusswaffe hat B diese auch verwendet i.S.v. § 250 II Nr. 1 StGB, wofür nach mittlerweile gesicherter Auffassung auch der Einsatz als Bedrohungsmittel genügt.

hemmer-Methode: Nachdem der 4. Strafsenat insoweit vorübergehend "schwankte", scheint nunmehr festzustehen, dass dies auch dann gilt, wenn eine Gefährdung aufgrund der konkreten Umstände praktisch ausgeschlossen ist, etwa wenn bei einem Banküberfall das Personal durch schusssicheres Glas geschützt ist.[107]

2. B handelte vorsätzlich (auch hinsichtlich des Beisichführens einer Schusswaffe) und in rechtswidriger Zueignungsabsicht.

3. Die Tat war auch rechtswidrig und B handelte schuldhaft.

4. B hat sich gem. §§ 249 I, 250 II Nr. 1 StGB eines schweren Raubes schuldig gemacht. Die gleichzeitig verwirklichte Nötigung gemäß § 240 I StGB wird hiervon ebenso verdrängt wie die Qualifikation nach § 250 I Nr. 1a StGB.

III. Räuberischer Angriff auf Kraftfahrer, § 316a I StGB

hemmer-Methode: § 316a StGB ist ein Delikt, das "gerne" vergessen wird. Machen Sie diesen Fehler nicht und denken Sie immer an diese Vorschrift, wenn ein Raub oder ein raubähnliches Delikt in einem KFZ oder im Zusammenhang mit einer Fahrt darin begangen wird. Wenn Sie § 316a StGB sehen und sauber und problemorientiert durchsubsumieren, werden Sie sich schon positiv von vielen anderen Bearbeitern abheben, auch wenn Sie nicht alle vertretenen Ansichten zu den möglichen Einzelproblemen kennen.

1. B könnte sich ferner nach § 316a I StGB strafbar gemacht haben.

a) Als U zur Mitfahrt in das Fahrzeug aufgenommen worden ist, ist er Mitfahrer. B hat zur Begehung eines Raubes einen Angriff auf die Entschlussfreiheit des U im Sinne einer Nötigung verübt, da es bereits zur Nötigung gekommen ist, vgl. oben. Ein Angriff auf einen Mitfahrer ist nach dem Wortlaut des § 316a I StGB vom Tatbestand erfasst.

---

[107]   Vgl. dazu näher Kudlich, L&L 1999, 471 ff.

Fraglich ist aber, ob § 316a I StGB auch den bloßen Angriff des Kraftfahrzeugführers auf den Mitfahrer erfasst.

Hiergegen könnte die systematische Stellung der Vorschrift sprechen, die sich an die Verkehrsstraftaten anschließt, woraus sich ergeben könnte, dass Schutzgut auch die Sicherheit des Kraftfahrzeugverkehrs ist, so dass § 316a StGB hier mangels Vorliegen einer Verkehrsgefährdung ausscheiden müsste.

Nach der h.M. ist § 316a StGB jedoch eine durch die besondere Begehungsweise qualifizierte Form des Raubes, des räuberischen Diebstahls und der räuberischen Erpressung. Dabei ist der Strafrechtsschutz vorverlegt für den Fall, dass der Täter seinen Angriff unter Ausnutzung der besonderen Verhältnisse des Straßenverkehrs verübt, so dass der Gesetzgeber hier ein eigenständiges Raubdelikt geschaffen hat.[108]

§ 316a StGB setzt seinem Inhalt nach gerade keine gemeine Gefahr voraus, sondern stellt Angriffe auf Individualrechtsgüter unter schärfere Strafe, wenn sie unter Ausnutzung der besonderen Verhältnisse des Straßenverkehrs begangen werden, d.h. in Situationen, in denen die Gefahr von Angriffen auf Leben, Leib und Entschlussfreiheit der Straßenverkehrsteilnehmer vergrößert bzw. die Abwehrmöglichkeiten verringert sind. Eine solche Lage kann aber auch für den Mitfahrer bestehen, der von dem Kraftfahrzeugführer angegriffen wird, so dass Täter auch der Führer eines Kraftfahrzeugs gegenüber dem Mitfahrer sein kann[109], wie hier B gegenüber U.

b) Fraglich ist jedoch, ob U überhaupt noch Mitfahrer i.S.d. § 316a StGB ist. Dazu müsste nämlich noch eine andere Person das Fahrzeug führen.

aa) Die frühere Rechtsprechung[110] und weiterhin Teile der Lehre[111] haben das Kriterium des „Führens" des Kraftfahrzeuges hinter dem Kriterium der „Ausnutzung der besonderen Verhältnisse im Straßenverkehr zurücktreten lassen.

Dabei wurde als ausreichend angesehen, wenn die Tat eine nahe Beziehung zur Benutzung des Fahrzeugs als Verkehrsmittel aufwies und der Täter die typischen Gefahren des Kraftfahrzeugverkehrs in seinen Plan einbezogen hatte.

Hinreichend für eine Situation, die dem Kraftfahrzeugverkehr typisch ist, wurde bereits die Hilflosigkeit des Mitfahrers angesehen, der mit Hilfe des Fahrzeugs an einen einsamen Ort transportiert wurde und sich dort dem Zugriff des Kraftfahrzeugführers ohne reelle Abwehrchancen ausgesetzt sah (sogenanntes Vereinzelungskriterium). Hinsichtlich des U liegt dies insbesondere vor, da B durch die besondere Art und Weise des Abstellens des Wagens das Öffnen der Beifahrertür und so jede Fluchtmöglichkeit verhinderte.

Exkurs: Auch nach der alten Rechtsprechung war dann aber besonders sorgfältig zu prüfen, ob der für § 316a StGB erforderliche unmittelbare räumliche und zeitliche Zusammenhang zwischen dem geplanten Raubüberfall und dem Anhalten und Aussteigen vorliegt. An diesem fehlte es, wenn das Fahrzeug lediglich als Transportmittel zum Tatort benutzt wird und dieser zum Verkehr keine wesensgleiche Beziehung hatte. – Exkurs Ende -

bb) Diese Rechtsprechung hat der BGH mit Entscheidung vom 20.11.2003[113] aufgegeben. Nach neuer Rechtsprechung und mittlerweile herrschender Literaturansicht[114] kommt dem Tatbestandsmerkmal des „Führens" vorrangige Bedeutung zu.

---

[108] Vgl. SCH-SCH/CRAMER, § 316a Rn. 1. Auch seit § 316a kein Unternehmensdelikt mehr ist, besteht noch immer eine Vorverlagerung des Strafrechtsschutzes, weil es zum Raub bzw. zur räuberischen Erpressung noch nicht gekommen sein muss, sondern diese nur beabsichtigt sein muss.

[109] LACKNER/KÜHL, § 316a Rn. 2.

[110] BGHSt 5, 280.

[111] Vgl. SCH-SCH/CRAMER/STERNBERG-LIEBEN, § 316a Rn. 5.

[113] BGHSt 49, 8.

[114] TRÖNDLE/FISCHER, § 316a Rn. 3ff, 9 ff.; vgl. auch BGH, NJW 2005, 2564 mit Besprechung in Life & Law 2005, Heft 10, S. 688.

Fahrzeugführer ist aber nur, wer das Fahrzeug in Bewegung zu setzen beginnt, es in Bewegung hält oder allgemein mit dem Betrieb des Fahrzeuges und/ oder mit der Bewältigung von Verkehrsvorgängen beschäftigt ist. Entsprechend endet auch die Mitfahrereigenschaft in dem Moment, indem der Fahrer seine Eigenschaft als Fahrzeugführer verliert. Dies ist insbesondere gegeben, wenn ein nicht verkehrsbedingter Halt vorliegt und der Fahrer nicht mehr auf den Verkehr achten muss.

In dem Moment, in dem aber B das Fahrzeug anhält um den U zu bedrohen ist er nicht mehr mit der Bewältigung von Verkehrsvorgängen beschäftigt. Dies ergibt sich insbesondere auch daraus, dass er an einem abgelegenen Platz gefahren ist, an dem er nicht mehr mit einem Eingriff in die Verkehrsituation rechnen muss.

Die hierbei vorliegende Vereinzelungssituation kann aber nicht über das Fehlen des Tatbestandsmekmals Führen eines Kraftfahrzeuges hinweghelfen. Darüber hinaus hat der BGH (aaO.) klargestellt, dass die Vereinzelung des Mitfahrers an sich noch kein Ausnutzen der besonderen Verhältnisse des Straßenverkehrs darstelle .

B hat infolgedessen den objektiven Tatbestand nicht verwirklicht (a.A. vertretbar).

hemmer-Methode: Ein Angriff des Fahrers auf einen Mitfahrer wird den Tatbestand des § 316a StGB bei konsequenter Anwendung der neuen Rechtsprechung wohl seltener erfüllen als früher. Notwendig ist, dass der Fahrer als Angreifer selbst noch mit der Verkehrssituation beschäftigt ist und gleichzeitig den Mitfahrer bedroht. Dieses Multitasking wird regelmäßig aber nur während der Fahrt gegeben sein. Zu diesem Problem ist aber noch keine höchstrichterliche Rechtsprechung ergangen, so dass eine einschränkende Anwendung der neuen Rechtsprechung auf den Mitfahrer bei guter Begründung ebenfalls gut vertretbar erscheint. Gegen dieses Ergebnis könnte man vor allen Dingen anführen, dass es unbillig erscheint, dass es der Täter selbst in der Hand hält, ob er das Fahrzeug noch führt und somit § 316a StGB noch anwendbar ist, oder er zunächst die Fahrt beendet und somit die Strafbarkeit nach § 316a StGB entfällt.

IV. Erpresserischer Menschenraub, § 239a I StGB

Die Strafbarkeit aus § 239a StGB scheitert bereits daran, dass das *Entführen oder Sich-Bemächtigen eines anderen* mit der Zielsetzung erfolgt sein müsste, *eine Erpressung zu begehen*. Daran fehlt es, soweit auch hier auf die Abgrenzung der h.L. abgestellt wird, da B den U nicht zu einer Vermögensverfügung veranlassen wollte, sondern lediglich dazu, die Wegnahme zu dulden.

V. Geiselnahme, § 239b I StGB

1. Möglicherweise hat sich B aber wegen Geiselnahme nach § 239b I StGB strafbar gemacht.

Fraglich ist, ob B dadurch, dass er den U in den Wald fuhr und ihn mit vorgehaltener Pistole zwang, sein Bargeld herauszugeben, den Tatbestand des § 239b I StGB verwirklicht hat.

a) B könnte sich des U i.S.d. § 239b StGB bemächtigt haben. Darunter wird die Erlangung der physischen Herrschaft über das Opfer verstanden, wobei eine Ortsveränderung nicht erforderlich ist.

Eine solche physische Herrschaft liegt durch die Beeinträchtigung der Fortbewegungsfreiheit des U und die Bedrohung mit der Pistole vor.

Die h.M. und insbesondere die Rspr. gehen davon aus, dass sowohl die Vorschrift des § 239a StGB als auch die des § 239b StGB im Zwei-Personen-Verhältnis *eingeschränkt ausgelegt* werden müssen.[115] Dies gelte insbesondere für die Fälle, in denen das bloße *Sich-Bemächtigen unmittelbares Nötigungsmittel* einer Vergewaltigung, sexuellen Nötigung oder räuberischen Erpressung sei.

Wendete man §§ 239a, 239b StGB auf Fälle an, in denen der Nötigungserfolg im unmittelbaren Gewaltzusammenhang des Sich-Bemächtigens eintritt, so führte das dazu, dass jedenfalls der weit überwiegende Teil der Vergewaltigungen gleichzeitig als Geiselnahme, ein großer Teil "typischer" räuberischer Erpressungen zugleich als erpresserischer Menschenraub zu beurteilen wären.

---

[115] BGHSt 39, 36 ,44; 40, 350 (=NJW 95, 471); BGH NJW 97, 1082.

Denn in der Regel "bemächtigt" sich der Täter des Opfers, indem er es durch Bedrohung oder körperliche Kraft in seine physische Gewalt bringt.[116]

Dabei wurde das vorher vielfach propagierte Einschränkungskriterium der "Außenwirkung"[117] vom Großen Senat ausdrücklich aufgegeben[118], da es zum einen häufig nicht eindeutig und trennscharf ist, zum anderen keinen Anhalt im Gesetzeswortlaut findet.

Dagegen ergibt sich nach Ansicht des BGH bereits aus dem Wortlaut *"um durch die Drohung mit dem Tod .... zu nötigen"*, dass ein *Ausnutzen* der durch die Zwangsmaßnahme geschaffen Lage, die Absicht des Täters sein müsse. Es muss (in den Worten der Rspr.) eine "stabile Zwischenlage" entstehen, so dass das Sich-Bemächtigen von der späteren Gewaltanwendung unterscheidbar ist. Über den Zwang hinaus, der schon im Sich-Bemächtigen liegt, muss ein weiterer, den eigentlichen Zielen des Täters dienender Zwang gewollt sein.

So auch im vorliegenden Sachverhalt: Stellt man auf die Bedrohung mit der Waffe ab, ist ein von der späteren Gewaltanwendung unterscheidbares Sich-Bemächtigen als stabile Zwischenlage nicht ersichtlich. Der BGH führt zudem weiter aus, dass dieses Erfordernis beim bloßen Sich-Bemächtigen meistens - im Gegensatz zum Tatbestandsmerkmal des Entführens, das ja zusätzlich eine Ortsveränderung voraussetzt - nicht verwirklicht sein wird. Er deutet dabei an, dass zwischen den Alternativen des objektiven Tatbestands zu unterscheiden ist, da nur das Vorliegen einer Entführung das erforderliche *Ausnutzen der Zwangslage* indiziert.

b) Möglicherweise ist aber das Merkmal des "Entführens" verwirklicht.

Entführen ist das Fortbringen des Opfers vom bisherigen Aufenthaltsort an einen anderen, zu dem Zweck, es in eine andere Lage zu bringen, die es dem ungehemmten Einfluss des Täters preisgibt.[119]

Dieses zusätzlich erforderliche *Merkmal der Ortsveränderung zum Zwecke der Realisierung der deliktischen Absichten* kann im vorliegenden Fall bejaht werden, wenn man darauf abstellt, dass der B den U unter Verheimlichung seiner wahren Absichten in seinen Wagen gelockt hat.

Da eben diese Entführung gerade dazu führt, dass das Tatopfer in seinen Schutz- und Verteidigungsmöglichkeiten eingeschränkt ist, kann nach Ansicht des BGH auch regelmäßig von einem *Ausnutzen* dieser Lage gesprochen werden, wenn der Täter, wie im vorliegenden Fall, während der Entführung beabsichtigt, das Opfer zur Duldung der Wegnahme zu nötigen.[120] Daher ist der Tatbestand des § 239b I StGB verwirklicht.

hemmer-Methode: Beachten Sie, dass die Vollendung des § 239b I StGB bereits mit der Entführung in der entsprechenden Absicht eintritt. Nicht erforderlich ist dann der Vollzug der Wegnahme, da es sich insoweit um ein Delikt mit überschießender Innentendenz handelt, also der Raub nur beabsichtigt sein muss.

2. B hat vorsätzlich, rechtswidrig und schuldhaft gehandelt.

3. B ist der Geiselnahme schuldig.

VI. Freiheitsberaubung, § 239 I StGB

1. B hat dem U die Möglichkeit genommen, sich nach seinem Willen fortzubewegen, indem er es ihm durch das Heranfahren an den Baum unmöglich gemacht hat, aus dem Wagen auszusteigen. Damit hat er den U gleichzeitig eingesperrt im Sinne eines Festhaltens in einem umschlossenen Raum durch äußere Vorrichtungen, so dass der Betroffene objektiv gehindert ist, sich von der Stelle zu bewegen, wenn er das wollte.[121]

2. B handelte vorsätzlich.

3. Die Tat war rechtswidrig, und B handelte schuldhaft.

---

[116] BGH NJW 1995, 471; zu der Entscheidung des Großen Senats MÜLLER-DIETZ, JuS 96, 110.
[117] So vor allem in BGHSt 39, 36.
[118] BGHSt 40, 350.
[119] Vgl. WESSELS/HETTINGER, BT-1, RN. 454.

[120] BGH NJW 1995, 471.
[121] Vgl. TRÖNDLE/FISCHER, § 239 Rn. 2.

4. B hat sich gemäß § 239 I StGB wegen Freiheitsberaubung strafbar gemacht. Da jedoch die Freiheitsentziehung nur Mittel zur Begehung des Raubes war, tritt sie hinter § 249 StGB zurück.[122]

VII. Konkurrenzen

Fraglich ist, ob die Geiselnahme den Raub im Wege der Gesetzeskonkurrenz verdrängt. Dagegen spricht jedoch zum einen, dass zumindest beim schweren Raub nach § 250 II der Strafrahmen genauso hoch ist, zum anderen auch die Tatsache, dass aus der Verwirklichung des § 239b I StGB noch nicht hervorgeht, ob tatsächlich auch die Vollendung des beabsichtigten Deliktes eingetreten ist. Daher ist aufgrund der *Klarstellungsfunktion der Idealkonkurrenz* Tateinheit (§ 52 I StGB) anzunehmen.

Exkurs: Umstritten ist weiterhin, in welchem Verhältnis der schwere Raub zu einem räuberischen Angriff auf Kraftfahrer stehen würde. Nach einer Ansicht ist danach zu entscheiden, ob § 316a StGB als Raubdelikt zu interpretieren ist oder auch als Delikt gegen die Sicherheit des Straßenverkehrs. Im ersteren Falle soll § 316a I StGB als schwerstes Delikt die anderen Raubtatbestände konsumieren, unabhängig davon, ob diese vollendet oder versucht sind. Nach dieser Ansicht besteht nur dann Idealkonkurrenz mit den Raubdelikten, wenn § 316a StGB als Delikt gegen die Sicherheit des Straßenverkehrs interpretiert wird.
Dieser Ansicht ist jedoch nicht zu folgen. Auch dann, wenn § 316a StGB als Raubdelikt interpretiert wird, ist Tateinheit zwischen dem (schweren) Raub und dem räuberischen Angriff auf Kraftfahrer anzunehmen, weil § 316a StGB bereits mit Verübung des Angriffs vollendet ist, und bei einer Verurteilung nur aus § 316a StGB im Urteilstenor nicht zum Ausdruck käme, ob der Raub versucht oder vollendet ist.[123]

Das muss jedenfalls dann gelten, wenn eine Qualifikation nach § 250 StGB erfüllt ist, da diese in einer Verurteilung nach § 316a in keiner Weise deutlich würde. Daher ist zwischen § 239b I, §§ 249 I, 250 II Nr. 1 StGB und § 316a I StGB Tateinheit (§ 52 StGB) anzunehmen.

hemmer-Methode: Die Konkurrenzen gehören zu jeder vollständigen Klausurlösung und sind daher immer "wichtig". Von besonderer Bedeutung sind sie aber, wenn wie hier mehrere gewichtige Delikte nebeneinander verwirklicht werden, bei denen das Konkurrenzverhältnis nicht ohne weiteres klar ist. Die häufig unterschiedlichen Ansichten, die gerade hier zu Einzelproblemen vertreten werden, müssen dagegen i.d.R. in der Klausur nicht bekannt sein. Wichtig ist eine gute Begründung mit allgemeinen Argumenten der Konkurrenzlehre, z.B. der "Klarstellungsfunktion der Idealkonkurrenz".

B. Strafbarkeit des T

1. TATKOMPLEX: Der Stich mit dem Stilett

hemmer-Methode: Trotz der zeitlich schnellen Abfolge war eine Aufspaltung in zwei Tatkomplexe, nämlich dem Stich (= eigene Handlung) und der Wegnahme (= fremde Handlung der K) nötig, um das Problem der Rolle der K herausarbeiten zu können.

I. Versuchter Totschlag, §§ 212 I, 22 StGB

1. Die Tat ist nicht vollendet. Der Versuch des Totschlags ist strafbar, §§ 212, 23 I, 12 I StGB.

2. Fraglich ist, ob im vorliegenden Fall der erforderliche Tatentschluss zu bejahen ist, dem T also zumindest dolus eventualis zu unterstellen ist.

---

[122] Tröndle/Fischer, § 249 Rn. 23.
[123] vgl. Sch-Sch/Cramer/Sternberg-Lieben, § 316a Rn. 12.

Mit der vom BGH vertretenen Einwilligungs- und Billigungstheorie ist davon auszugehen, dass sich T mit dem Erfolgseintritt dergestalt abfand, dass zumindest ein "Billigen im Rechtssinne" vorliegt. Denn ihm musste sich aufdrängen, dass ein Messerstich zentral in die Bauchgegend grundsätzlich zu einer lebensbedrohenden Verletzung führt.

3. T hat unmittelbar zur Tatbestandsverwirklichung angesetzt.

4. Rechtswidrigkeit und Schuld liegen ebenfalls vor, so dass sich T des versuchten Totschlags schuldig gemacht hat. Für das Vorliegen von Mordmerkmalen enthält der Sachverhalt keine Anhaltspunkte.

II. Gefährliche Körperverletzung, §§ 223 I, 224 I StGB

1. T hat den O körperlich misshandelt und an der Gesundheit beschädigt. Außerdem ist das Stilett als gefährliches Werkzeug i.S.d. § 224 I Nr. 2 StGB anzusehen. Schließlich ist von einer das Leben gefährdenden Behandlung auszugehen, § 224 I Nr. 5 StGB.

2. Die Tat wurde vorsätzlich, rechtswidrig und schuldhaft begangen.

3. T hat sich wegen gefährlicher Körperverletzung strafbar gemacht. Das Konkurrenzverhältnis von versuchter Tötung und vollendetem Körperverletzungsdelikt war lange Zeit umstritten. Während der BGH[124] auch hier Subsidiarität annahm, wurde in der Literatur überwiegend von Idealkonkurrenz aus Klarstellungsgründen ausgegangen.[125] Mittlerweile ist aber auch der BGH zur - auch überzeugenden - Annahme von Idealkonkurrenz übergegangen[126], da in einer Verurteilung wegen eines versuchten Tötungsdelikts alleine gerade nicht zum Ausdruck kommt, ob das Opfer (u.U. schwer) verletzt überlebt hat oder überhaupt nicht beeinträchtigt wurde.

III. Raub, § 249 I StGB

1. Zwar stellt der Stich mit dem Messer unstreitig Gewalt i.S.d. § 249 I StGB dar, diese wurde jedoch nicht eingesetzt, um die Wegnahme zu ermöglichen, da es der T zu diesem Zeitpunkt noch gar nicht auf die Uhr abgesehen hatte. Es fehlt an der für § 249 StGB erforderlichen finalen Verknüpfung zwischen Gewalt und Wegnahme.

2. T hat sich bezogen auf die Gewaltanwendung gegenüber O nicht des Raubes schuldig gemacht.

2. Tatkomplex: Die Drohung gegen K

I. Schwere räuberische Erpressung, §§ 253 I, 255, 250 I, II StGB

1. T könnte sich dadurch, dass er von K forderte, sie solle ihm die Uhr geben, nach §§ 253, 255, 250 I, II StGB strafbar gemacht haben.

a) Hierbei ist davon auszugehen, dass sich eine - stillschweigende - Drohung mit weiteren Gewalttätigkeiten und damit einer gegenwärtigen Gefahr für Leib oder Leben i.S.d. § 255 StGB gegen die K richtete, um diese zur Wegnahme der Uhr des O und deren Übergabe an T zu zwingen.

b) Die Nötigung zur Wegnahme von Gegenständen, die im Eigentum eines Dritten stehen, kann - je nach den Umständen des Einzelfalls - die Tatbestände der Nötigung in Tateinheit mit Anstiftung zum Diebstahl oder mit Diebstahl in mittelbarer Täterschaft, der (räuberischen) Erpressung oder des Raubes erfüllen.

Der Tatbestand der Erpressung schützt dabei sowohl das Vermögen als auch die Willensfreiheit. Aus dem Umstand, dass die Träger dieser beiden Rechtsgüter nicht identisch sein müssen, ergibt sich die Möglichkeit der *"Dreieckserpressung"*. Obwohl vom Wortlaut der Norm gedeckt, reicht es hierfür jedoch nicht aus, dass zwischen der abgenötigten Handlung, Duldung oder Unterlassung und dem bei einem Dritten eintretenden Vermögensschaden überhaupt eine kausale Verknüpfung besteht.

---

[124] BGHSt 21, 265.
[125] TRÖNDLE/FISCHER, § 211 Rn. 50; WESSELS/HETTINGER, BT-1, Rn. 320.
[126] SCH/SCH-ESER, § 212 Rn. 23; vgl. BGH NJW 1999, 69 ff. = L&L 1999, 175 ff. m. Anm. KUDLICH; JA 1999, 452 ff.

Vielmehr bedarf der weit gefasste Tatbestand der Erpressung insoweit einer einschränkenden Auslegung unter Rückgriff auf den Wesensgehalt der Norm.[127]

Im Rahmen der bekannteren *Parallelproblematik* bei der Abgrenzung des Dreiecksbetrugs zum Diebstahl in mittelbarer Täterschaft geht die h.m davon aus, dass eine rechtliche Verfügungsmacht des Getäuschten über die fremden Vermögensgegenstände *nicht* erforderlich ist.[128]

Auch eine Dreieckserpressung setzt nach der Rechtsprechung weder eine rechtliche Verfügungsmacht noch eine tatsächliche Herrschaftsgewalt des Genötigten über die fremden Vermögensgegenstände im Sinne einer Gewahrsamsdienerschaft voraus.

Dennoch kann nicht jedes einem Dritten abgenötigte vermögensschädigende Verhalten eine Strafbarkeit wegen Erpressung begründen. Vielmehr muss zwischen dem Genötigten und dem in seinem Vermögen Geschädigten ein Näheverhältnis dergestalt bestehen, dass das Nötigungsopfer spätestens im Zeitpunkt der Tatbegehung auf der Seite des Vermögensinhabers steht.

Gerade darin, dass der Täter die von einem Dritten wahrgenommene Schutzfunktion mit Nötigungsmitteln aufhebt, sieht der BGH den Unrechtsgehalt der Dreieckserpressung.[129]

Steht der Genötigte den Vermögensinteressen des Geschädigten dagegen gleichgültig gegenüber, so begeht der Täter lediglich eine Nötigung in Tateinheit mit Anstiftung zum Diebstahl oder Diebstahl in mittelbarer Täterschaft.

So liegt der Fall hier aber nicht, denn die K stand als Lebensgefährtin des O eindeutig in dessen Lager.

Auch wenn man das Kriterium des Näheverhältnisses ablehnt[130], weil der Dritte ähnlich wie beim Nötigungsnotstand quasi auf die Seite des Unrechts tritt, ergibt sich nichts anderes, wenn man statt dessen auf den Gedanken der Opfergemeinschaft abstellt.

Charakteristisch für die Erpressung ist nämlich deren "Freikaufcharakter". Eine Dreieckserpressung kann daher, wenn der Dritte mit fremden Vermögen zahlt, auch nur dann vorliegen, wenn er nicht nur sich, sondern zugleich auch den Vermögensinhaber "freikauft".

Aber auch das ist vorliegend der Fall: indem die K dem T die Uhr des O übergibt, ist sowohl für K als auch für O die Gefahr gebannt.

c) Aufgrund dieser Erwägungen steht aber bis jetzt nur fest, dass zwischen der Nötigung und dem Vermögensschaden eine innere Verknüpfung besteht, da das Verhalten der K dem O zugerechnet werden kann und dass Nötigung in Tateinheit mit Diebstahl in mittelbarer Täterschaft bzw. mit Anstiftung zum Diebstahl deshalb ausscheidet. Noch nicht entschieden ist dagegen, ob Raub oder räuberische Erpressung vorliegt.

Diese Abgrenzung weist bei der Dreieckserpressung keine Besonderheiten auf.

Die Rechtsprechung verlangt für die Erpressung - anders als für den Betrug - keine Vermögensverfügung[131], so dass sich der Raub als lex specialis gegenüber den §§ 253, 255 StGB darstellt. Auf Konkurrenzebene erfolgt die Abgrenzung dann ausschließlich nach dem äußeren Erscheinungsbild.[132]

Die Literatur, die auf dem Erfordernis einer Vermögensverfügung besteht, grenzt dagegen nach der inneren Willensrichtung des Genötigten ab (zu diesem Streit vgl. die ausführliche Darstellung im ersten Tatkomplex).

Nach der Rechtsprechung liegt im vorliegenden Fall eindeutig eine Erpressung vor, da K dem T die Uhr übergeben hat.

Anders sieht das die Literatur: Da sich der T die Uhr genauso gut hätte nehmen können, fehlt es an einer Vermögensverfügung.[133]

2. Da - wie im ersten Tatkomplex ausgeführt - die besseren Argumente für die h.L. sprechen, hat T keine schwere räuberische Erpressung begangen.

---

[127] BGH NStZ 95, 498; vgl. zur Problematik der Dreieckserpressung vertiefend auch - teils von der Rspr. abweichend - MITSCH, BT II/1, § 6 Rn. 41 ff.
[128] Vgl. TRÖNDLE/FISCHER, § 263 Rn. 50.
[129] BGHSt 41, 123 = NJW 95, 2799 = NStZ 95, 498.
[130] So MITSCH, NStZ 95, 499.

[131] BGH NStZ 95, 498 mit Verweis auf die ständige Rspr.
[132] Explizit für den Fall der Dreieckserpressung BGH NStZ-RR 97, 321.
[133] Vgl. KRACK, JuS 96, 493, 496.

II. Schwerer Raub, §§ 249 I, 250 I, II StGB

1. T könnte sich aber des Raubes schuldig gemacht haben.

Dass die K keinen Gewahrsam an der Uhr hatte, steht der Annahme eines Raubes nicht entgegen. Denn auch beim Raub ist eine Dreieckskonstellation dergestalt denkbar, dass die Gewalt oder Drohung nicht gegen den Gewahrsamsinhaber, sondern gegen einen schutzbereiten Dritten eingesetzt wird.[134]

Dass nach der Auffassung der Literatur im vorliegenden Fall eine Wegnahme vorliegt, weil es auf die Sichtweise der bedrohten K ankommt, wurde oben ausgeführt.[135]

hemmer-Methode: Bei der Dreieckserpressung handelt es sich um ein sehr kniffliges BT-Problem, bei dem mehrere Ansichten gut vertretbar sind. Wichtig ist hier vor allem, dass Sie zwei Fragen sauber auseinander halten. Zum einen die generelle Abgrenzung von Raub und räuberischer Erpressung, zum anderen die Problematik der Dreieckskonstellation, d.h. die Frage, ob zwischen der Nötigung und dem Vermögensschaden ein hinreichend enger Zusammenhang (Stichwort: Näheverhältnis, Opfergemeinschaft) besteht.
Fehlt es hieran, liegt nämlich weder Raub noch räuberische Erpressung vor, sondern nur Nötigung verbunden mit Diebstahl in mittelbarer Täterschaft bzw. Anstiftung zum Diebstahl.
Haben Sie das alles sauber herausgearbeitet, ist es für die Bewertung der Klausur gleichgültig, zu welchem Ergebnis sie kommen, ob Sie sich mit dem BGH oder gegen ihn entscheiden. Die Punkte haben Sie sich bereits aufgrund Ihrer Argumentation verdient.

Da T während der Tatbegehung auch ein Stilett nicht nur bei sich führte, sondern sogar zu Nötigungszwecken verwendete, liegt ein schwerer Raub gemäß § 250 II Nr. 1 StGB vor.

2. T handelte vorsätzlich und mit Zueignungsabsicht.

3. Die Tat war rechtswidrig, und T handelte schuldhaft.

4. T ist damit des schweren Raubes in unmittelbarer Täterschaft (a.A. vertretbar) schuldig.

III. Geiselnahme, § 239b I StGB

1. In Betracht käme an sich auch der Tatbestand der Geiselnahme, da in der Drohung gegenüber K durchaus ein Sich-Bemächtigen gesehen werden kann.

Allerdings sind die §§ 239a, 239b StGB im Zwei-Personen-Verhältnis einschränkend auszulegen.

Nach der oben dargestellten Rspr. des Großen Strafsenats scheidet eine Bestrafung aus beiden Tatbeständen immer dann aus, wenn das Sich-Bemächtigen zugleich unmittelbares Nötigungsmittel ist.[136]

2. T hat sich daher nicht nach § 239b I StGB strafbar gemacht.

---

[134] Ständige Rspr. Und h.L.; vgl. die Nachweise bei TRÖNDLE/FISCHER, § 249 Rn. 3.

[135] Teilweise wird der vorliegende Fall auch als mittelbare Täterschaft eingestuft, wenn man annimmt, es handele sich um eine durch K vermittelte Wegnahme, vgl. KRACK, JuS 96, 493, 496.

[136] Vgl. BGH NStZ 1995, 129, 131.

Zusammenfassung

A. Strafbarkeit des B

I. §§ 253, 255, 250 II Nr. 1 StGB (-)
nach h.L. stehen § 249 und §§ 253,
255 StGB in einem strengen Exklusivi-
tätsverhältnis, die Abgrenzung erfolgt
nach der Willensrichtung des Opfers (a.A.
insoweit die Rspr.)

II. §§ 249 I, 250 II Nr.1 StGB (+)

III. § 316a I StGB (-)
auch bei Angriff des Fahrzeugführers
auf Beifahrer anwendbar

aber: Mitfahrereigenschaft (-) mangels
Führen des Fahrzeugs durch den Fahrer
ebenfalls Ausnutzen der besonderen
Verhältnisse des Straßenverkehrs (-),
a.A jeweils vertretbar:

IV. § 239a I StGB (-)

V. § 239b I StGB (+)
zwar einschränkende Auslegung im
Zwei-Personen-Verhältnis; Sich-
Bemächtigen darf nicht unmittelbares
Nötigungsmittel sein; hier aber Entfüh-
ren zu bejahen

VI. § 239 I StGB (+)

VII. Konkurrenzen

§ 250 StGB wird weder von § 316a
StGB noch von § 239b StGB verdrängt

B. Strafbarkeit des T

1. Tatkomplex: Der Stich mit dem Stilett

I. §§ 212 I, 22, 23 I StGB (+)

II. §§ 223, 224 StGB (+); nach ganz h.M.
Idealkonkurrenz mit versuchtem Tö-
tungsdelikt

III. § 249 I StGB (-)
kein Finalzusammenhang zwischen Nötigung   und Wegnahme

2. Tatkomplex: Die Drohung gegen K

I. §§ 253 I, 255, 250 II Nr. 1 StGB
nach Rspr. hier Konstellation der Dreieckserpressung, a.A. insofern die Literatur, da nicht allein auf das äußere Erscheinungsbild abzustellen ist

II. §§ 249 I, 250 II Nr. 1 StGB (+)

III. § 239b StGB (-)
einschränkende Auslegung im
Zwei-Personen-Verhältnis

Fall 5

Sachverhalt:

Theodor hat eine Uhr gestohlen und beschließt nun, diese weiterzuveräußern. Da er eine polizeiliche Durchsuchung seiner Wohnung fürchtet, bittet er seinen Bruder, den Rechtsanwalt Anton, die Uhr in seiner Wohnung zu verstecken und ihm unentgeltlich bei der Suche nach einem Erwerber behilflich zu sein, damit die Uhr im drohenden Strafverfahren nicht "eingezogen" werden könne. Trotz dieser Hilfe findet sich allerdings kein Abnehmer der Uhr.

Um seine Finanznöte anderweitig zu lindern, nimmt Theodor einen gestohlenen VW-Golf, nachdem das Fahrzeug völlig ausgeschlachtet worden war, von Zenko, der es entweder durch Diebstahl oder durch Hehlerei in seinen Besitz gebracht hatte, in Kenntnis der strafbaren Herkunft gegen ein Entgelt von 200 € zur Entsorgung entgegen. Infolgedessen verzögerten sich die Ermittlungen gegen Zenko aufgrund der erschwerten Beweislage um mehrere Wochen.

Anton sorgt kurz darauf im Rahmen der Verteidigung seines in Untersuchungshaft einsitzenden Mandanten Benno dafür, dass eine größere Menge Heroin aus dessen Wohnung herausgeschafft wird. Hierdurch soll eine Strafverfolgung des Benno verhindert werden, die drohen würde, falls man das Rauschgift bei einer zu erwartenden Hausdurchsuchung fände. Benno hatte Anton zu dieser Handlung dadurch "überredet", dass er Anton angedroht hatte, er werde dessen "Hehleraktivitäten" der Polizei offenbaren.

Die Verurteilung des Benno wird durch diese Maßnahme erschwert, kann letztlich aber nicht verhindert werden. Um Benno auch nach der Verurteilung ruhig zu halten, zahlt A dessen Geldstrafe in Höhe von 50.000 €.

Bearbeitervermerk:

Prüfen Sie die Strafbarkeit von Theodor und Anton.

Lösung:

1. Tatkomplex: Die Bruderhilfe

A. Strafbarkeit des T als Täter

Diebstahl, § 242 I StGB

Laut Sachverhalt hat T die Uhr gestohlen. Es ist von einer rechtswidrigen und schuldhaften Tatbegehung auszugehen; T hat sich daher nach § 242 I StGB strafbar gemacht.

hemmer-Methode: Übersehen Sie einfache und naheliegende Delikte nicht im Übereifer der bevorstehenden komplizierten Prüfungen.

Dadurch, dass man den Diebstahl hier erkennt und bejaht, kann man zwar kaum einen Pluspunkt holen, so dass man die Prüfung auch auf ein Minimum reduzieren sollte. Man kann aber mit diesen wenigen Zeilen verhindern, gleich mit einem schlechten Eindruck zu starten.

B. Strafbarkeit des A

I. Begünstigung, § 257 I StGB

1. Die im Rahmen des § 257 I StGB erforderliche rechtswidrige *Vortat eines anderen* liegt in dem Diebstahl des T. An dieser hat der A hier in keinerlei Weise mitgewirkt, so dass eine Beihilfestrafbarkeit (§§ 242 I, 27 I StGB) ausscheidet.

Ein *Hilfeleisten* i.S.d. § 257 I StGB ist gegeben, wenn eine Handlung vorgenommen wird, die objektiv geeignet ist und mit der Tendenz vorgenommen wird, die durch die Vortat erlangten Vorteile gegen Entziehung zu sichern.[137]

Dies geschah hier durch das Aufbewahren der Uhr in der Wohnung.

2. A handelte vorsätzlich und in der *Absicht*, dem Täter T die Vorteile der Vortat zu sichern.

3. Die Tat war rechtswidrig, und A handelte schuldhaft.

4. A hat sich damit nach § 257 I StGB strafbar gemacht.

II. Strafvereitelung, § 258 I StGB

1. In Betracht käme weiter eine Strafbarkeit wegen *Verfolgungsvereitelung* (§ 258 I StGB).

Erforderlich hierzu wäre, dass der Täter die Durchsetzung des staatlichen Anspruchs auf Verhängung einer Strafe oder einer Maßnahme i.S.d. § 11 I Nr. 8 StGB verhindert. Eine Maßnahme i.S. dieser Vorschrift ist auch der Verfall gem. § 73 I StGB, der durch das Aufbewahren von Beutestücken zugunsten des Vortäters verhindert wird, so dass an sich § 258 I StGB in der 2. Alt. einschlägig wäre.

Die Einbeziehung des Verfalls in diesen Maßnahmenkreis erscheint jedoch in systematischer Hinsicht problematisch. Denn eine derartige Handlungsweise stellt ein Paradebeispiel für eine unter § 257 StGB zu subsumierende persönliche Begünstigung dar, so dass es nicht sachgemäß erscheint, derartige Verhaltensweisen auch von § 258 StGB erfasst zu sehen.

2. Dies kann jedoch letztlich dahingestellt bleiben, da zugunsten des A auf alle Fälle der *persönliche Strafausschließungsgrund* des § 258 VI StGB eingreift, da er die Tat zugunsten seines Bruders, einem Angehörigen i.S.d. § 11 I Nr. 1a StGB, begangen hat.

hemmer-Methode: Entscheidend sind Ihr Wissen, Ihr Problembewusstsein und Ihre Klausurtechnik:

An sich wäre es auch im Gutachten zweifelsohne legitim, eine Strafbarkeit des A sofort mit dem Hinweis auf § 258 VI StGB zu verneinen.

Wenn sich aber ein interessantes Problem i.R.d. Strafvereitelung ergibt (hier das Verhältnis zu § 257 StGB), ist es besser, dieses zumindest kurz anzureißen und die wesentlichen Argumente wenigstens schlagwortartig zu benennen.

3. A hat sich nicht wegen Strafvereitelung strafbar gemacht.

III. Hehlerei, § 259 I StGB

1. A könnte durch seine Absatzbemühungen aber eine Hehlerei begangen haben.

Eine rechtswidrige Vortat eines *anderen* liegt vor (vgl. oben), da der T die Uhr gestohlen hat.

a) Fraglich ist allerdings, ob in dem bloßen Aufbewahren der Sache ein Sich-Verschaffen gesehen werden kann. Hierzu ist nämlich erforderlich, dass der Täter die Sache zur eigenen Verfügungsgewalt bekommt und *nicht bloß Fremdbesitzer* ist.

Ein Sich-Verschaffen kommt nur in Betracht, wenn der Täter im eigenen oder im Interesse desjenigen handelt, der die eigentümerähnliche Verfügungsgewalt über die Sache erhalten soll.[138] Für das *Ankaufen* als Unterfall der Tatbestandsvariante Sich-Verschaffen gilt grds. dasselbe.

Da A die Uhr nur für den T verwahren wollte, liegt ein Fall des Sich-Verschaffens i.S.d. § 259 I StGB nicht vor.[139]

b) Ein Absetzen i.S.d. § 259 StGB kommt schon deswegen nicht in Betracht, weil ein *selbständiges* Handeln i.d.S.[140] *nicht* vorliegt. Im Unterschied zur "Absatzhilfe" setzt das Tatbestandsmerkmal "Absetzen" voraus, dass der Hehler die Sache *in eigener Verantwortung* weiterverschiebt.

---

[137] TRÖNDLE/FISCHER, § 257 Rn. 7.

[138] "Lagertheorie"; vgl. ROTH JA 1988, 193, 202.
[139] Vgl. auch TRÖNDLE/FISCHER, § 259 Rn. 14, 15.
[140] Vgl. TRÖNDLE/FISCHER, § 259 Rn. 18.

c) In Betracht käme jedoch die Variante der *Absatzhilfe* als *unselbständige* Unterstützung des Vortäters zu der *von diesem selbst* vorgenommenen Veräußerung, also v.a. die Hilfe beim Weiterschieben der bemakelten Sache durch die Unterstützung bei der Abnehmersuche.

hemmer-Methode: Machen Sie sich den Unterschied zwischen Absetzen und Absatzhilfe noch einmal klar: Bei der Absatzhilfe handelt es sich eigentlich um eine Beihilfehandlung zum Absetzen des Vortäters.
Da die Hehlerei des Vortäters mangels einer fremden Vortat jedoch nicht strafbar ist, wäre auch die Beihilfe dazu straflos. Deshalb hat der Gesetzgeber durch die Aufnahme des Merkmals der "Absatzhilfe" eine Beihilfehandlung als täterschaftliche Hehlerei eingestuft.

Fraglich ist allerdings, ob das Merkmal der Absatzhilfe auch dann vollendet ist, wenn der *Absatz nicht gelingt.*

aa) Die wohl h.M. in der Literatur[141] lehnt dies mit der Begründung ab, dass das Absetzen die Kehrseite des Sich-Verschaffens (1. Alt) darstelle und daher deckungsgleich ausgelegt werden müsse.

Im Rahmen des Sich-Verschaffens ist es aber unbestritten, dass für eine Vollendung die *Verfügungsgewalt tatsächlich übergehen* muss.[142] Selbiges müsse daher auch für das Absetzen gelten; andernfalls entstünden unvertretbare *Wertungswidersprüche.*

Einer anderen Behandlung stehe auch schon die *Wortlautsperre der Art. 103 II GG, § 1 StGB* entgegen. Absetzen erfordere nämlich schon dem natürlichen Wortsinn nach, dass der Absetzende den Besitz über den Gegenstand aufgegeben habe.

Daher läge hier nur *Versuch* vor.

bb) Mit dem BGH ist jedoch davon auszugehen, dass eine Tatvollendung nicht das Gelingen des Absatzes voraussetzt.[143]

Dies ist nach der ratio legis damit zu begründen, dass die rechtswidrige Vermögenslage auch in der Hand des Absetzenden weiter aufrecht erhalten und die Wiedererlangung für den Eigentümer weiter gefährdet wird.

Auch das Wortlautargument steht dieser Behauptung nicht entgegen, da sowohl "Absetzen" als auch "Absetzenhelfen" nicht nur den Erfolg, sondern auch die Tätigkeit des Absetzens bezeichnen können.

Unter das Merkmal der *Absatzhilfe* fällt daher jede vorbereitende, ausführende oder nur unterstützende Tätigkeit zum Zwecke des Absatzes, selbst wenn dieser nicht gelingt.[144] Es reicht jede Tätigkeit, die der Aufrechterhaltung des rechtswidrigen Zustandes dient (die sog. Perpetuierung der rechtswidrigen Vermögenslage ist ein ungeschriebenes Tatbestandsmerkmal des § 259 I StGB).

Ein Versuch des § 259 I StGB komme daher nur dann in Betracht, wenn das Handeln des Täters entgegen seiner Vorstellung nicht geeignet war, den Vortäter bei seinen Absatzbemühungen zu unterstützen.

hemmer-Methode: Diese Streitfrage stellt sich beim Absetzen selbst natürlich genauso.[145]
Daher ist es in der Klausur zunächst enorm wichtig, zu Beginn der Prüfung des § 259 StGB exakt abzugrenzen, ob ein Sich-Verschaffen vorliegt oder eine der beiden anderen Varianten. Denn die Frage, ob Versuch oder Vollendung, ist dann jeweils in völlig anderem Licht zu sehen.
Erfahrungsgemäß wird in Klausuren in den genannten Fällen, in denen der BGH Vollendung annimmt, von vielen Klausurbearbeitern eine Nichtvollendung behauptet, ohne dies überhaupt zu problematisieren!
Beachten Sie aber, dass auch nach Ansicht des BGH das Absetzen zumindest potentiell geeignet sein muss, die rechtswidrige Vermögenssituation aufrechtzuerhalten oder zu vertiefen. Daran fehlt es, wenn die Sache an einen verdeckten Ermittler der Polizei geliefert wird.[146]
Die Gegenansicht erscheint grds. ebenso gut vertretbar.

---

[141] Vgl. etwa ROTH JA 1988, 193, 204; SEELMANN JuS 1988, 39; LACKNER/KÜHL, § 259 Rn. 13; TRÖNDLE/FISCHER, § 259 Rn. 19d.
[142] Vgl. TRÖNDLE/FISCHER, § 259 Rn. 12, 13.
[143] BGHSt 27, 50.
[144] Vgl. TRÖNDLE/FISCHER, § 259 Rn. 19a.
[145] Vgl. TRÖNDLE/FISCHER, § 259 Rn. 18 a.E.
[146] BGH NJW 97, 2610.

Auch ist es selbst im vorliegenden Fall "klausurtaktisch" nur auf den ersten Blick zwingend, den objektiven Tatbestand zu bejahen, weil im subjektiven Tatbestand noch ein interessantes Problem wartet (vgl. sogleich unten): Dieses könne nämlich dann ebenso gut im Tatentschluss des (in Konsequenz der h.L. dann zu prüfenden) Versuchs angesprochen werden.

2. A hatte unproblematisch Tatbestandsvorsatz.

Des Weiteren müsste er in der Absicht gehandelt haben, sich oder einem Dritten einen Vermögensvorteil zu verschaffen.

hemmer-Methode: Beachten Sie, dass die Bereicherungsabsicht (anders als bei §§ 263 I, 253 I StGB) nicht rechtswidrig zu sein braucht, denn die Beeinträchtigung des geschützten Rechtsguts hängt nicht davon ab, ob der Hehler sich rechtmäßig oder rechtswidrig bereichern will.[147]
Auch Stoffgleichheit zwischen dem Hehlereigegenstand und dem Vermögensvorteil ist nicht erforderlich!

Ein eigennütziges Verhalten scheidet hier aus, da seine Unterstützung *unentgeltlich* erfolgte.

Allerdings ist ein Bereicherungsstreben zugunsten seines Bruders anzunehmen. Problematisch dabei ist allein, ob im Rahmen des § 259 StGB auch der Vortäter selbst Dritter sein kann.

Die Befürworter dieser Ansicht[148] berufen sich auf die insoweit fehlende Differenzierung im Gesetzeswortlaut und bejahen die Strafbarkeit.

Die Gegenansicht geht davon aus, dass die Bereicherung des Vortäters bereits von § 257 StGB abschließend erfasst wird.[149]

Dem BGH[150] "erscheint" diese engere Auslegung zutreffend.

Er begründet dies schon mit dem Wortlaut der Norm, also damit, dass der Vortäter im Rahmen des § 259 I StGB als *"anderer"* bezeichnet werde, während die Bereicherungsabsicht zugunsten eines *Dritten* eingreifen müsse. Damit existiere schon eine begriffliche Differenzierung, die klarstelle, dass der Vortäter niemals Dritter i.S.d. Vorschrift sein könne.

Im Übrigen spreche für diese Lösung auch die Entstehungsgeschichte:

Der Zweck der Gesetzesänderung von 1974, bei der die Drittbereicherungsabsicht erst eingefügt wurde, sei u.a. gerade gewesen, den Tatbestand der Hehlerei von dem der Begünstigung (§ 257 I StGB) schärfer abzugrenzen. Mit dieser Zielsetzung sei die Auffassung, für § 259 I StGB genüge auch die Absicht, den Vortäter zu bereichern, schwerlich in Einklang zu bringen.

§ 259 I StGB sei aber jedenfalls dann unanwendbar, wenn der Täter *ausschließlich* mit dem Ziel handele, dem Vortäter den rechtswidrig erlangten Vermögensvorteil *zu erhalten*.

In solchen Fällen, in denen es ihm nicht darauf ankommt, mit seiner Hilfeleistung dem Vortäter einen über den Besitz der Sache hinausgehenden Vorteil oder Gewinn zu verschaffen, stellt sich die Tat als Begünstigung dar. Bei einem solchen Sachverhalt würde die Annahme von Hehlerei die Grenzen zwischen den Tatbeständen von § 257 I StGB und § 259 I StGB auflösen.[151]

hemmer-Methode: Selbstverständlich kann eine so ausführliche Begründung und eine Wiedergabe der Entscheidung in einer Klausur nicht verlangt werden. Die hier genannten Argumente sollten Sie sich aber möglichst merken, um sie erforderlichenfalls wenigstens knapp wiedergeben zu können.

C. Strafbarkeit des T als Teilnehmer

hemmer-Methode: Die hier vorgenommene Trennung zwischen der Strafbarkeit des T als Täter und als Teilnehmer hilft, eine Schachtelprüfung zu vermeiden.

---

[147] SCH-SCH/STREE, § 259 Rn. 49.
[148] Vgl. SCH-SCH/STREE, § 259 Rn. 50; BGH NJW 1979, 2621, 2622 [1.Senat].
[149] TRÖNDLE/FISCHER, § 259 Rn. 22a; LACKNER/KÜHL, § 259 Rn. 17.
[150] NStZ 1995, 595 [4.Senat].

[151] BGH NStZ 1995, 595.

Ebenso wäre es aber möglich gewesen, gleich mit der Strafbarkeit des A zu beginnen und den Diebstahl hier "nachzuschieben": Er ist so einfach und klar, dass eine komplexe Inzidentprüfung bei der Strafbarkeit des A nicht angefallen wäre.

I. Anstiftung zur Begünstigung, §§ 257 I, 26 StGB

1. Eine vorsätzliche und rechtswidrige Haupttat des A nach § 257 I StGB liegt vor.

2. T hat bei A den Tatentschluss zur Begehung dieser Begünstigung hervorgerufen und handelte auch mit doppeltem Anstiftervorsatz.

3. Die Tat war rechtswidrig, und T handelte schuldhaft.

4. Der persönliche Strafausschließungsgrund des § 257 III 1 StGB (Beteiligung an der Vortat) greift nicht ein, da T einen an der Vortat *Unbeteiligten* zur Tat angestiftet hat (§ 257 III 2 StGB).

II. Anstiftung zur Strafvereitelung, §§ 258 I, 26 StGB

Unabhängig von der Frage, ob überhaupt eine teilnahmefähige Haupttat vorliegt (s.o.), scheidet eine Bestrafung des T wegen des persönlichen Strafausschließungsgrundes des § 258 V StGB aus, da T durch seine Handlung verhindern will, dass *er selbst* bestraft wird.

hemmer-Methode: Dieses Ergebnis ließe sich auch damit begründen, dass der Vortäter weder tauglicher Täter noch tauglicher Anstifter einer selbstbegünstigenden Strafvereitelung ist, da diese keinen "anderen" i.S.d. § 258 StGB betrifft.

Insbesondere kann die (kriminalpolitisch ohnehin fragwürdige) Ausnahmeregelung des § 257 III 2 StGB nicht auf § 258 StGB übertragen werden.[152]

III. Hehlerei, § 259 I StGB

Eine Strafbarkeit wegen Hehlerei oder Anstiftung dazu kommt für den Haupttäter nicht in Betracht, weil es an der Tat eines anderen fehlt.[153]

2. Tatkomplex: Die Entsorgung des Pkws

Strafbarkeit des T

I. Hehlerei, § 259 I StGB

1. Bei dem PKW handelt es sich um einen Gegenstand, der aus einer rechtswidrigen Vortat des Z herrührt, wobei es für die Strafbarkeit des T insoweit gleichgültig ist, ob dabei ein Diebstahl oder eine Hehlerei des Z vorlag. Die Tatbestandsalternativen des Absetzens und der Absatz(-hilfe) scheiden hier von vornherein aus, da der PKW vernichtet wurde, also eine rechtsgeschäftliche Weitergabe weder erfolgte noch gewollt war.[154]

Daher kommt nur die Alternative des Sich-Verschaffens in Betracht, § 259 I 2. Alt. StGB. Man könnte argumentieren, A habe sich den gestohlenen Wagen im Sinne von § 259 I StGB verschafft, weil er ihn von Z entgegengenommen habe, um ihn zu entsorgen.[155]

Allerdings kommt nach Ansicht des BGH eine Hehlerei in der Form des Sich-Verschaffens nur in Betracht, wenn der Vorbesitzer dem Täter die Verfügungsgewalt über die fragliche Sache zu eigenen Zwecken überträgt[156] und die Absicht des Täters dahin geht, über den ihm übergebenen Gegenstand als *eigenen* zu verfügen, ihn sich also *zuzueignen*.[157]

---

[152] Vgl. TRÖNDLE/FISCHER, § 258 Rn. 18; WESSELS/ HETTINGER, BT-1, Rn. 733.

[153] Vgl. TRÖNDLE/FISCHER, § 259 Rn. 26a.
[154] Vgl. TRÖNDLE/FISCHER, § 259 Rn. 18.
[155] So die Vorinstanz bei BGH NStZ 1995, 544.
[156] TRÖNDLE/FISCHER, § 259 Rn. 15.
[157] BGH NStZ 1995, 544.

Hieran fehlt es, wenn der Vortäter einen anderen lediglich damit beauftragt, die rechtswidrig erlangte Sache der Entsorgung und damit der Vernichtung zuzuführen, und der andere diesen Auftrag annimmt und gegen Entgelt ausführt.

hemmer-Methode: Bei einem Rechtsanwalt sind bezüglich dieses Straftatbestandes wegen seiner beruflichen Stellung Besonderheiten zu beachten.[159] Hier waren aber die Grenzen insoweit natürlich weit überschritten.

2. T hat damit keine Hehlerei begangen.

2. A handelte vorsätzlich, rechtswidrig und schuldhaft.

3. Möglicherweise ist A aber dennoch nicht gemäß § 258 I StGB strafbar, wenn der persönliche Strafausschließungsgrund des § 258 V StGB hier anwendbar ist.

II. Strafvereitelung, § 258 I StGB

1. Die Beseitigung des Wagens war geeignet, die Strafverfolgung des Z zumindest für geraume Zeit zu vereiteln bzw. zu erschweren.

2. T handelte vorsätzlich, rechtswidrig und schuldhaft.

3. T hat sich wegen Strafvereitelung strafbar gemacht.

3. Tatkomplex: Die Unterstützung des Mandanten

Strafbarkeit des A

I. Strafvereitelung durch Wegschaffen des Heroins, § 258 I StGB

1. Durch das Wegschaffen des Heroins hat A *vereitelt*, dass B wegen einer Straftat nach dem BtMG verfolgt wurde.

Die Tathandlung ist bei der hier einschlägigen Verfolgungsvereitelung dann vollendet, wenn die Verhängung der Strafe *ganz oder teilweise* vereitelt wird. Eine *endgültige* tatsächliche und rechtliche Verhinderung der Aburteilung ist nicht nötig, vielmehr genügt es, wenn dies für "geraume Zeit" verhindert wird.[158]

Dementsprechend ist der objektive Tatbestand des § 258 I StGB gegeben.

Durch die der Strafvereitelung dienende Wegschaffung des Heroins aus der Wohnung des B wollte der A zugleich die *eigene Strafverfolgung* vermeiden. Allerdings hatten die strafbare Tätigkeit des A und die Tat, wegen derer der B aktuell verfolgt wurde, nichts miteinander zu tun.

Doch ist anerkannt, dass § 258 V StGB auch dann anwendbar sein kann, wenn es sich um verschiedene Vortaten handelt. Straffrei kann deshalb auch sein, wer einem anderen hilft, weil dieser ihn sonst anzeigen will.[160]

4. A hat sich nicht wegen Strafvereitelung gemäß § 258 StGB strafbar gemacht.

II. Strafvereitelung durch Bezahlen der Geldstrafe, § 258 II StGB

1. In Betracht kommt die Vollstreckungsvereitelung nach § 258 II StGB. Die wohl früher h.L. ging von dessen Verwirklichung aus, da die Geldstrafe den Verurteilten persönlich treffen soll, was insbesondere auch in der Einführung der Tagessatzsystematik (§§ 40 ff. StGB) zum Ausdruck kommt. Dieser Zweck würde nicht erreicht, wenn ein anderer diese Zahlung unmittelbar aus seinem Vermögen vornehmen dürfte.[161]

Der BGH hat dieser Rechtsauffassung jedoch eine Absage erteilt. Er stellt dabei insbesondere auf den Wortlaut der §§ 459 ff. StPO i.V.m. der Justizbeitreibungsordnung ab.

---

158 TRÖNDLE/FISCHER, § 258 Rn. 5.

159 Vgl. TRÖNDLE/FISCHER, § 258 Rn. 8 ff.
160 BGH NJW 1995, 3264 m.w.N.; vgl. auch TRÖNDLE/FISCHER, § 258 Rn. 18.
161 Vgl. SCH-SCH/STREE, § 258 Rn. 28a.

Das hierin geäußerte Vollstreckungsziel sei einzig die Durchsetzung der Zahlung.

Die persönliche Betroffenheit könne dagegen nicht mit Vollstreckungsmaßnahmen durchgesetzt werden. Folglich könne aufgrund des eindeutig formulierten Vollstreckungszieles auch nicht von einer Vollstreckungsvereitelung gesprochen werden.[162]

2. A hat sich im 3. Tatkomplex nicht nach § 258 StGB strafbar gemacht.

Des Weiteren sei es mit Wortlaut des § 258 StGB jedenfalls unvereinbar, denjenigen wegen Vollstreckungsvereitelung zu bestrafen, der einem Verurteilten das bezahlte Geld schenkweise ersetzt. Dann aber sei es formalistisch und unsinnig, die direkte Bezahlung unter Strafe zu stellen, was nur zu Umgehungshandlungen mit dem gleichen Erfolg führe.

---

[162] Vgl. BGHSt 37, 222.

Zusammenfassung

1. Tatkomplex: Die Bruderhilfe

**A. Strafbarkeit des T als Täter,
§ 242 I StGB (+)**

B. Strafbarkeit des A

I. § 257 I StGB (+)

II. § 258 I StGB (-)
jedenfalls Angehörigenprivileg (§ 258 VI StGB)

III. § 259 I StGB
bei Absatzhilfe Eintritt des Erfolgs nicht erforderlich (a.A. vertretbar); Bereicherungsabsicht einzig zugunsten des Vortäters aber nicht ausreichend

C. Strafbarkeit des T als Teilnehmer

I. §§ 257 I, 26 StGB (+), vgl. auch § 257 III 2 StGB

II. §§ 258 I, 26 StGB (-)

III. § 259 I StGB (-)

2. Tatkomplex: Die Entsorgung des Pkws

Strafbarkeit des T

I. § 259 I StGB (-)
kein Sich-Verschaffen bei Entgegennahme nur zur Entsorgung

II. § 258 I StGB (+)

3. Tatkomplex: Die Unterstützung des Mandanten

Strafbarkeit des A

I. § 258 I StGB (-)
Strafausschließungsgrund des § 258 V StGB

II. § 258 II StGB (-)
keine Vollstreckungsvereitelung bei Bezahlung einer fremden Geldstrafe

Fall 6

Sachverhalt:

Anton und Gustav führen absichtlich einen Auffahrunfall auf einer einsamen Landstraße herbei, indem Anton, der den vorderen Wagen fährt, plötzlich stark abbremst. Mit Hilfe dieses fingierten Unfalls wollen die beiden die Versicherungssumme aus der Kaskoversicherung des beschädigten Wagens kassieren. Das Vorhaben der beiden gelingt, woraufhin sie froh gelaunt von dannen fahren. Eine Versicherungsprämie haben die beiden allerdings noch nicht beantragt.

Am selben Abend entschließen sie sich, den ihnen bekannten Rudi Voll zu überfallen und zu berauben. Sie verstecken sich in der Nähe der Gaststätte, in der sich Rudi häufig aufhält, hinter einem Bus. Als Rudi sich mit seinem Mofa nähert, springen beide hinter dem Bus hervor. Anton bringt Rudi verabredungsgemäß zu Fall, indem er mit dem Fuß gegen das fahrende Mofa tritt. Während Anton den leicht verletzt am Boden liegenden Rudi festhält, durchsucht ihn Gustav und nimmt ihm die Brieftasche weg, in der sich 2.000 € befinden. Dann flüchten Anton und Gustav. Das Geld wird zwischen ihnen aufgeteilt.

Um die erfolgreichen Projekte zu feiern, gehen die beiden anschließend auf Kneipentour. Als Anton nach Verlassen der Kneipe gerade den Zündschlüssel ins Schloss seines Pkws gesteckt und Gustav auf dem Beifahrersitz Platz genommen hat, werden die beiden von einem Polizisten an der Aufnahme der Fahrt gehindert. Anton hatte einen BAK von 1,5 Promille.

Bearbeitervermerk:

Wie haben sich Anton und Gustav nach dem StGB strafbar gemacht?

Lösung:

1. Tatkomplex: Der inszenierte Verkehrsunfall

Strafbarkeit von A und G

hemmer-Methode: Die Straßenverkehrsdelikte haben große praktische Bedeutung und auch nicht unerhebliche Klausurrelevanz, zumal sie einige interessante dogmatische Probleme beinhalten, die teilweise auch in dieser Lösung angesprochen werden. Nehmen Sie die Klausur deshalb zum Anlass, sich die wichtigsten Probleme dieser Delikte in einem Lehrbuch oder Skript zu erarbeiten bzw. zu wiederholen.

I. Gefährlicher Eingriff in den Straßenverkehr, §§ 315b I, 25 II StGB

1. A und G könnten sich wegen eines mittäterschaftlich begangenen gefährlichen Eingriffes in den Straßenverkehr strafbar gemacht haben. Als Tathandlung kommt das Zerstören bzw. Beschädigen von Fahrzeugen gemäß § 315b I Nr. 1 StGB oder eine Handlung nach Nr. 2 bzw. Nr. 3 in Frage, und zwar durch die Herbeiführung des Auffahrunfalls.

Die Variante des § 315b I Nr. 1 StGB kommt aber nur in Betracht, wenn die Beschädigung die Beeinträchtigung der Sicherheit des Straßenverkehrs und die Gefahr des § 315b I StGB begründet. Wenn aber die Beschädigung des Fahrzeuges schon die Realisierung einer durch eine Tathandlung nach § 315b I Nr. 2 oder Nr. 3 StGB verursachten Gefahr darstellt, sind allein diese Tatbestandsalternativen anzuwenden.[163]

---
[163] BGH NJW 1991, 1120 m.w.N.

Insoweit fehlt es hier also schon an der relevanten Tathandlung.

Als nächstes käme durch das Abbremsen der Tatbestand des Hindernisbereitens gemäß § 315b I Nr. 2 StGB bzw. der des ebenso gefährlichen Eingriffs gemäß § 315b I Nr.3 StGB in Betracht.

Ein Eingriff i.d.S. liegt auch vor: Zu beachten ist allerdings, dass der Tatbestand der Vorschrift bei bloß vorschriftswidrigem Verkehrsverhalten grundsätzlich unanwendbar ist, da andernfalls die abschließende Regelung des § 315c StGB umgangen würde.

Nur ausnahmsweise kann § 315b StGB in solchen Fällen gegeben sein. Es muss sich um einen *verkehrsfremden* (verkehrsfeindlichen) Vorgang handeln, bei dem ein Verkehrsteilnehmer einen Verkehrsvorgang praktisch zu einem *Eingriff in den Straßenverkehr* pervertiert.[164]

Bei einem absichtlichen Unfall kann man derartiges grds. annehmen.[165] Da A und G dies im bewussten und gewollten Zusammenwirken vollzogen haben, liegt eine mittäterschaftliche Begehung vor.

Dieser Eingriff hat auch zu einer Beeinträchtigung der Sicherheit des Straßenverkehrs geführt. Bei absichtlichen Unfällen ist dies unproblematisch.

Erforderlich wäre weiterhin die Verwirklichung einer konkreten Gefahr für die Verkehrsteilnehmer als Folge der Tathandlung und der Beeinträchtigung der Verkehrssicherheit.[166]

Da der betroffene Wagen sogar beschädigt (oder zerstört) werden sollte, kann auch dies bei vorsätzlichen Zusammenstößen grds. angenommen werden. Allerdings muss dann etwas anderes gelten, wenn es - wie hier - nicht um die absichtliche Beschädigung eines *dritten* Fahrzeuges geht, sondern lediglich die beiden Tatbeteiligten sowie deren Fahrzeuge gefährdet werden. Für diesen Fall lehnt der BGH[167] zu Recht die Anwendung des

§ 315b StGB ab, wenn nicht weitere Fahrzeuge konkret gefährdet werden.[168]

Daher müssen § 315b I Nr. 2 und Nr. 3 StGB bei einem einverständlich herbeigeführten "Unfall" ausscheiden. Eine *abstrakte* Gefahr für andere Verkehrsteilnehmer oder Sachen, wie sie hier möglicherweise nahe liegt, reicht wiederum für die Bejahung des konkreten Gefährdungsdelikts nicht aus.[169]

hemmer-Methode: Beachten Sie das Parallelproblem in der Rspr. des BGH zu § 315c StGB.[170] Nach der Rspr. genügt es für § 315c StGB nicht, dass sich ein Beifahrer während einer "ereignislosen" Trunkenheitsfahrt mit im Wagen befindet, da dadurch zwar eine (auch einige Zeit andauernde) abstrakte, aber keine konkrete Gefahr eintritt.

Auch hinsichtlich der möglichen Gefährdungsobjekte findet sich in § 315c StGB eine Parallele zum vorliegenden Fall: Zwar soll nicht jeder Mitfahrer, wohl aber ein Teilnehmer (§§ 26, 27 StGB) aus dem Schutzbereich des § 315c StGB ausscheiden.

2. A und G haben sich daher nicht nach § 315b StGB strafbar gemacht.

II. Gefährdung des Straßenverkehrs, §§ 315c I, 25 II StGB

Die Gefährdung des Straßenverkehrs scheitert bereits daran, dass keine der in § 315c I Nr. 2 StGB aufgeführten besonders gefährlichen Verkehrsverstöße verwirklicht wurden.

hemmer-Methode: Achten Sie darauf, dass § 315c StGB als eigenhändiges Delikt (anders als § 315b StGB!) strukturell überhaupt nur in Fällen wie dem vorliegenden mittäterschaftlich begangen werden könnte, in denen beide Beteiligte jeweils selbst ein Fahrzeug führen.

---

[164] TRÖNDLE/FISCHER, § 315b Rn. 9 m.w.N. Zur besseren Abgrenzung von § 315b und § 315c StGB fordert der BGH im fließenden Verkehr im Rahmen des § 315b StGB einen „Schädigungsvorsatz" des Täters, siehe BGH NJW 2003, 1613 ff.
[165] Vgl. TRÖNDLE/FISCHER, § 315b Rn. 10.
[166] TRÖNDLE/FISCHER, § 315b Rn. 16.
[167] Etwa NJW 1991, 1120.

[168] Vgl. auch TRÖNDLE/FISCHER, § 315 Rn. 16.
[169] BGH NJW 1991, 1120.
[170] Vgl. BGHSt 23, 261; ebenso TRÖNDLE/FISCHER, § 315c Rn. 16.

III. Unerlaubtes Entfernen vom Unfallort, § 142 I, 25 II StGB

Zwar waren sowohl G als auch A eindeutig *Unfallbeteiligte*, der hier vorliegende Verzicht aller Unfallbeteiligten auf die notwendigen Feststellungen lässt allerdings schon den Tatbestand, zumindest aber die Rechtswidrigkeit[171] entfallen. Denn alleiniges Schutzgut des § 142 StGB ist das private Feststellungsinteresse, mit anderen Worten das Interesse des Geschädigten, sich beim Unfallverursacher schadlos halten zu können.

IV. Versicherungsmissbrauch, § 265 I, 25 II StGB

G und A beschädigten vorsätzlich aufgrund eines gemeinsamen Tatentschlusses im arbeitsteiligen Zusammenwirken eine gegen Beschädigung versicherte Sache, um sich Leistungen aus der Versicherung zu verschaffen, und haben damit den Tatbestand des § 265 I, 25 II StGB verwirklicht

hemmer-Methode: Achten Sie darauf, dass § 265 wohl nur den vorliegenden Fall erfasst, in dem die Kaskoversicherung als Sachversicherung missbraucht werden soll. Hätten die Täter dagegen vor, die Haftpflichtversicherung des (absichtlichen) Schädigers zu betrügen, ginge es nicht um "Leistungen aus der Versicherung", die mit der "versicherten Sache" korrespondiert, so dass der Tatbestand nicht erfüllt wäre.

V. Sachbeschädigung, § 303 I, 25 II StGB

Eine Sachbeschädigung des bzw. der beschädigten Wagen ist schon wegen der Einwilligung gerechtfertigt, die zwangsläufig in der Verabredung des Unfalls liegt.

hemmer-Methode: Gerade Strafrechtsklausuren sind auch oft "Sammelklausuren", in denen möglichst viele Tatbestände "abgeklappert" werden müssen.

Dies kann Ihnen (gerade in den zeitlichen Grenzen einer Klausur) nur optimal gelingen, wenn Sie einerseits ein gewisses Fingerspitzengefühl dafür entwickeln, welche Tatbestände "noch angeprüft" werden sollten (was freilich z.T. auch Geschmackssache ist), andererseits in der Klausur einen Weg finden, die nicht einschlägigen Tatbestände mit dem jeweils schlagenden Argument kurz abzulehnen.

VI. Versuchter Betrug, §§ 263 I, 22, 25 II StGB

Auch ein versuchter Betrug lag bei diesen Tathandlungen noch *nicht* vor. Es fehlt zumindest am unmittelbaren Ansetzen, da das Vermögen der Versicherung durch diese Tat noch in keinster Weise gefährdet ist. Es bedarf dazu noch weiterer Handlungen des Beschuldigten, so dass es sich um eine bloße Vorbereitungshandlung handelt.

hemmer-Methode: Beachten Sie § 263 III Nr. 5 StGB, der das Vortäuschen eines Versicherungsfalles nach einer Brandstiftung oder dem Versenken eines Schiffes als Regelbeispiel für einen besonders schweren Fall des Betrugs ansieht.

Auch über § 30 II StGB lässt sich eine Strafbarkeit von A und G nicht begründen, da der anvisierte Betrug kein Verbrechen ist, vgl. §§ 263 I, 12 II StGB.

VI. Ergebnis

A und G haben sich im 1. Tatkomplex nur aus § 265 I StGB strafbar gemacht.

---

[171] Str.; vgl. TRÖNDLE/FISCHER, § 142 Rn. 30 ff.

2. Tatkomplex: Der Überfall auf Rudi - Strafbarkeit von A und G

I. Gefährlicher Eingriff in den Straßenverkehr in Mittäterschaft, §§ 315b I Nr. 2, III i.V.m. 315 III Nr. 1 b, 25 II StGB

1. Beim Überfall auf R könnten sich A und G eines mittäterschaftlichen gefährlichen Eingriffs in den Straßenverkehr schuldig gemacht haben. Durch das Zufallbringen des R durch den Tritt mit dem Fuß gegen das fahrende Mofa wurde ein Hindernis bereitet i.S.v. § 315b I Nr. 2 StGB, nämlich ein Vorgang herbeigeführt, der geeignet ist, durch körperliche Einwirkung den regelmäßigen Verkehr zu hemmen oder zu verzögern.[172]

Der Eingriff führte zu einer abstrakten Gefährdung des Straßenverkehrs und zu einer konkreten Gefährdung des R.

Die Tathandlung, nämlich der Tritt mit dem Fuß gegen das Mofa, wurde zwar von A allein begangen, doch wäre sie dem G zurechenbar, wenn sie unter den Voraussetzungen der Mittäterschaft erfolgte.

Folgt man der subjektiven Theorie ergibt sich die Mittäterschaft aus dem gemeinschaftlichen Tatentschluss, wonach auch G die Tat unter Mitwirkung des A als eigene gewollt hat und im weiteren Tatverlauf eigene Tatbeiträge leistete.

Folgt man der h.M. in der Literatur, die auf das Kriterium der gemeinsamen Tatherrschaft abstellt, so ergibt sich hieraus nichts anderes.

A und G handelten aufgrund eines gemeinsam gefassten Tatplanes, und es leistete jeder von ihnen im Ausführungsstadium eigene Tatbeiträge, wobei man nicht nur die Tat des § 315b StGB isoliert betrachten kann, so dass hier nach allen Meinungen A und G mittäterschaftlich handelten. Die Tatbeiträge des einen können daher dem anderen jeweils zugerechnet werden, soweit sie sich im Rahmen des gemeinsamen Tatplanes bewegen.

Hier bezog sich der Tatplan darauf, den R zu berauben, wobei man, um dies zu ermöglichen, arbeitsteilig vorgehen wollte.

---

[172] Vgl. TRÖNDLE/FISCHER, § 315b Rn. 7 und § 315 Rn. 9.

Damit ist das Handeln des A dem G zurechenbar.

2. A und G handelten vorsätzlich und aufgrund des gemeinsam gefassten Tatentschlusses.

Ihr Vorsatz bezog sich auch auf die Herbeiführung der Gefahr für R, so dass ein vorsätzlicher gefährlicher Eingriff in den Straßenverkehr vorliegt.

Die Tat würde sich sogar als Verbrechen darstellen, wenn A und G unter den Voraussetzungen der §§ 315b III, 315 III Nr. 1b StGB gehandelt hätten. Dies ist der Fall, weil A und G beabsichtigten, den R zu berauben. Damit sollte eine andere Straftat ermöglicht werden.

3. Die Tat war auch rechtswidrig und schuldhaft

4. A und G haben sich eines Verbrechens des gemeinschaftlichen vorsätzlichen gefährlichen Eingriffs in den Straßenverkehr gem. §§ 315b I Nr. 2, III i.V.m. 315 III Nr. 1b, 25 II StGB schuldig gemacht.

II. Raub in Mittäterschaft, §§ 249 I, 25 II StGB

1. A und G könnten ferner mittäterschaftlich einen Raub begangen haben. Bei der Brieftasche mit den darin befindlichen 2.000 € handelt es sich um fremde bewegliche Sachen.

Indem G dem R die Brieftasche weggenommen hat, hat er den Gewahrsam des R gebrochen und eigenen Gewahrsam daran begründet. Diese Wegnahme wurde zwar von G allein begangen, doch ist sie dem A zurechenbar, da G und A arbeitsteilig vorgegangen sind. A hat den R festgehalten und es hierdurch dem G ermöglicht, das Geld wegzunehmen.

Die Gewaltanwendung durch Festhalten des R, die seitens des A erfolgte, ist dem G ebenso zuzurechnen. Da sie zum Zwecke der Wegnahme erfolgte, besteht auch die für § 249 I StGB erforderliche finale Verknüpfung von Nötigung und Wegnahme.

hemmer-Methode: Hier handelt es sich um einen typischen Fall der Mittäterschaft, in dem der objektive Tatbestand erst durch das Handeln beider Mittäter gemeinsam erfüllt wird.

Deshalb ist es hier nicht nur klausurökonomischer, sondern nahezu unumgänglich, beide Mittäter gemeinsam zu prüfen.

2. A und G handelten vorsätzlich und in rechtswidriger Zueignungsabsicht. Sie handelten weiterhin aufgrund des gemeinsam gefassten Tatentschlusses.

3. Die Tat war auch rechtswidrig und schuldhaft, so dass sich A und G nach §§ 249 I, 25 II StGB strafbar gemacht haben. Dafür dass R durch den Sturz in die Gefahr einer schweren Gesundheitsschädigung nach § 250 I Nr. 1c StGB kam, ist nichts ersichtlich, da er nur leicht verletzt wurde.

III. Räuberische Erpressung in Mittäterschaft, §§ 253 I, 255, 25 II StGB

Folgt man dem BGH, der für das Vorliegen einer Erpressung keine Vermögensverfügung des Opfers verlangt, so liegt in dem Handeln von A und G auch eine schwere räuberische Erpressung, weil R zur Duldung der Wegnahme seiner Brieftasche mit Inhalt, also einer Vermögensbeschädigung, mit Raubmitteln genötigt wurde. Da sich der Vorgang jedoch eher als "Nehmen" denn als "Geben" darstellt, tritt die räuberische Erpressung auch nach Ansicht des BGH hinter dem spezielleren Raub zurück.

IV. Gefährliche Körperverletzung in Mittäterschaft, §§ 223, 224 I, 25 II StGB

1. R wurde durch das Zu-Fall-Bringen verletzt, so dass er eine Gesundheitsschädigung erlitten hat.

Diese Körperverletzung könnte mittels eines hinterlistigen Überfalls begangen worden sein, § 224 I Nr. 3 StGB.

Überfall ist ein Angriff auf den Verletzten, dessen er sich nicht versieht und auf den er sich nicht vorbereiten kann. Hinterlistig ist der Überfall, wenn sich die Absicht des Täters, dem anderen die Verteidigungsmöglichkeit zu erschweren, äußerlich manifestiert.[173]

Da jedoch die bloße Ausnutzung der Überraschung allein noch nicht genügt, liegt allein im unerwarteten Angriff auf das Opfer, auch wenn dieser von hinten erfolgt, noch kein hinterlistiger Überfall.[174]

Da A und G als Mittäter handelten, ist die Körperverletzung jedoch von mehreren *gemeinschaftlich* begangen worden, § 224 I Nr.4 StGB. Hierfür ist nicht erforderlich, dass jeder Mittäter sich eigenhändig an der Misshandlung beteiligt.[175]

2. A und G handelten vorsätzlich und aufgrund gemeinsamen Tatentschlusses.

3. Die Tat war rechtswidrig und schuldhaft

4. A und G haben sich einer gemeinschaftlich begangenen gefährlichen Körperverletzung gemäß §§ 223 I, 224 I Nr. 4, 25 II StGB schuldig gemacht.

V. Räuberischer Angriff auf Kraftfahrer in Mittäterschaft, §§ 316a I, 25 II StGB

1.a) Fraglich ist zunächst, ob R als Fahrer eines Mofas, also eines von Maschinenkraft angetriebenen Fahrrades mit Hilfsmotor mit einer bauartbedingten Höchstgeschwindigkeit von nicht mehr als 25 km/h, überhaupt als Führer eines Kraftfahrzeuges i.S.d. § 316a I StGB anzusehen ist und damit unter den Schutz des § 316a I StGB fällt.

Dies ist jedoch mit der Rechtsprechung zu bejahen, da Kraftfahrzeuge gemäß §§ 248b IV StGB, 1 II StVG, 4 I 1 StVZO alle durch Maschinenkraft angetriebenen, nicht an Gleise gebundenen Landfahrzeuge sind. Hierzu gehört auch das Mofa.

Darüber hinaus ist auch nach Sinn und Zweck der Vorschrift keine Beschränkung des Schutzbereichs der Norm auf die Fahrer oder Beifahrer bestimmter Kraftfahrzeuge geboten. Gerade die Gefahrenlage, deren Zunutzemachen zu bestimmten Zwecken in § 316a I StGB bestraft wird, besteht bei Angriffen gegen die Führer motorisierter Zweiräder in gleicher Weise. Ein Zweiradfahrer erscheint insoweit sogar noch schutzbedürftiger als der Führer eines anderen Kraftfahrzeuges.

---

[173] Vgl. TRÖNDLE/FISCHER, § 224 Rn. 10.

[174] vgl. SCH-SCH/STREE, § 223 Rn. 10.
[175] Vgl. TRÖNDLE/FISCHER, § 224 Rn. 11.

Auch die Tatsache, dass heutzutage moderne Fahrräder leicht eine höhere Geschwindigkeit entwickeln, führt nicht zur Einschränkung des Schutzbereichs.

Damit ist R als Führer eines Kraftfahrzeuges i.S.v. § 316a I StGB anzusehen.

b) A und G haben in bewusstem und gewolltem Zusammenwirken durch das Hindernisbereiten den R genötigt, also einen Angriff auf dessen Entschlussfreiheit geführt.

Dies geschah auch unter Ausnutzung der besonderen Verhältnisse des Straßenverkehrs zur Begehung eines Raubes. Hierzu gehören auch die Fälle, in denen durch das Bereiten von Hindernissen das Anhalten erzwungen wird, um sodann einen Raub zu begehen.[176] Gerade bei einem Zweirad ist auch die eingeschränkte Standstabilität ein Faktor, der die Anfälligkeit gegen Überfälle auf den Verkehrsteilnehmer erhöht.

2. A und G handelten vorsätzlich und aufgrund gemeinsam gefassten Tatentschlusses.

3. Die Tat war rechtswidrig und auch schuldhaft, so dass A und G nach §§ 316a I, 25 II StGB zu bestrafen sind.

hemmer-Methode: Da R nur leicht verletzt wurde und sich anscheinend auch selbst helfen konnte, scheidet die Verwirklichung des § 221 StGB von vornherein aus.

VI. Konkurrenzen

Der in Mittäterschaft begangene Raub konkurriert mit der Körperverletzung idealiter, denn die Gewaltanwendung bei § 249 StGB muss nicht notwendigerweise in einer Körperverletzung bestehen.[177] Auch im Verhältnis zu § 315b StGB und § 316a StGB besteht Idealkonkurrenz, da diese als Delikte mit überschießender Innentendenz die Vollendung des Raubes nicht voraussetzen, so dass die tatsächliche Verletzung des Rechtsguts im Urteilstenor klargestellt werden muss.[178]

Auch § 315b I Nr. 2 StGB und § 316a StGB stehen ihrerseits in Idealkonkurrenz, § 52 I StGB.[179]

3. Tatkomplex: Der Fahrversuch

Strafbarkeit des A

I. Trunkenheit im Straßenverkehr, § 316 I StGB

1. Unproblematisch befand sich A im Zustand der *absoluten Fahruntüchtigkeit*, da er mehr als 1,1 Promille BAK hatte.[180]

Problematisch ist aber das Tatbestandsmerkmal des *Führens eines Fahrzeugs.* Dieser Begriff ist enger als die Teilnahme am Verkehr. Erforderlich ist, dass jemand ein Fahrzeug in Bewegung setzt oder es unter Handhabung seiner technischen Vorrichtungen während der Fahrbewegung lenkt.[181]

Man könnte vertreten, dass für die Vollendung der Tat schon genüge, wenn der Täter beim Einstecken der Zündschlüssel erwischt werde.[182] Für diese Auffassung sprechen jedoch allenfalls präventiv-polizeiliche Gesichtspunkte, da die Polizei, will sie nicht nur eine Gefährdung für die öffentliche Sicherheit und Ordnung verhindern, den Täter so nicht erst losfahren lassen muss, um den Straftatbestand mit allen seinen Konsequenzen eintreten zu lassen.

Dogmatisch ist diese Ansicht aber nicht haltbar. Vielmehr ist der Rechtsprechung zuzustimmen, die zumindest ein *Anrollen der Räder* für erforderlich hält.[183]

Denn § 316 I StGB erfordert als abstraktes Gefährdungsdelikt zur Tatbestandsverwirklichung eine abstrakte Gefahr. Eine solche besteht aber nicht, solange das Auto nicht wenigstens rollt.

---

[176] BGH NJW 93, 2630 m.w.N.
[177] Sch-Sch/Eser, § 249 Rn. 13.
[178] Sch-Sch/Cramer/Sternberg-Lieben, § 316a Rn. 12

[179] Sch-Sch/Cramer/Sternberg-Lieben, § 316a Rn. 12 a.E.
[180] Vgl. Tröndle/Fischer, § 316 Rn. 6, 13, 25.
[181] Tröndle/Fischer, § 315c Rn. 3.
[182] S. Nachweise bei Tröndle/Fischer, § 315c Rn. 3.
[183] BGHSt 35, 392; NJW 1989, 723; BayObLG NZV 1989, 242.

Der Versuch des § 316 I StGB wurde vom Gesetzgeber bewusst straflos gelassen (Vergehen, vgl. §§ 23 I, 12 II StGB). Die Vorverlagerung der Strafbarkeit, welche die Gegenmeinung hier durchführt, ist damit eine Umgehung dieser gesetzgeberischen Entscheidung.

2. A hat sich daher nicht nach § 316 I StGB strafbar gemacht.

II. Versuchte Straßenverkehrsgefährdung, §§ 315c I Nr. 1a, 22 StGB

1. Ein vollendetes Delikt muss aus den eben genannten Argumenten abgelehnt werden. Im Übrigen wäre hier keinesfalls die notwendige *konkrete* Gefahr für eine Person oder eine Sache von bedeutendem Wert gegeben.

2. Gemäß § 315c II StGB ist der Versuch in den Fällen des § 315c I Nr. 1 StGB strafbar. Hier kommt § 315c I Nr. 1a in Betracht.

3. Fraglich ist aber der *Tatentschluss* des A. Er müsste zumindest bedingten Vorsatz hinsichtlich sämtlicher Umstände des objektiven Tatbestandes des § 315c I Nr. 1a StGB gehabt haben.

Dabei wäre schon der Vorsatz bezüglich der Fahruntüchtigkeit sehr fraglich, wenn er sich etwa auf die übliche Behauptung einlässt, er habe beim Trinken nicht so auf die Menge geachtet und sich noch unterhalb der Grenze absoluter Fahruntüchtigkeit geglaubt.

Noch problematisch ist jedoch, ob man dem A Vorsatz bezüglich einer konkreten Gefährdung nachweisen kann.

Eine konkrete Gefährdung liegt dann vor, wenn die Person oder Sache so stark beeinträchtigt ist, dass es nur noch *vom Zufall abhängt*, ob eine Verletzung eintritt. Ein solcher Zufall ist anzunehmen bei Unbeherrschbarkeit des Gefährdungsverlaufs.

Der BGH hatte in seiner früheren Rspr.[184] bei bloßer Anwesenheit eines Beifahrers (der allerdings nicht Teilnehmer i.S.d. §§ 26, 27 StGB sein darf) eine konkrete Gefährdung angenommen. Der Beifahrer sei in einer akuten Gefahrenlage, weil er sich im Zentrum des Geschehens befinde. Daher sei er wesentlich gefährdeter als Außenstehende.

Diese Meinung ist mit Teilen der Lit. und dem BayObLG[185] abzulehnen und wurde auch vom BGH aufgegeben.[186]

Sie differenziert nicht sauber zwischen qualitativer und quantitativer Gefährdung. Für die Sicherheit des beeinträchtigten Rechtsguts kommt es nicht nur auf den *einen* Zufall an, ob sich eine Gefahr in einer bestimmten Verkehrslage realisiert. Vielmehr ist sie von dem weiteren Zufall abhängig, ob es überhaupt zu einer kritischen Verkehrssituation kommt. Auch wenn die Fahrt eines Alkoholisierten eine Gefahr darstellt, führt dies noch nicht zwangsläufig zu konkret gefährlichen Verkehrssituationen.

Ein (u.U. angeschnallter) Mitfahrer in einem (u.U. großen) PKW ist nicht *mehr* gefährdet, als ein Fußgänger am Straßenrand, sondern nur *länger*. Bei letzterem aber ist klar, dass eine konkrete Gefährdung nur bei Eintreten einer kritischen Verkehrssituation vorliegen kann. Letztlich würde also von der Dauer der Gefährdung auf deren Qualität geschlossen. Aber auch eine lange abstrakte Gefahr ist noch keine konkrete. Daher kann man allein aus dem Wissen um das Vorhandensein eines Beifahrers noch keinen konkreten Gefährdungsvorsatz des A annehmen. Denn ein bewusstes Inkaufnehmen von kritischen Verkehrssituationen kann ihm nicht unterstellt werden.

4. Mangels Tatentschlusses hat sich A auch nicht der versuchten Straßenverkehrsgefährdung schuldig gemacht.

III. Ergebnis

hemmer-Methode: Als Ergänzung zum Fall, in dem längst nicht alle examensrelevanten Probleme der §§ 315b, 315c StGB dargestellt werden konnten, sei auf die lesenswerten Aufsätze von Geppert[187] und Schroeder[188] hingewiesen.

A ist damit in diesem Tatkomplex straflos.

---

[184] BGH NJW 1989, 1227.

[185] BayObLG NJW 1990, 133; 848; ebenso OLG Köln NJW 1991, 3291.
[186] BGH NJW 95, 3131.
[187] Zur Mitfahrerproblematik bei § 315c StGB Jura 96, 47 ff.; zu § 315b StGB Jura 96, 639 ff.
[188] JuS 1994, 846 ff.

Zusammenfassung

1. Tatkomplex: Der inszenierte Verkehrsunfall

Strafbarkeit von A und G

I. §§ 315b I, 25 II StGB (-), keine konkrete Gefährdung

II. §§ 315c I, 25 II StGB (-), kein entsprechender Verkehrsverstoß

III. §§ 142 I, 25 II StGB (-), Verzicht auf Feststellungen

IV. § 265 I StGB (+), Kaskoversicherung als Sachversicherung

V. §§ 303 I, 25 II StGB (-), Einwilligung

VI. §§ 263 I, 22, 25 II StGB (-), kein unmittelbares Ansetzen

2. Tatkomplex: Der Überfall auf Rudi

Strafbarkeit von A und G

I. §§ 315b I Nr. 2, III i.V.m. § 315 III Nr. 1b, 25 II StGB (+)

II. §§ 249 I, 25 II StGB (+)

III. §§ 253 I, 255, 25 II StGB (-) nach Lit. (-), nach BGH zwar (+), aber von §§ 249 I, 25 II StGB verdrängt

IV. §§ 223, 224 I, 25 II StGB (+)

V. §§ 316a I, 25 II StGB (+), auch und insbesondere bei motorisierten Zweirädern möglich

VI. Konkurrenzen

3. Tatkomplex: Der Fahrversuch

Strafbarkeit des A

I. § 316 I StGB (-) Anrollen der Räder erforderlich; Versuch nicht strafbar

II. §§ 315c I Nr. 1a, 22 StGB (-) kein Vorsatz bzgl. konkreter Gefahr allein aufgrund des Vorhandenseins eines Beifahrers; Vorsatz hinsichtl. sonstiger Gefährdung nicht ersichtlich

Fall 7

Sachverhalt

Anton Müller wohnt mit seiner Ehefrau Thea in einer alten ehemaligen Mühle. Das allein gelegene Anwesen ist in beklagenswertem Zustand. Als Mieter für das Obergeschoss konnte daher nur das Ehepaar Grün gewonnen werden, das des Stadtlebens schon lange überdrüssig war. Im Unterge-schoss wohnt das Ehepaar Müller notgedrungen selbst. Da die Mühle unter Denkmalschutz steht, ist ein Verkauf bisher auch an den notwendigen hohen Renovierungskosten gescheitert. Doch die Müllers möchten endlich in einer komfortablen Wohnung leben. Daher planen sie, die Mühle in Brand zu setzen, um mit der hohen Versicherungssumme aus der Feuerversicherung eine Eigen-tumswohnung in der Stadt zu kaufen. Dies soll geschehen, sobald die Eheleute Grün für längere Zeit verreist sind.

Als das Ehepaar Grün kurz darauf an einem Wochenende bei Bekannten weilt, vergewissern sich Anton und Thea, dass sich außer ihnen niemand im Haus aufhält, und schütten dann beide je-weils einen Kanister Benzin auf die bereits morsche Treppe des Hauses. Als Anton ein Streich-holz entzündet, um das Benzin in Brand zu setzen, entwickelt sich nicht, wie erwartet, ein Feuer; vielmehr ereignet sich, für beide überraschend, eine gewaltige Explosion, weil sich die inzwischen entstandenen Benzindämpfe entzündet haben. Das Haus stürzt in sich zusammen. Herabstür-zende Gebäudeteile erschlagen Thea und begraben sie unter den Trümmern. Jetzt kommt es An-ton, der sich unverletzt hat retten können, nicht mehr auf die Versicherungssumme an. Er will nur noch verhindern, dass man ihn wegen des Todes der Thea zur Verantwortung ziehen kann. Um die Spuren der Explosion zu verwischen, zündet er eine Benzinlache an. Das rasch um sich grei-fende Feuer vernichtet die Reste des Hauses, und die Leiche der Thea verbrennt bis zur Un-kenntlichkeit.

Der Feuerwehrmann Schlauch der inzwischen eingetroffenen Feuerwehr wird durch einen herab-stürzenden Balken am Fuß verletzt. Nachbar Neu, der von seinem Haus aus den Feuerschein gesehen hat, eilt herbei und lässt sich von der Feuerwehr nicht davon abhalten mitzuhelfen. Da-bei wird er von einem herabfallenden Ziegel getroffen und verletzt. Anton erstattet am nächsten Tag bei der Polizei Anzeige gegen Unbekannt wegen Brandstiftung. Seiner Versicherung meldet er den "Schadensfall" und bittet um Auszahlung der Versicherungssumme. Die Versicherung war-tet jedoch die polizeiliche Untersuchung des Brandes ab.

Bearbeitervermerk:

Prüfen Sie die Strafbarkeit von Anton.

Lösung:

Strafbarkeit des A

1. Tatkomplex: Das Anzünden des ersten Streichholzes durch den A

I. Schwere Brandstiftung, § 306a I Nr. 1 StGB

1. A könnte sich durch das Anzünden des Streichholzes wegen schwerer Brandstiftung nach § 306a I Nr. 1 StGB strafbar gemacht haben[189].

---

[189] Überblicksartig zu den examensrelevanten Prob-lemen der Brandstiftungsdelikte siehe JuS 2003, 985 ff.

Tatobjekt des § 306a I Nr. 1 ist ein Gebäude, welches zur Wohnung von Menschen dient. Auch ein bewohntes Mühlengebäude erfüllt grundsätzlich diese Voraussetzung. Entscheidend ist, dass das Gebäude tatsächlich als Wohnung benutzt wird. Das ist hier der Fall. Unerheblich ist, ob sich die Bewohner zur Tatzeit gerade in dem Gebäude aufhalten oder nicht.

Der Wohnzweck kann dem Gebäude aber dadurch genommen werden, dass der oder die Bewohner aufhören, das Gebäude als Wohnung zu benutzen. Diese Entwidmung kann auch dadurch vorgenommen werden, dass der Bewohner das Haus in Brand setzt. Das gilt jedoch dann nicht, wenn das Gebäude noch von anderen Personen bewohnt wird, die mit der Entwidmung nicht einverstanden sind. Wären hier die Eheleute M die einzigen Bewohner der Mühle gewesen, so hätten sie ihren Willen, das Haus als Wohnung aufzugeben, durch ein Inbrandsetzen wirksam kundgetan. Das Haus wäre dann im Zeitpunkt der Tat kein Gebäude, das zur Wohnung von Menschen dient, gewesen, also kein taugliches Tatobjekt i.S.d. § 306a I Nr. 1 StGB.[190] Da das Haus aber auch noch von dem Ehepaar G bewohnt wurde, die nicht die Absicht hatten, das Haus als Wohnung aufzugeben, liegt keine wirksame Entwidmung vor.

Fraglich ist aber, wie es sich auswirkt, dass A sich vorher vergewisserte, dass sich niemand mehr in der Mühle aufhielt. Da der hohe Strafrahmen des § 306a StGB nur durch die Gefährdung von Menschenleben gerechtfertigt werden kann, könnte man an eine teleologische Reduktion des Tatbestandes in den Fällen denken, in denen diese Gefährdung vom Täter ausgeschlossen wird. Allerdings ist zu berücksichtigen, dass es sich bei § 306a I Nr. 1 StGB um ein abstraktes Gefährdungsdelikt handelt, das die konkrete Gefährdung eines Menschen nicht voraussetzt.

Eine abstrakte Gefährdung ist aber jedenfalls dann ausgeschlossen, wenn der Täter mit letzter Sicherheit weiß, dass sich niemand in dem Gebäude aufhält. Dies kann jedoch mit der Rspr. nur angenommen werden, wenn es sich um kleine, mit einem Blick überschaubare Gebäude handelt.[191]

Als Tathandlung kommt zunächst ein "In Brand setzen" in Betracht. In Brand gesetzt ist eine Sache dann, wenn wesentliche Teile derart vom Feuer ergriffen sind, dass sie auch nach Entfernung des Zündstoffes selbständig weiterbrennen können. Das Anzünden des Zündstoffes allein genügt nicht. Notwendig ist, dass das Gebäude tatsächlich gebrannt hat.[192]

Hier hatte A noch nicht einmal den Zündstoff - das Benzin - angezündet, sondern nur ein Streichholz. Das Haus war jedenfalls vom Feuer noch nicht ergriffen worden. Wenn das Haus durch eine Explosion zerstört wird, dann ist zwar letztlich der gleiche Erfolg eingetreten, wie es mit dem Inbrandsetzen beabsichtigt war, dennoch beruht der Erfolg eben nicht auf einer nach § 306a I Nr. 1 1. Alt. StGB tatbestandsmäßigen Handlung. Der objektive Tatbestand des "Inbrandsetzens" ist also nicht erfüllt.

Jedoch kommt weiterhin in Betracht, dass A das Mühlengebäude "durch eine Brandlegung ganz oder teilweise zerstört" hat.

Vorliegend ist der Zündstoff - das Benzin - explodiert, ohne dass das Haus selbst in Brand gesetzt worden wäre. Der Begriff der "Brandlegung" umfasst unter anderem genau auch diesen Fall des "explodierenden Zündstoffs".[193] Durch diese Brandlegung wurde das Haus zerstört, da es infolge der Explosion vollständig in sich zusammenstürzte. Dieser Taterfolg ist dem A objektiv zurechenbar, da sich in ihm genau die von A geschaffene Gefahr realisiert hat. Demgemäß hat A das Gebäude "durch eine Brandlegung zerstört".

Der objektive Tatbestand des § 306a I Nr. 1 StGB ist damit erfüllt.

2. A müsste diesbezüglich auch vorsätzlich gehandelt haben.

Dies erscheint insoweit problematisch, als er die Explosion nicht vorausgesehen hatte, sondern sein Vorsatz vielmehr darauf gerichtet war, das Haus durch dessen Inbrandsetzung zu zerstören und nicht durch die Explosion des Zündstoffes. Insoweit könnte sich A in einem Tatbestandsirrtum gem. § 16 I StGB hinsichtlich des Kausalzusammenhangs zwischen Tathandlung und Taterfolg befunden haben, so dass sein Vorsatz entfiele.

---

[190] TRÖNDLE/FISCHER, § 306a, Rn. 4a.
[191] BGH NJW 1982, 2329.
[192] WESSELS/HETTINGER, BT-1, Rn. 957.
[193] TRÖNDLE/FISCHER, § 306 Rn. 15.

Abweichungen vom vorgestellten Kausalverlauf sind jedoch dann *nicht* geeignet, den Vorsatz entfallen zu lassen, wenn sie sich innerhalb der Grenzen des nach allgemeiner Lebenserfahrung Voraussehbaren halten und eine andere Bewertung der Tat nicht gerechtfertigt ist[194]. Mit anderen Worten ist zu fragen, ob eine erhebliche oder unerhebliche Abweichung von der vorgestellten Planverwirklichung vorliegt.[195]

hemmer-Methode: Abweichungen vom Kausalverlauf können sowohl im objektiven Tatbestand bei der Frage der objektiven Zurechnung problematisiert werden als auch im subjektiven Tatbestand bei der Frage nach dem Vorsatz hinsichtlich des Kausalverlaufs. In den meisten Fällen wird bei Bejahung der objektiven Zurechenbarkeit auch der Vorsatz diesbezüglich gegeben sein. Dies ist aber nicht zwangsläufig so, wie der vorliegende Fall eindrucksvoll zeigt: Denn auch wenn die objektive Zurechenbarkeit wie vorliegend unproblematisch bejaht werden kann, weil sich in dem eingetretenen Erfolg die geschaffene Gefahr realisiert hat (also Gefahrverwirklichung gegeben ist), kann sich immer noch die berechtigte Frage stellen, inwieweit sich subjektiv auch der geplante Kausalverlauf verwirklicht hat (also inwieweit Planverwirklichung gegeben ist).[196]

Vorliegend war A's Plan darauf gerichtet, das Haus durch ein Inbrandsetzen zu zerstören. Statt dessen wurde das Haus durch die Explosion des Zündstoffes zerstört. Somit hat sich letztlich genau der Taterfolg ereignet, den A auch wollte, nämlich die Zerstörung des Hauses, und dies geschah letztlich auch durch Realisierung der von ihm geschaffenen Brand- bzw. Explosionsgefahr. Dass ein verwendeter Zündstoff auch explodieren kann — insb. wenn es sich um Benzin handelt, das dazu neigt, explosive Dämpfe zu entwickeln — hält sich innerhalb der Grenzen des nach allgemeiner Lebenserfahrung Voraussehbaren; auch wäre unter diesem Gesichtspunkt eine andere Bewertung der Tat nicht gerechtfertigt.

Demgemäß handelte A auch vorsätzlich.

hemmer-Methode: Die Vorsatzfrage hinsichtlich der neuen Tatbestandshandlung "Zerstören durch Brandlegung" ist in dogmatischer Hinsicht ein sehr interessantes Problem. Denn der Gesetzgeber wollte mit dieser Tatbestandshandlung eine Strafbarkeitsausweitung eben auch auf die Fälle, in denen der Zündstoff explodiert - sogar wenn dies vom Täter nicht gewollt ist -, die von der bisherigen Tatbestandshandlung des "Inbrandsetzens" nicht zu erfassen waren.[197] Da die Zündstoffexplosion aber regelmäßig nicht vorausgesehen wird, stellt sich die Vorsatzfrage. Würde man den Vorsatz nun unreflektiert verneinen, käme man in diesen Fällen wieder nur zu einer Versuchsstrafbarkeit wie bisher, obwohl der Gesetzgeber beide Varianten der Brandstiftungshandlung offenbar als tatbestandlich gleichwertig behandelt. Auch im Hinblick darauf erscheint es angezeigt, die oben vorgenommene Wertung, dass "eine andere Bewertung der Tat nicht gerechtfertigt erscheint", vorzunehmen.

3. Rechtswidrigkeit und Schuld sind gegeben.

4. A ist demgemäß strafbar nach § 306a I Nr.1 StGB.

II. Brandstiftung mit Todesfolge, § 306c StGB

Weiterhin könnte sich A einer Brandstiftung mit Todesfolge strafbar gemacht haben.

1. A hat eine schwere Brandstiftung gem. § 306a I Nr. 1 StGB begangen.

2. Hierdurch müsste er wenigstens leichtfertig den Tod eines anderen Menschen verursacht haben.

Die T ist infolge der Zündstoffexplosion, also der Brandlegung, zu Tode gekommen. Der erforderliche tatbestandsspezifische Gefahrzusammenhang ist insofern gegeben, da der Tod gerade die Realisierung der geschaffenen Einsturzgefahr infolge der Zündstoffexplosion gewesen ist.

---

[194] BGHSt 7, 329.
[195] Vgl. ROXIN, AT I, § 12 Rn. 132 ff.
[196] S. zum Ganzen sehr instruktiv ROXIN, AT I, § 12, Rn. 132 ff.

---

[197] S. ausdrücklich BT-Drucks. 13/9064, S. 22.

Fraglich ist jedoch, ob die T als Beteiligte an der Tat überhaupt ein "anderer Mensch" i.S.d. Norm sein kann. Dies ist umstritten.

Eine Ansicht lässt § 306c StGB zur Anwendung gelangen. Sie beruft sich dabei auf den klaren Wortlaut, der auch im Falle des Todes eines Beteiligten einschlägig ist. Ein anderes Ergebnis würde zu einer nicht erklärbaren Schwächung der Normgeltung führen.[198]

Diese Sichtweise ist indes abzulehnen. Angesichts der hohen Mindeststrafe des § 306c ist zu fordern, dass es sich bei dem Opfer um einen gefahrtypischen Repräsentanten der Allgemeinheit handelt und nicht um eine Person, die sich selbst in die Gefahrenlage hineinbegeben hat. Insofern können auch die Grundsätze der freiverantwortlichen Selbstgefährdung zur Stützung dieses Ergebnisses herangezogen werden: Die T als Beteiligte hat sich freiverantwortlich in die von ihr durch Ausschütten des Benzins (mit)geschaffene Explosionsgefahr hineinbegeben. Daher ist es nicht gerechtfertigt, dem A den infolge der Realisierung dieser Gefahr eingetretenen Tod der T zuzurechnen. Dem Unrechtsgehalt des § 306c würde es nur gerecht werden, wenn eine an der Gefahrschaffung unbeteiligte Person zu Tode kommt.[199]

Diese Sichtweise wird auch dadurch gestützt, dass im neuen § 306c von einem "anderen Menschen" die Rede ist, statt wie bisher in § 307 Nr. 1 bloß von "einem Menschen". Diese terminologische Änderung deutet darauf hin, dass der Kreis möglicher Tatopfer auf Außenstehende begrenzt sein soll.

Nach dieser hier vertretenen Auffassung ist also mit der T kein "anderer Mensch" i.S.d. § 306c zu Tode gekommen. Eine Strafbarkeit des A gem. § 306c scheidet damit aus.

III. Strafbarkeit nach § 306b II Nr. 1, § 306b I 1. Alt. und § 306a II StGB

Aus dem gleichen Grunde — d.h. weil T kein "anderer Mensch" i.S.d. §§ 306a ff. StGB ist — scheiden auch Strafbarkeiten des A hinsichtlich § 306b II Nr. 1, § 306b I 1. Alt. und § 306a II StGB aus.

IV. Sachbeschädigung, § 303 I StGB

1. Es ist davon auszugehen, dass sich in der von dem Ehepaar G bewohnten Einliegerwohnung zur Tatzeit Sachen befanden, die dem Ehepaar G gehörten. Diese Sachen waren für A fremd. Dadurch, dass er die Explosion verursachte, hat er diese Sachen zerstört.

2. A hat vorsätzlich gehandelt. Die Tatsache, dass die Sachen der C nicht durch einen Brand, sondern durch eine Explosion zerstört bzw. beschädigt worden sind, ist eine unerhebliche Abweichung des Kausalverlaufs, die vorhersehbar war und keine andere Bewertung der Tat rechtfertigt (vgl.o.).

3. Die Tat war rechtswidrig. A handelte auch schuldhaft.

4. Wenn die Eheleute G Strafantrag stellen (§§ 303c, 77 I StGB), ist A aus § 303 StGB strafbar.

V. Brandstiftung, § 306

Dagegen scheidet eine Strafbarkeit wegen einfacher Brandstiftung aus, da § 306 StGB - wie § 303 StGB - nur fremde Tatobjekte schützt, die insoweit alleine in Betracht kommende Mühle aber im Eigentum von T und A gestanden hatte.

VI. Herbeiführen einer Sprengstoffexplosion, § 308 I StGB

1. Tathandlung ist die Herbeiführung einer Explosion. Explosion ist ein chemischer oder physikalischer Vorgang, bei dem durch eine plötzliche Volumenvergrößerung Kräfte frei werden, die eine zerstörende Wirkung ausüben können.[200] Durch welche Mittel die Explosion herbeigeführt wird, ist gleichgültig, es kommen alle Stoffe in Betracht, die dazu geeignet sind.[201] A hat hier eine Explosion verursacht.

2. Erforderlich ist eine konkrete Gefährdung von Leib und Leben eines anderen oder fremder Sachen von bedeutendem Wert.

---

[198] Vgl. GEPPERT, Jura 89, 475; seit der 26. Auflage auch SCH-SCH/HEINE, § 306a Rn. 21; § 306c Rn. 6.
[199] LACKNER/KÜHL, § 306a Rn. 7; so auch bis zur 25. Auflage i.E. SCH-SCH/CRAMER, § 307 Rn. 6.

[200] SCH-SCH/CRAMER/HEINE, § 308 Rn. 3.
[201] SCH-SCH/CRAMER/HEINE, § 308 Rn. 5.

A hat Leib und Leben der T gefährdet. Nach wohl überwiegender und hier vertretener Ansicht (vgl. o.) genügt aber die Gefährdung eines Tatbeteiligten nicht.[202]

hemmer-Methode: Es handelt sich hier um die gleiche Problematik wie bei § 315c. Auch hier bezieht die h. M. den Tatbeteiligten nicht in den Schutzbereich der Norm ein.[203] Auch hier lässt sich natürlich mit entsprechender Begründung (vgl. o.) die Gegenmeinung vertreten.

Ob die Sachen des Ehepaares G, die durch die Explosion zerstört wurden, von bedeutendem Wert waren, lässt sich dem Sachverhalt nicht genau entnehmen. Die untere Wertgrenze wird jetzt bei ca. 1.300,- € gezogen.[204] Vom Überschreiten dieser Wertgrenze kann jedoch bei Zerstörung einer Wohnungseinrichtung und sonstiger Habseligkeiten nach der allgemeinen Lebenserfahrung ausgegangen werden. Insofern hat A fremde Sachen von bedeutendem Wert gefährdet.

3. Er müsste hinsichtlich des objektiven Tatbestandes auch vorsätzlich gehandelt haben. Hinsichtlich der Tathandlung "Herbeiführen einer Sprengstoffexplosion" handelte A jedoch nicht vorsätzlich, da er keine Sprengstoffexplosion herbeiführen wollte, sondern eine Inbrandsetzung.

hemmer-Methode: Dass dagegen oben bei § 306a der Vorsatz hinsichtlich des Merkmals "Brandlegung" (durch die Zündstoffexplosion) bejaht wurde, mag an dieser Stelle zunächst befremden, erklärt sich aber dadurch, dass das Merkmal der "Brandlegung" weiter gefasst ist als das "Herbeiführen einer Sprengstoffexplosion". Insofern kann dort im Gegensatz zu hier die vorgenommene Wertung erfolgen, dass "eine andere Bewertung der Tat nicht erfolgen kann", denn das von A Gewollte ("Inbrandsetzen") lässt sich zwar noch unter den Tatbestand der "Brandlegung" subsumieren, nicht dagegen aber unter den Tatbestand des "Herbeiführens einer Sprengstoffexplosion".

4. Eine vorsätzliche Begehung des § 308 I scheidet somit für A aus.

VII. Fahrlässige Herbeiführung einer Sprengstoffexplosion gem. § 308 I, VI StGB

In Betracht kommt aber eine diesbezügliche Fahrlässigkeitsstrafbarkeit des A.

1. A hat eine Sprengstoffexplosion herbeigeführt und dadurch fremde Sachen von bedeutendem Wert gefährdet.

2. A müsste diesbezüglich fahrlässig gehandelt haben, § 308 VI StGB.

Er hat objektiv sorgfaltswidrig gehandelt, denn es war vorhersehbar, dass es aufgrund der Benzindämpfe zu einer Explosion kommen könnte und dadurch die T und die Sachen des Ehepaares gefährdet werden würden. Das war auch vermeidbar.

3. Die Tat war auch rechtswidrig.

4. Des Weiteren handelte A schuldhaft, denn er handelte insbesondere auch subjektiv sorgfaltswidrig.

5. A ist also nach § 308 I, VI StGB strafbar.

6. Ein Rückgriff auf Abs. II oder Abs. III scheidet dagegen aus, so dass die Frage, ob T leichtfertig den Tod der T verursacht hat, nicht erörtert werden muss, denn Abs. II und Abs. III können nur für die Fälle der vorsätzlichen Begehung des Grundtatbestandes Anwendung finden.[205]

VIII. Gemeinschädliche Sachbeschädigung, § 304 I StGB

1. In Betracht kommt nur die Zerstörung eines öffentlichen Denkmals.

Denkmäler sind Erinnerungszeichen, die dem Andenken an Personen, Ereignisse oder Zustände zu dienen bestimmt sind.[206] Hierunter fallen nicht Baudenkmäler, die allein wegen ihrer architektonischen Besonderheiten unter Denkmalschutz gestellt sind.

[202] SCH-SCH/HEINE, vor §§ 306 ff. Rn. 12.
[203] TRÖNDLE/FISCHER, § 315c Rn. 17.
[204] TRÖNDLE/FISCHER, § 315 Rn. 16a.
[205] TRÖNDLE/FISCHER, § 306b Rn. 2; 308 Rn. 6.
[206] TRÖNDLE/FISCHER, § 304 Rn. 7.

Im Übrigen fehlt es an einem *öffentlichen Denkmal*, da die Mühle nicht der Öffentlichkeit gewidmet war, sich nicht an einem öffentlichen Ort befand und nicht dem öffentlichen Nutzen diente, sondern allein Privatvermögen war und ausschließlich privat genutzt wurde.

2. A ist nicht aus § 304 I strafbar.

hemmer-Methode: Eine "exotische" Norm, bezüglich der es schon punkteträchtig ist, sie überhaupt zu sehen und anzuprüfen; keinesfalls verlangt werden detaillierte Kenntnisse.

IX. Zerstörung von Bauwerken, § 305

1. § 305 StGB setzt voraus, dass es sich um ein Gebäude handelt, das in fremdem Eigentum steht. Da dies hier nicht der Fall war, ist der objektive Tatbestand nicht erfüllt.

2. A ist nicht aus § 305 strafbar.

X. Fahrlässige Tötung, § 222 StGB

1. A hat den Tod der T verursacht.

Er müsste den Tod der T durch "Fahrlässigkeit" verursacht haben. Dies ist zu bejahen, denn die Handlungen, die für den Tod der T ursächlich waren - das Ausschütten des Benzins und das Anzünden eines Streichholzes – waren objektiv sorgfaltswidrig.

Dennoch könnte eine Bestrafung des A insoweit entfallen, wenn der vorliegende Sachverhalt nicht vom Schutzzweck des § 222 StGB erfasst wird.[207]

Die Tatsache allerdings, dass T hier Beteiligte einer von A begangenen Handlung ist und bei dieser Gelegenheit zu Tode kam, vermag im Rahmen von § 222 StGB die Strafbarkeit des A noch nicht auszuschließen.

Denn im Gegensatz zu obigen Delikten (§§ 306 ff. StGB), bei denen die T nicht "ein anderer" i.S.d. der jeweiligen Norm ist, gibt es bei einem Fahrlässigkeitsdelikt wie § 222 StGB keine Beteiligung, so dass die T auch nicht aus diesem Gesichtspunkt als "anderer" i.S.d. § 222 StGB ausscheidet, zumal § 222 StGB nicht einmal von "einem *anderen* Menschen" spricht, sondern bloß von "einem Menschen".

Eine Strafbarkeit nach § 222 StGB könnte aber ausscheiden, da es vom Tatplan der Eheleute M her gesehen als purer Zufall erscheint, dass gerade A das Streichholz entzündete, das zu der Explosion führte, durch die T getötet wurde. Es hätte ebenso die T selbst ein Streichholz entzünden können oder alle beide. Dann läge eine fahrlässige Selbsttötung vor, die nicht strafbar ist. Schließlich haben auch beide je einen Kanister Benzin ausgegossen.

Als ein für den Tod der T viel wesentlicherer Umstand erscheint hier die Tatsache, dass T sich überhaupt in dem Haus befand, als bereits das Benzin ausgeschüttet war und A das Streichholz entzündete. Man könnte daher hier davon sprechen, T habe sich selbst einer Gefahr ausgesetzt, in der sie zu Tode gekommen ist. Der Tatbeitrag des A sei dazu eine bloße Förderungs-, also Beihilfehandlung, die ebenso wenig strafbar ist wie die Beihilfe zum Selbstmord.[208]

Eine Parallele zur Beteiligung am Selbstmord zu ziehen, ist aber deswegen nicht möglich, weil dort das Opfer den Tod — also den Todeserfolg — bewusst und gewollt in Kauf nimmt. Dort will also das Opfer, dass der andere ihm hilft, den eigenen Tod herbeizuführen. Anders ist es, wenn sich das Opfer zwar bewusst in eine Lebensgefahr begibt, dabei aber hofft, die Gefahr werde sich nicht realisieren. Das Opfer wäre daher auch nicht mit den seinen Tod verursachenden Handlungen des anderen einverstanden, wenn es deren Gefährlichkeit erkannt hätte.

Gerade die Tatsache, dass die T selbst fahrlässig handelte, ist der entscheidende Grund dafür, dem A den strafbaren Erfolg des § 222 StGB zuzurechnen.

---

[207]   Vgl. Roxin, FS Gallas, S. 245.

[208]   BGHSt 24, 342.

Hätte die T sich in Selbsttötungsabsicht in das Haus begeben, ohne dass A hiervon etwas gewusst hätte, dann läge die fahrlässige Förderung eines Suizids vor, der genauso wenig strafbar wäre, wie die vorsätzliche "Beihilfe" zur vorsätzlicher Selbsttötung. Eine solche Selbsttötungsabsicht der T fehlte hier aber.

hemmer-Methode: Diese Argumentation entspricht der h.M., die das Handeln auf eigene Gefahr allein darauf untersucht, ob das Opfer die Gefahr kannte. Ein wirklich überzeugender Grund freilich, weshalb ein Erfolg dem Täter auch bei Fahrlässigkeit, "dem Opfer" dagegen nur bei Vorsatz zugerechnet werden soll, ist aber nicht ohne weiteres ersichtlich. Eine a.A. ist hier daher mit entsprechender Argumentation durchaus vertretbar.

Die Tötung der T ist also vom Schutzzweck des § 222 StGB gedeckt.

A hat den Tatbestand des § 222 StGB erfüllt.

2. Die Tat war rechtswidrig. Eine rechtfertigende Einwilligung in ihre Tötung wurde von T nicht geäußert. In der Beteiligung an der Tat liegt auch keine Einwilligung in eine Lebensgefährdung.

3. A hat schuldhaft gehandelt, denn die Pflichtwidrigkeit seines Handelns war ihm subjektiv erkennbar.

4. A ist wegen fahrlässiger Tötung gem. § 222 StGB strafbar.

XI. Versicherungsmissbrauch, § 265 StGB

1. A hat mit seinem Haus eine gegen Feuersgefahr und damit gegen Zerstörung versicherte Sache zerstört.

Dies geschah auch vorsätzlich.

A handelte dabei auch zu dem Zwecke, sich eine Versicherungssumme zu verschaffen.

2. Rechtswidrigkeit und Schuld sind gegeben.

3. A hat sich wegen Versicherungsmissbrauchs gem. § 265 StGB strafbar gemacht.

XII. Versuchter Versicherungsbetrug als besonders schwerer Fall des Betruges, § 263 I, III Nr. 5, II, 22, 23 I StGB

Mangels Auszahlung der Versicherungssumme ist der Betrug noch nicht vollendet. Versuchsstrafbarkeit besteht gem. § 263 II StGB.

Der erforderliche Tatentschluss hinsichtlich eines Betruges ist gegeben, da A die Versicherung über den Urheber der Zerstörung seines Hauses und damit über das Vorliegen eines Versicherungsfalles täuschen und die Versicherung somit zu einer schädigenden Vermögensverfügung veranlassen wollte, wobei er einen rechtswidrigen Vermögensvorteil erstrebte (vgl. zu allem schon oben), da er gem. § 61 VVG keinen Anspruch auf die Versicherungssumme hatte.[209]

Allerdings fehlt es zu diesem Zeitpunkt am unmittelbaren Ansetzen des A, da er die Schadensmeldung noch nicht vorgenommen hat und es daher noch eines wesentlichen Zwischenschrittes bedarf, damit das bedrohte Rechtsgut als gefährdet erscheint.

Eine Strafbarkeit nach §§ 263 I, III Nr. 5, II, 22, 23 I StGB durch das Entzünden des ersten Streichholzes scheidet demgemäss aus.

XIII. Konkurrenzen im 1. Tatkomplex

§ 306a I Nr. 1 StGB steht zu § 303 StGB in Idealkonkurrenz (§ 52 StGB), da § 303 StGB als Eigentumsdelikt eine andere Schutzrichtung als § 306a I Nr. 1 StGB hat.

Auch § 265 StGB steht hierzu in Idealkonkurrenz, denn sein Schutzgehalt erfasst gegenüber dem des § 306a I Nr. 1 StGB die Sanktionierung einer besonderen Form der Vorbereitung eines Betruges.

Hierzu steht § 222 StGB in Idealkonkurrenz.

Fraglich ist das Verhältnis von § 306a I Nr. 1 StGB zu § 308 I, VI StGB.

---

[209] TRÖNDLE/FISCHER, § 263 Rn. 126a.

Da das Herbeiführen einer Sprengstoffexplosion durch eine Explosion des Zündstoffes von dem Tatbestand des § 306a I Nr. 1 StGB ("Brandlegung") erfasst ist, erscheint die Annahme von Konsumtion gerechtfertigt, womit § 308 I, VI StGB hinter § 306a I Nr. 1 StGB zurücktritt (a.A. - nämlich Tateinheit - vertretbar mit dem Hinweis auf deren Klarstellungsfunktion).

A ist im 1. Tatkomplex also strafbar gem. §§ 306a I Nr. 1, 303, 265, 222; 52 StGB.

2.Tatkomplex : Das Anzünden der Benzinlache durch A

I.   Schwere Brandstiftung, § 306a I Nr. 1 StGB

1. Durch das Anzünden der Benzinlache müsste der A ein taugliches Tatobjekt i.S.d. § 306a I Nr. 1 in Brand gesetzt oder durch Brandlegung zerstört haben.

Als A die Benzinlache anzündete, waren von dem Haus nur noch Reste vorhanden. Es handelte sich also nicht mehr um ein Gebäude, das zur Wohnung von Menschen dient. Mangels tauglichen Tatobjekts hat A den objektiven Tatbestand des § 306a I Nr. 1 nicht verwirklicht.

2. A hat sich nicht gem. § 306a I Nr. 1 StGB strafbar gemacht.

II.   Versicherungsmissbrauch, § 265 StGB

1. Da im Zeitpunkt des Anzündens der Benzinlache das Haus bereits vernichtet war, bestand keine gegen Feuersgefahr bzw. Zerstörung versicherte Sache mehr. Überdies handelte er in diesem Zeitpunkt nicht mehr, um sich die Versicherungsleistung zu verschaffen, sondern stattdessen, um die Spuren der Tat zu verwischen.

A hat also den Tatbestand des § 265 nicht erfüllt.

2. A ist nicht aus § 265 strafbar.

III. Fahrlässige Körperverletzung gem. § 229 StGB gegenüber S

1. S hat eine Körperverletzung erlitten.

Hätte A nicht den Brand gelegt, wäre S nicht zu den Löscharbeiten gekommen und auch nicht verletzt worden. A hat also die Körperverletzung des S verursacht.

Die Handlung des A war auch objektiv pflichtwidrig, denn die Verletzung eines zur Hilfe eilenden Feuerwehrmannes war vorhersehbar und vermeidbar.

Fraglich ist aber, ob der Schutzzweck des § 229 die Verletzung des S erfasst.

Dies wird zum Teil verneint.[210] Der Feuerwehrmann sei nämlich verpflichtet, beim Löschen des Brandes mitzuwirken.

Deswegen hätte auch A ihn nicht davon abhalten dürfen, auch wenn er erkannt hätte, dass sich für S die Gefahr einer Körperverletzung eröffnete. Wenn man aber den A daran hindere, die Gefahr abzuwenden, dann dürfe man es ihm auch nicht anlasten, dass später sich die Gefahr in einer Körperverletzung realisiert.

Andererseits könnte man auch danach differenzieren, ob der Verletzte rechtlich verpflichtet war, sich der Gefährdung auszusetzen oder nicht. Im ersteren Fall ist dem Täter der Verletzungserfolg zuzurechnen, denn da der Verletzte rechtlich verpflichtet war zu helfen, hatte er nicht die freie Entscheidung, ob er sich in Gefahr begeben wolle oder nicht. Es liegt demnach keine freiwillige Selbstgefährdung vor, sondern eine durch das pflichtwidrige Vorverhalten erzwungene. Daher hat der Täter es auch allein zu verantworten, dass er später die Selbstgefährdung des Retters nicht mehr hindern darf.

Hier war S kraft seiner beruflichen Stellung als Feuerwehrmann verpflichtet, an den Löscharbeiten teilzunehmen und sich so der Gefahr einer Körperverletzung auszusetzen. Der Schutzzweck des § 229 StGB erfasst also die Verletzung des S. Diese ist dem A zurechenbar.

Die Tat war rechtswidrig.

A handelte schuldhaft, insbesondere subjektiv pflichtwidrig.

---

[210] Vgl. R O X I N, FS Gallas, S. 247.

Da S Strafantrag gestellt hat, §§ 230, 77 StGB, ist A wegen fahrlässiger Körperverletzung des S aus § 229 StGB strafbar.

IV. Fahrlässige Körperverletzung gem. § 229 StGB gegenüber N

1. Im Gegensatz zu S war N nicht verpflichtet, beim Löschen des Brandes mitzuhelfen. Für A war es auch nicht ohne weiteres vorhersehbar, dass N sich einmischen würde (a.a. vertretbar).

N hat sich freiwillig in die Gefahr begeben. Sowohl nach der hier vertretenen Differenzierung als auch nach der oben dargestellten a.A.[211] wird daher die Verletzung des N nicht vom Schutzzweck des § 229 erfasst.

Die Verletzung ist dem A nicht zurechenbar. Zu einem anderen Ergebnis kommt man wohl auch nicht, wenn man mit dem BGH gleichsam danach fragt, ob sich N zu einem Eingreifen "herausgefordert" fühlen durfte[212]. Dies kann zwar bei einem Verwandten oder engen Freund der durch den Brand Bedrohten angenommen werden, nicht jedoch bei einem Nachbarn, insbesondere wenn das Gebäude ohnehin schon komplett zerstört ist (a.A. mit guter Begründung vertretbar).

A hat den Tatbestand des § 229 StGB damit nicht erfüllt.

2. A ist wegen der Verletzung des N nicht aus § 229 StGB strafbar.

3.Tatkomplex : Die Anzeige bei der Polizei

I. Falsche Verdächtigung, § 164 I StGB

1. Die Handlung des § 164 I besteht darin, dass der Täter den Verdacht auf einen "anderen", also eine bestimmte Person lenkt.

Namensnennung ist zwar nicht unbedingt erforderlich, die Person des Verdächtigten muss sich aber mit Hilfe der Angaben des Täters ermitteln lassen.[213]

Da hier A mit seiner Anzeige "gegen unbekannt" keine bestimmte Person in Verdacht gebracht hat, hat er den objektiven Tatbestand des § 164 I nicht erfüllt.

2. A ist nicht aus § 164 I strafbar.

II. Vortäuschen einer Straftat, § 145d II Nr. 1 StGB

1. A müsste eine der in § 145d I bezeichneten Stellen über den Beteiligten an einer rechtswidrigen Tat zu täuschen gesucht haben.

Die Polizei, der gegenüber A die Anzeige erstattete, ist eine Behörde und eine zur Entgegennahme von Anzeigen zuständige Stelle.

Voraussetzung ist weiterhin, dass die Tat tatsächlich begangen worden ist, denn andernfalls würde § 145d I Nr. 1eingreifen.[214] Vorliegend ist dies der Fall; die Brandstiftung, über deren Beteiligten der A die Polizei zu täuschen gesucht haben könnte, ist tatsächlich begangen worden.

Ob der Tatbestand des "Täuschens über einen Beteiligten" auch durch eine "Anzeige gegen Unbekannt" erfüllt werden kann, ist umstritten.

Nach einer Ansicht genüge eine Anzeige gegen Unbekannt nicht, da sie keine konkreten Hinweise enthält, die in eine bestimmte Richtung zeigen.[215]

Diese Ansicht ist allerdings abzulehnen. Denn der Strafgrund des § 145d besteht in dem Schutz vor der Verfolgung strafbarer Handlungen berufener Stellen vor unberechtigter Inanspruchnahme oder Ergreifung unnützer und überflüssiger Maßnahmen.[216] Dieser Schutzzweck ist aber auch im Falle einer Anzeige gegen Unbekannt einschlägig.

Zwar könnte man argumentieren, dass die Staatsanwaltschaft, wenn sie aufgrund der Anzeige gegen einen unbekannten Täter ermittelt, in der Praxis immer auch in Betracht ziehen wird, dass der Anzeigeerstatter selbst der Täter sein könnte, so dass der Tatverdacht nicht völlig vom Anzeigeerstatter abgelenkt wäre und die Staatsanwaltschaft auf keine falsche Fährte gelockt würde.

---

[211] Roxin, FS Gallas, S. 247.
[212] Vgl. BGHSt 39, 322 ff. m. Anm. Bernsman/Zieschang, JuS 1995, 775 ff.
[213] Tröndle/Fischer, § 164 Rn. 7.

[214] Tröndle/Fischer, § 145d Rn. 7.
[215] Sch-Sch/Stree/Sternberg-Lieben, § 145d Rn. 14.
[216] Tröndle/Fischer, § 145d Rn. 2.

Letztlich kann sie diese Erwägung aber auch bei einer Anzeige gegen eine konkrete Person machen, so dass dieses Argument als nicht stichhaltig zu bewerten ist.

Aus den genannten Gründen ist davon auszugehen, dass der Tatbestand des § 145d II Nr. 1 StGB grundsätzlich auch durch eine Anzeige gegen Unbekannt erfüllt werden kann (a.A. gut vertretbar).[217]

Fraglich ist weiterhin, ob die Tatbestandserfüllung dadurch ausgeschlossen sein könnte, dass der A als Täter der in Frage stehenden Straftat hier letztlich handelte, um den Verdacht von sich selbst abzulenken. Hierbei ist der Gesichtspunkt *strafloser Selbstbegünstigung* zu beachten: der Straftäter braucht sich nicht selbst den Strafverfolgungsbehörden auszuliefern, und er darf die Tat ungestraft bestreiten. Insofern könnte die Täuschung über die Beteiligten an der Straftat für den Täter dieser Straftat straflos sein.

Die Grenze zwischen strafloser Selbstbegünstigung und Strafbarkeit nach § 145d II Nr. 1 StGB ist dort zu ziehen, wo der Täter aktive Täuschungsmaßnahmen über die Person des Straftäters vornimmt und sich nicht bloß passive Maßnahmen beschränkt, wie z.b. bloßes Bestreiten der Tat oder auch das "Berufen auf den großen Unbekannten".[218]

Fraglich ist, ob A durch die Erstattung der Anzeige gegen Unbekannt diese Grenze überschritten hat. Da die Anzeige gegen Unbekannt aber letztlich ein "Berufen auf den großen Unbekannten" darstellt, ist dies wohl zu verneinen (a.A. vertretbar).

2. Demgemäß scheidet eine Strafbarkeit des A gem. § 145d II Nr. 1 StGB aus.

III. Versuchter Betrug in einem besonders schweren Fall, §§ 263 I, III Nr. 5, II 22, 23 I StGB

1. Die Tat ist nicht vollendet, da die Versicherung die Versicherungssumme nicht ausbezahlt hat.

2. Der Versuch des Betruges ist strafbar, § 263 II StGB.

3. A wollte die Versicherung darüber täuschen, dass sein Haus durch ein Ereignis vernichtet wurde, das einen Versicherungsanspruch auslösen würde. Er wollte die Versicherung dadurch in einen Irrtum versetzen, durch den die Versicherung zur Auszahlung der Versicherungssumme, also zu einer Vermögensverfügung, veranlasst werden sollte, die dann bei der Versicherung einen Vermögensschaden verursacht hätte. A wollte sich an der Versicherungssumme rechtswidrig bereichern. Der Vermögensnachteil bei der Versicherung und die Bereicherung wären stoffgleich gewesen.

4. Durch die falsche Schadensmeldung hat A bereits eine Täuschung begangen und damit schon mit der Verwirklichung des Tatbestandes begonnen.

5. Die Tat war auch rechtswidrig und schuldhaft.

6. A ist wegen versuchten Betruges aus §§ 263 I, III Nr. 5, II, 22, 23 I StGB strafbar.

IV. Konkurrenzen

A ist im 1. Tatkomplex strafbar gem. §§ 306a I Nr. 1, 303, 265, 222; 52 StGB.

Diese stehen in Realkonkurrenz gem. § 53 StGB zu § 229 StGB.

§ 265 StGB tritt gem. der Subsidiaritätsklausel, § 265 I a.E. StGB, hinter §§ 263 I, III Nr. 5, II, 22, 23 I StGB zurück.[219]

---

[217]   Vgl. BGHSt 6, 251, 255; GEERDS, Jura 1985, 621.

[218]   TRÖNDLE/FISCHER, § 145d Rn. 9.

[219]   S. dazu TRÖNDLE/FISCHER, § 265 Rn. 17 f.

Zusammenfassung

Strafbarkeit des A

1. Tatkomplex: Das Anzünden des Streichholzes

I. § 306a I Nr. 1 StGB (+)

II. §§ 306c StGB (-), T kein "anderer Mensch"

III. §§ 306b II Nr. 1, 306b I 1.Alt., 306a II StGB (-)

IV. § 303 I StGB (+)

V. § 306 I StGB (-)

VI. § 308 I StGB (-)

VII. § 308 I, VI StGB (+)

VIII. § 304 StGB (-)

IX. § 305 StGB (-)

X. §§ 222 StGB (-)
Problem, ob T als Mittäterin in den Schutzbereich des § 222 StGB fällt, hier aber nur fahrlässige Selbstgefährdung von T

XI. § 265 (+)

XII. § 263 I, III Nr. 5, II, 22 StGB (-)

XIII. Konkurrenzen

2. Tatkomplex: Das Anzünden der Benzinlache

I. § 306 I Nr. 1 StGB (-)

II. § 265 I StGB (-)

III. § 229 StGB gegenüber S (+)

IV. § 229 StGB gegenüber N (-)

3. Tatkomplex: Die Aktivitäten nach dem Brand

I. § 164 I StGB (-)
hier Anzeige gegen Unbekannt

II. § 145d II Nr. 1 StGB (-)

III. §§ 263 I, III Nr. 5, 22, 23 I StGB (+)

IV. Konkurrenzen

Fall 8

Sachverhalt

Die professionellen Autoknacker Oskar, Theo und Rita wollen in einer erneuten gemeinsamen Aktion den neuen PKW des Rudolf entwenden. Auf dem Weg zur Tat treffen sie Guido Großmaul und überreden ihn, bei der Tat Schmiere zu stehen. Guido soll für seine Beteiligung eine Entlohnung von 500 € erhalten. Daraufhin schließen sie die Zündung des nicht abgeschlossenen Wagens des Rudolf Schlafmütz kurz.

Nach der Tat bietet Guido den Autodieben an, für einen Abnehmer zu sorgen. Er verlange hierfür nur eine Provision in Höhe von 2.000 €. Daraufhin überlassen die drei dem Guido den PKW. Guido findet auch in Norbert einen Interessenten. Wenig später kauft Norbert, der nichts von der Herkunft des Wagens weiß, diesen zu einem Kaufpreis von 20.000 €. Guido behält diesen Verkaufserlös (wie von Anfang an geplant) für sich.

Tags darauf meldet sich bei Guido ein alter Bekannter. Benno hatte dem Guido vor Jahren 20.000 € zinslos geliehen, nach Fälligkeit aber vergebens Rückzahlung des Darlehens verlangt. Nachdem alle Vollstreckungsversuche erfolglos geblieben sind, will Benno die Sache nun selbst in die Hand nehmen. Dazu sieht er eine gute Gelegenheit, als er von den erbosten Autoknackern durch Zufall von dem Diebstahl des PKW und der eigenmächtigen Weiterveräußerung des Guido an den gutgläubigen Norbert erfährt. Also sucht er den Guido in dessen Wohnung auf und verlangt unter der Drohung "ansonsten alles auffliegen lassen zu wollen" die Herausgabe der "ergaunerten" 20.000 €. Guido, der das Geld nach erfolgtem Coup sofort unter seinem Kopfkissen deponiert hatte, gibt der Drohung zähneknirschend nach, da er mit der Polizei nichts zu tun haben will. Benno zieht mit den 20.000 € zufrieden von dannen und zahlt diese bei seiner Hausbank auf sein laufendes Konto ein.

Bearbeitervermerk:

Prüfen Sie die Strafbarkeit von (O)skar, (T)heo, (R)ita, (G)uido und (B)enno. Von dem Bestehen des Darlehensrückzahlungsanspruchs ist auszugehen.

Lösung

1. Tatkomplex: Die Entwendung des PKW

A. Strafbarkeit von O, T und R

I. Diebstahl in einem besonders schweren Fall in Mittäterschaft, §§ 242 I, 243 I, 25 II StGB

1. O, R und T könnten mittäterschaftlich einen Diebstahl in einem besonders schweren Fall begangen haben.

Erforderlich hierzu wäre in objektiver Hinsicht, dass die aufgeführten Personen einen Beitrag von nicht bloß untergeordneter Bedeutung zur Tatausführung geleistet haben.[220] Diese Voraussetzung ist hier gegeben, da die drei im arbeitsteiligen Zusammenwirken den Gewahrsam des Rudolf (S)chlafmütz an seinem PKW gebrochen und auch neuen Gewahrsam an diesem PKW begründet haben, so dass die Wegnahme einer fremden beweglichen Sache gegeben ist.

2. O, R und T handelten vorsätzlich bzgl. der Merkmale des objektiven Tatbestandes und aufgrund eines gemeinsamen Tatentschlusses.

---

[220] SCH-SCH/CRAMER/HEINE, § 25 Rn. 64.

Auch das Vorliegen der Zueignungsabsicht ist bei allen drei Personen zu bejahen, da eine zumindest vorübergehende Aneignung sowie die endgültige Enteignung des S beabsichtigt war.

3. Rechtfertigungs- und Schuldausschließungsgründe sind nicht ersichtlich.

4. Die drei Täter könnten einen Diebstahl in einem besonders schweren Fall begangen haben, wenn sie eines der in § 243 I StGB aufgeführten Regelbeispiele verwirklicht hätten. Bei diesen Regelbeispielen handelt es sich nicht um abschließende Qualifikationen, sondern um bloße Strafzumessungsregeln.

Ein Einbruchsdiebstahl i.S.d. § 243 I 2 Nr. 1 StGB scheidet bereits aus, weil der PKW des S unverschlossen war.

hemmer-Methode: Beachten Sie, dass der Wohnungseinbruchsdiebstahl nicht mehr unter das Regelbeispiel des § 243 I 2 Nr. 1 StGB zu subsumieren ist, sondern sich jetzt im § 244 I StGB als Nr. 3 zu finden ist.

Ferner könnte der PKW des S durch eine Schutzvorrichtung gegen Wegnahme besonders gesichert gewesen sein (§ 243 I 2 Nr. 2 StGB). Als eine solche Schutzvorrichtung kommt das Zündschloss des Wagens in Betracht. Doch ist zu beachten, dass die für einen Fall des besonders schweren Diebstahls erforderliche größere deliktische Energie des Täters nur dann vorliegt, wenn gerade die Sicherung, die den Gewahrsam schützen soll, durchbrochen wird.

Beim Kurzschließen jedoch bleibt das Zündschloss unberührt, es werden vielmehr Kabel aus dem Wageninneren herausgerissen und miteinander verbunden. Folglich kann von einem Durchbrechen der Sicherung nicht gesprochen werden, so dass auch die Verwirklichung des § 243 I 2 Nr. 2 StGB ausscheidet.

Schließlich käme noch die Verwirklichung des § 243 I 2 Nr. 3 StGB, also der gewerbsmäßig begangene Diebstahl in Betracht. Ein gewerbsmäßiger Diebstahl liegt dann vor, wenn sich der Täter aus wiederholten Diebstählen eine nicht nur vorübergehende Einnahmequelle verschaffen möchte.[221] Nach dem Sachverhalt ist von einer regelmäßigen Begehung derartiger Aufbrüche auszugehen, so dass dieses Merkmal bei O, T und R jeweils verwirklicht ist.

5. O, T und R haben daher einen Diebstahl in einem besonders schweren Fall (§§ 242 I, 243 I 2 Nr. 3, 25 II StGB) begangen.

hemmer-Methode: Achten Sie darauf, dass bei mehreren Beteiligten grds. für jeden Einzelnen zu prüfen ist, ob in seiner Person ein Regelbeispiel verwirklicht ist (wobei die h.M. für § 243 I 2 Nr. 3 StGB die Wertung des § 28 II StGB entsprechend heranzieht). Da hier jedoch für O, R und T alles "parallel läuft", sind weitere Differenzierungen nicht erforderlich.

II. Bandendiebstahl in Mittäterschaft, §§ 244 I Nr. 2, 25 II StGB

1. O, R und T könnten ebenfalls den qualifizierten Tatbestand des Bandendiebstahls (§ 244 I Nr. 2 StGB) verwirklicht haben. Erforderlich für das Vorliegen einer Bande ist nach h.M., dass sich mindestens drei Personen zur fortgesetzten Begehung von Raub und Diebstahl verbunden haben.[222]

hemmer-Methode: Der Streit um die Mindestzahl der Bandenmitglieder hat sich dadurch weitgehend erledigt, dass der Große Senat des BGH nun der hL im Ergebnis gefolgt ist, die schon seit jeher für den Zusammenschluss einer Bande von mindestens drei Personen gefordert hat. Als Argument lässt sich anführen, dass erst ab drei Personen die als besonders gefährlich einzustufenden „gruppendynamischen Effekte" einsetzen.

Weiterhin erforderlich ist, dass bei einem Diebstahl auch mehrere Bandenmitglieder mitgewirkt haben, da der Diebstahl eine Tat der Bande sein muss.

---

[221] TRÖNDLE/FISCHER, § 243 Rn. 18.

[222] SCH-SCH/ESER, § 244 Rn. 24. So nun auch der BGH, vgl. BGHSt 46, 321.

Dabei genügt es, dass ein Bandenmitglied als Täter und ein anderes Bandenmitglied beim Diebstahl in irgendeiner Weise (also auch z.B. nur als Gehilfe) zusammenwirken.[223] O, R und T handelten alle vor Ort, so dass die Tat jedenfalls „unter Mitwirkung eines anderen Bandenmitglieds" ausgeführt wurde.

hemmer-Methode: Der BGH stellt sogar klar, dass nach seiner Auffassung kein Mitglied der Bande bei Begehung des Diebstahls am Tatort sein muss. Die Wegnahmehandlung kann auch durch bandenfremde Beteiligte erfolgen. Beachten Sie in diesem Kontext auch, dass die Bandenmitgliedschaft nach h.M. ein persönliches Merkmal ist, so dass bei Teilnehmer § 28 II StGB zu beachten ist.

2. O, R und T handelten auch vorsätzlich.

3. Rechtfertigungs- und Schuldausschließungsgründe sind nicht ersichtlich, so dass ein mittäterschaftlich begangener Bandendiebstahl vorliegt.

III. Schwerer Bandendiebstahl, § 244a I, 25 II StGB

1. Die drei Bandenmitglieder haben den Diebstahl gewerbsmäßig begangen, d.h. unter den in § 243 I 2 Nr. 3 StGB genannten Voraussetzungen, so dass sogar ein schwerer Bandendiebstahl vorliegt.

hemmer-Methode: Beachten Sie auch folgendes: Im Rahmen des § 244a StGB handelt es sich bei den Regelbeispielen des § 243 I 2 StGB um Tatbestandsmerkmale, so dass in dieser Konstellation anders als im Rahmen des § 243 I StGB unstreitig eine Versuchsstrafbarkeit in Betracht kommt, wenn z.B. die Tür, die von den Tätern aufgebrochen werden soll, unverschlossen ist.

2. O, R und T handelten auch vorsätzlich, rechtswidrig und schuldhaft, so dass sie aus §§ 244a I, 25 II StGB zu bestrafen sind.

IV. Sachbeschädigung in Mittäterschaft, §§ 303 I, 25 II StGB

Beim Kurzschließen werden üblicherweise Kabel aus dem Wageninneren herausgerissen. Dadurch werden Substanz und Funktionstüchtigkeit des Wagens beeinträchtigt. Demgemäß liegt auch eine Sachbeschädigung vor.

V. Konkurrenzen

Die Sachbeschädigung (§ 303 I StGB) konkurriert mit §§ 242 I, 243 I 2 Nr. 3 StGB idealiter. Allerdings werden § 243 I und § 244 I Nr.2 StGB von der Qualifikation des § 244a I StGB verdrängt. Daher besteht im Ergebnis Tateinheit (§ 52 StGB) zwischen der Sachbeschädigung (§ 303 I StGB) und dem schweren Bandendiebstahl (§ 244a I StGB).

B. Strafbarkeit des G

I. Beihilfe zum schweren Bandendiebstahl, §§ 244a I, 27 I StGB

1. G hat dem Autoknacker-Trio zunächst bei einem schweren Bandendiebstahl Hilfe geleistet. Bei dem Schmierestehen handelt es sich um eine typische Teilnahmehandlung.

2. Er handelte auch vorsätzlich, rechtswidrig und schuldhaft.

3. Fraglich ist, wie es sich auswirkt, dass A weder gewerbsmäßig handelt noch Mitglied der Bande ist.

Nach h.M.[224] ist die Bandenmitgliedschaft als besonderes persönliches Merkmal anzusehen, weswegen G aufgrund des § 28 II StGB nicht aus dem Qualifikationstatbestand, sondern allenfalls aus den §§ 242 I, 243 I 2 Nr.3 StGB belangt werden kann.

---

[223] BGHSt 46, 321.

[224] Vgl. BGHSt 12, 220; TRÖNDLE/FISCHER, § 244 Rn. 22.

Bzgl. der Gewerbsmäßigkeit nach § 243 I 2 Nr. 3 StGB ist § 28 II StGB an sich nicht unmittelbar anwendbar, da es sich um ein Regelbeispiel im Rahmen der Strafzumessung handelt.

Die h.M. wendet den § 28 II StGB aber analog an und differenziert auch hier zwischen tat- und täterbezogenen Regelbeispielen. Die Gewerbsmäßigkeit i.S.d. § 243 I 2 Nr. 3 StGB gehört dabei eindeutig zu den täterbezogenen Regelbeispielen.

Im vorliegenden Fall ist die Anwendbarkeit des § 28 II StGB jedenfalls im Ergebnis unproblematisch, da die Gewerbsmäßigkeit im Rahmen des § 244a StGB ja sogar Tatbestandsmerkmal ist. Man kann die Vorschrift daher entweder zweimal direkt anwenden (Tatbestandsverschiebung von § 244a I StGB auf § 242 I StGB direkt) oder einmal direkt und einmal analog (§ 244a I StGB ⇨ §§ 242 I, 243 I 2 Nr. 3 StGB ⇨ § 242 I StGB).

4. G ist daher nur der Beihilfe zum einfachen Diebstahl schuldig, §§ 242 I, 27 I StGB.

II. Beihilfe zur Sachbeschädigung, §§ 303 I, 27 I StGB

1. G hat dem Trio bei der Begehung der Sachbeschädigung Hilfe geleistet. Bezüglich des Vorsatzes ist davon auszugehen, dass er die Sachbeschädigung zumindest billigend in Kauf nahm (dolus eventualis).

2. Die Beihilfe zur Sachbeschädigung (§§ 303 I, 27 I StGB) steht in Tateinheit (§ 52 I StGB) zur Beihilfe zum Diebstahl (§§ 242 I, 27 I StGB).

2. Tatkomplex: Der Geistesblitz des Guido

A. Strafbarkeit des G

I. Betrug zu Lasten der Autodiebe, § 263 I StGB

1. G hat die drei Autoknacker darüber getäuscht, den PKW für ihre Rechnung weiterzuveräußern. Dadurch hat er bei ihnen auch einen entsprechenden Irrtum erregt.

Fraglich ist jedoch, ob in der Herausgabe des PKW an G auch eine Vermögensverfügung zu sehen ist. Immerhin hatten O, T und R den Besitz deliktisch erlangt.

Was unter Vermögen i.s.d. § 263 StGB zu verstehen ist, ist umstritten.

Nach dem juristischen Vermögensbegriff ist vom Schutz des § 263 I StGB die Summe der von der Rechtsordnung anerkannten und mit ihr durchsetzbaren Vermögensrechte und -pflichten einer Person erfasst. Auf den wirtschaftlichen Wert dieser Positionen kommt es dabei nicht an.

Gegen diese Auffassung, die in ihrer Reinform heute kaum noch vertreten wird, lässt sich schon einwenden, dass sie noch nicht einmal die von einer Person erbrachte Arbeitsleistung zu erfassen vermag, so dass unbefriedigende Ergebnisse die Konsequenz sind.

Die extreme Gegenposition nimmt der wirtschaftliche Vermögensbegriff ein, bei dem alle wirtschaftlichen (geldwerten) Güter einer Person ohne Rücksicht auf ihre rechtliche Konkretisierung oder Anerkennung den Schutz des § 263 StGB genießen.

Eine vermittelnde Position vertritt schließlich der juristisch-ökonomische Vermögensbegriff, der nur solche wirtschaftlichen Güter schützen will, die dem Betroffenen mit Billigung bzw. ohne Missbilligung der Rechtsordnung zustehen.[225]

Als Argument für den juristisch-ökonomischen Vermögensbegriff lässt sich in erster Linie die Einheit der Rechtsordnung anführen. Es kann als widersprüchlich bezeichnet werden, wenn eine Vermögensposition, der im Zivilrecht die Anerkennung versagt wird, im Strafrecht den Schutz des § 263 I StGB genießen würde.

Zu bedenken ist aber auch folgendes: Die Auffassung hätte zur Konsequenz, dass der sog. Komplizenbetrug als straffrei anzusehen wäre und damit im kriminellen Milieu ein rechtsfreier Raum entstehen würde.

Auch stellt die Tatsache, dass jemand eine Vermögensposition rechtswidrig erlangt hat, für einen Dritten keinen Freibrief dar, sich diese nun seinerseits zuzueignen.

---

[225] Nachweise bei SCH-SCH/CRAMER/PERRON, § 263 Rn. 82.

Daher erscheint es im Ergebnis vorzugswürdig, mit der Rechtsprechung, die dem wirtschaftlichen Vermögensbegriff folgt, auch dem deliktisch erlangten Besitz einen wirtschaftlichen Wert zuzumessen und die Anwendung des § 263 I StGB für diesen Fall zu bejahen.[226] Aber auch nach dem juristisch-ökonomischen Vermögensbegriff ist dieses Ergebnis haltbar, da der unrechtmäßig erlangte Besitz gemäß den §§ 858 ff. BGB jedenfalls zum Teil eine rechtlich geschützte Vermögensposition darstellt.

hemmer-Methode: Der Streit um den Vermögensbegriff im Strafrecht muss ihnen geläufig sein. Es handelt sich hierbei um einen Klassiker. Beachten Sie, dass im Fall der um den Lohn geprellten Dirne das Rechtsgeschäft nicht mehr gemäß § 138 I BGB als per se sittenwidrig einzustufen ist, vgl. das am 20.12.2001 in Kraft getretene Prostitutionsgesetz (siehe dazu Hemmer/Wüst/Berberich StrafR BT I, Rn. 151 ff.).

Die Vermögensverfügung hat auch kausal zu einem Vermögensschaden der Autodiebe geführt, da diese kein kompensationsfähiges Äquivalent erlangt haben.

2. G handelte vorsätzlich und mit Bereicherungsabsicht.

3. Die Tat war rechtswidrig, und G handelte schuldhaft.

4. G ist des Betruges zu Lasten der Autodiebe schuldig.

5. Fraglich ist, ob ein besonders schwerer Fall gem. § 263 III StGB vorliegt. § 263 III Nr. 2 könnte einschlägig sein, da den Autoknackern ein PKW im Wert von ca. 20.000 € abgeschwindelt wurde. Fraglich ist, wo die Grenze des Vermögensverlusts größeren Ausmaßes i.S. der Nr. 2 liegt. Dabei ist mit dem BGH derzeit von 50.000 € auszugehen.[227] § 263 III Nr. 2 ist demnach im vorliegenden Fall nicht erfüllt.

II. Betrug zu Lasten des N, § 263 I StGB

1. Es müsste zunächst eine Täuschungshandlung des G vorliegen.

Der Verkäufer einer Sache erklärt regelmäßig konkludent, dass er den Käufer zum Eigentümer derselben machen könne, denn hierzu ist er aus § 433 I 1 BGB verpflichtet. Dies war hier wegen § 935 I BGB aber nicht möglich.

Diese Täuschung hat bei N auch kausal zu einem entsprechenden Irrtum geführt.

Durch diesen Irrtum wurde N veranlasst an G 20.000 € zu zahlen, also eine Verfügung über sein Vermögen vorzunehmen.

Durch diese Vermögensverfügung wurde das Vermögen des N um 20.000 € vermindert. Dem steht kein gleichwertiger Gegenwert gegenüber, da N kein Eigentum an dem PKW erwerben konnte und damit dem Herausgabeanspruch des Schlafmütz aus § 985 BGB ausgesetzt ist. Also hat N einen Vermögensschaden erlitten.

hemmer-Methode: Beachten Sie: Dass dem N gegen den G ein zivilrechtlicher Schadensersatzanspruch zusteht, ändert an dem Vorliegen eines Vermögensschadens nichts, denn gesetzliche Ansprüche, die dem Geschädigten gerade infolge der Täuschung erwachsen, bleiben unberücksichtigt.[228]

2. G handelte vorsätzlich und auch in der Absicht, sich unrechtmäßig um die 20.000 € zu bereichern. Der Kaufvertrag zwischen G und N kann kein Rechtsgrund sein, da dieser Vertrag gerade auf der arglistigen Täuschung beruht.

Der angestrebte Vermögensvorteil ist auch stoffgleich zum Schaden des N.

3. Die Tat ist rechtswidrig und schuldhaft, so dass sich G des Betruges zu Lasten des N schuldig gemacht hat.

4. Auch im vorliegenden Fall ist die Wertgrenze des § 263 III Nr. 2 StGB nicht überschritten.

---

[226] Vgl. auch WESSELS/HILLENKAMP, BT-2, Rn. 535.
[227] Vgl. BGH NJW 2001, 2485 f.

[228] Vgl. im einzelnen SCH-SCH/CRAMER/PERRON, § 263 Rn. 120.

III. Hehlerei, § 259 I StGB

1. In Betracht kommt im vorliegenden Fall die Hehlerei in Form des "Sich-Verschaffens".

Erforderlich ist hierfür zunächst die Herstellung einer vom Vortäter abgeleiteten eigenen Verfügungsgewalt. Daran fehlt es jedoch, wenn der Besitzer zwar eigene Verfügungsgewalt erlangt, der Veräußerer aber lediglich Fremdbesitz übertragen will.[229] Das ist aber gerade die Konstellation des vorliegenden Falls, da der G im Auftrag der Autodiebe tätig werden sollte.

Auch eine Strafbarkeit in Form des "Absetzens" kommt nicht in Betracht, da G nicht, wie für die § 259 I 3. Alt StGB erforderlich, im fremden Interesse handelt.

2. G hat sich nicht aus § 259 I StGB strafbar gemacht.

hemmer-Methode: Unterscheiden Sie genau die vier verschiedenen Alternativen des § 259 I StGB: Das Sich-Verschaffen setzt die Erlangung der eigentümerähnlichen Verfügungsgewalt voraus, d.h. der Täter muss Eigenbesitz erwerben. Das Ankaufen ist lediglich ein Unterfall des Sich-Verschaffens.

Absetzen und Absatzhilfe setzen dagegen beide ein Handeln für fremde Rechnung voraus, beim Absetzen liegt eine selbständige Tätigkeit, bei der Absatzhilfe ein unselbständiges, weisungsgebundenes Handeln zugunsten des Vortäters vor. Schließlich ist auch Beihilfe zum Absetzen denkbar, wenn der selbständig Absetzende nicht, wie hier, der Vortäter selbst ist. Eine Strafbarkeit nach §§ 259 I, 27 I StGB scheitert dann nicht an Akzessorietätsgründen. Des Rückgriffs auf die Absatzhilfe bedarf es dann nicht. Im vorliegenden Fall kommt als Haupttat jedoch nur das Handeln der Vortäter O, T und R in Frage, die selbst nicht Hehler seien können, so dass G auch keine Beihilfe leisten konnte.

Darüber hinaus hat er den Absatz auch nicht gefördert im Sinne der §§ 259 I, 27 I StGB, sondern vielmehr geradezu auf gegenteilige Folgen hingewirkt, als er für eigene Rechung handelte. Jedenfalls fehlte ihm deshalb der Beihilfevorsatz.

IV. Unterschlagung, § 246 I StGB

1. Bei dem PKW handelt es sich um eine fremde bewegliche Sache.

In der Weiterveräußerung der Sache ist grundsätzlich die Anmaßung einer eigentümerähnlichen Verfügungsgewalt zu sehen.

Fraglich ist aber, ob eine Zueignung noch möglich ist, nachdem sich G die Sache bereits durch den Betrug zugeeignet hat.

Nach einer Ansicht soll dies weitere Zueignungshandlungen nicht ausschließen. Bei der wiederholten Betätigung des Herrschaftswillens über eine bereits deliktisch erlangte Sache handele es sich tatbestandsmäßig um eine wiederholende Zueignung. Diese trete lediglich als straflose Nachtat hinter den ersten Zueignungsakt zurück (sog. Konkurrenzlösung, die von der überwiegenden Ansicht im Schrifttum vertreten wird).

Die Konkurrenzlösung ist jedoch abzulehnen. Zueignung bedeutet die Entziehung der Sache aus dem Vermögen des Berechtigten und die Einordnung der Sache in das Vermögen des Täters.

Nach dem BGH fällt hierunter nur die Herstellung der Herrschaft über die Sache bzw. die erstmalige Verfügung über sie, nicht die bloße Ausnutzung dieser Herrschaftsstellung. Zueignung ist mit anderen Worten schuldhafte und strafbare Begründung des Eigenbesitzes unter Ausschluss des Berechtigten. So verstanden, treten auch die meisten von den Anhängern der Konkurrenzlösung befürchteten Strafbarkeitslücken nicht auf.

Als weiteres Argument gegen die Konkurrenzlösung lässt sich anführen, dass durch die im Hintergrund "lauernde" Unterschlagung die Ersttat unverjährbar würde.

2. G hat keine Unterschlagung begangen.

---

[229] SCH-SCH/STREE, § 259 Rn. 26 m.w.N. A.A. vertretbar, da das vorliegende Ergebnis zu einer Straflosigkeit nach allen Varianten des § 259 I StGB führt, die Schutzbehauptungen Tür und Tor öffnet.

V. Konkurrenzen

Zwischen den beiden Betrugstatbeständen (§ 263 I StGB) besteht Tatmehrheit (§ 53 I StGB), da zwei selbständige Handlungen vorliegen und unterschiedliche Vermögen verletzt wurden.

B. Strafbarkeit von O, T und R nach § 246 I STGB

In der Weitergabe der Sache an G mit der Bitte, nach einem Erwerber Ausschau zu halten, ist grundsätzlich die Anmaßung einer eigentümerähnlichen Verfügungsgewalt zu sehen. Die Strafbarkeit aus § 246 I StGB scheitert jedoch an der fehlenden Möglichkeit einer wiederholten Zueignung.

3. Tatkomplex: Der Besuch des Benno Gierig

Strafbarkeit des B

I. Erpressung, § 253 I StGB

1. Indem B die 20.000 € unter Androhung der Einschaltung der Polizei herausverlangte, könnte er eine Erpressung i.S.d. § 253 I StGB begangen haben.

Vorliegend kommt als Tathandlung die Drohung mit einem *empfindlichen Übel* in Betracht.

Der von B in Aussicht gestellte Nachteil war von einer solchen Erheblichkeit, dass seine Ankündigung geeignet war, den N zur Herausgabe der 20.000 € zu motivieren. Auch hatte B Einfluss auf den künftigen Eintritt des Übels.

hemmer-Methode: In diesem Rahmen ist auch ausreichend, dass der Drohende lediglich - wahrheitswidrig - vorgibt, auf den Eintritt des Übels Einfluss nehmen zu können, sofern der Täter erreicht, dass der Genötigte diese Aussage ernst nimmt. [231]

Ob in solchen Fällen parallel zu § 253 I StGB ein vollendeter Betrug vorliegt, ist umstritten. Sofern man nicht bereits die Tatbestandsmäßigkeiten ablehnt, tritt der Betrug jedenfalls auf Konkurrenzebene zurück, da dieser als Mittel zur Verwirklichung der Erpressung keine eigenständige (Unrechts-)Bedeutung hat. Auf die Rechtswidrigkeit /Verwerflichkeit nach § 253 I, II StGB muss hier noch nicht eingegangen werden, da die h.M. diese nicht als Tatbestandsmerkmal, sondern als allgemeines Verbrechensmerkmal einordnet, vgl. u. Man "vergibt" sich hier - obwohl § 253 StGB im subjektiven Tatbestand scheitert, vgl. u. - auch nichts, da die Frage i.R.d. Prüfung des § 240 StGB behandelt werden kann.

Von der h.M. in der Literatur wird im Rahmen des § 253 I StGB eine *Vermögensverfügung* des Genötigten verlangt, während die Rechtsprechung *jedes abgenötigte Verhalten*, auch die bloße Duldung der Wegnahme, ausreichen lässt. [232]

Eine Vermögensverfügung ist vorliegend aber unproblematisch gegeben, da G dem B das Geld *willentlich* übergab. Darauf, ob er diesen Willen auch "freiwillig" gebildet hat, kommt es nicht an. [233]

An einem Vermögensschaden des G bestehen auch hier keine Bedenken, wenn man sich aus oben genannten Gründen dem wirtschaftlichen Vermögensbegriff anschließt. Dass G die 20.000 € durch Betrug zu Lasten des N erlangt hat, ist dann unproblematisch.

2. B hat auch vorsätzlich gehandelt.

Fraglich kann daher nur das Vorliegen einer rechtswidrigen Bereicherungsabsicht sein. Dem B stand gegen G nämlich ein Rückzahlungsanspruch aus § 488 I 2 BGB zu, der seit langer Zeit fällig und damit einredefrei war.

Von einer Absicht sich rechtswidrig zu bereichern kann insofern nicht die Rede sein. Dass B diesen Anspruch mit Nötigungsmitteln durchsetzen will, wird von der Rechtsordnung zwar nicht gebilligt, ändert aber nichts an der Rechtmäßigkeit der Bereicherungsabsicht im Rahmen des § 253 I StGB.

---

[231] TRÖNDLE/FISCHER, § 240 Rn. 36.

[232] TRÖNDLE/FISCHER, § 253 Rn. 11f.
[233] Vgl. SCH/SCH/ESER, § 253 Rn. 8.

hemmer-Methode: Die hier vorliegende Konstellation ist unstreitig. Problematisch (vor allem unter Irrtumsgesichtspunkten) wäre sie nur, wenn der B dem G die 20.000 € weggenommen hätte. Im Rahmen des § 242 I StGB würde sich dann die Frage der Rechtswidrigkeit der Zueignungsabsicht stellen. Lehnt man mit der ganz h.M. die Wertsummentheorie ab, muss man diese bejahen: Bei einer Geldschuld handelt es sich um eine Gattungsschuld bzw. um eine Schuld eigener Art, bei der ein Anspruch des Täters auf die konkret weggenommenen Scheine jedenfalls nicht besteht.

Im Rahmen des Vorsatzes ist die Rechtsprechung dann aber weitgehend großzügig und gestattet dem Täter insofern die Berufung auf einen Tatbestandsirrtum, wenn dieser geglaubt hat, das entwendete Geld stünde ihm zu. Unumstritten ist dies freilich nicht. Im Rahmen des Irrtums über normative Tatbestandsmerkmale ist fast alles umstritten. Daher wird bereits eine nachvollziehbare Argumentation vom Korrektor honoriert!

3. B hat sich nicht nach § 253 I StGB strafbar gemacht.

II. Nötigung, § 240 I StGB

1. B könnte aber eine vollendete Nötigung begangen haben.

Eine Nötigungshandlung in diesem Sinne, nämlich die Drohung mit der Polizei, wurde oben bereits bejaht. Sie führte auch kausal zu einem Tun, nämlich der Vermögensverfügung.

2. Die Nötigung müsste auch *rechtswidrig* gewesen sein. Da keine - zusätzlich zu prüfenden - Rechtfertigungsgründe ersichtlich sind, kommt es auf die sog. "*Verwerflichkeitsprüfung*" gemäß § 240 II StGB an.

hemmer-Methode: Bei § 240 II StGB handelt es sich um einen sog. offenen Tatbestand, bei dem die Rechtswidrigkeit ausnahmsweise nicht indiziert ist.
Aber auch bei § 240 StGB sind im Rahmen der Rechtswidrigkeit zunächst die allgemeinen Rechtfertigungsgründe zu prüfen, da man sich die umfassende Abwägung bei der Frage der Verwerflichkeit dann ggf. sparen kann.

Nach einer Ansicht handelt es sich dabei um ein *tatbestandsregulierendes Korrektiv.* Der zu weit gefasste Nötigungstatbestand, der insbesondere auch durch den sog. modernen Gewaltbegriff eine noch weitere Ausdehnung erfahren hat, müsse eingeengt werden.[234] Mit der Rechtsprechung ist jedoch davon auszugehen, dass § 240 II StGB ein *allgemeines Rechtswidrigkeitsmerkmal* enthält, wofür auch der eindeutige Wortlaut spricht.[235]

Verwerflich ist eine Nötigung, wenn das angewandte Mittel, der angestrebte Zweck oder die *Zweck-Mittel-Relation* sozialwidrig ist. Dabei bedeutet Verwerflichkeit nach der gängigen Formel der Rspr. einen "erhöhten Grad sittlicher Missbilligung".[236]

Die Drohung mit der Polizei *kann* aber dann rechtmäßig sein, wenn der Täter einen Anspruch auf die erzwungene Handlung hat.

Das muss man im vorliegenden Fall an sich bejahen, da die Nötigung der Durchsetzung des Darlehensanspruchs dienen sollte.

Bzgl. der Verwerflichkeit der Zweck-Mittel-Relation ist insofern aber entscheidend, ob die Drohung mit der Polizei mit dem geltend gemachten Anspruch in einem inneren Zusammenhang steht.[237]

Fehlt es hieran, so ist die Nötigung verwerflich und damit rechtswidrig, da die Verknüpfung beider Aspekte durch den Täter willkürlich ist und lediglich der privaten Zwangsvollstreckung dient, welche die Rechtsordnung grundsätzlich nicht toleriert.

Nach alledem muss die Nötigung des B als rechtswidrig bezeichnet werden, da der Darlehensanspruch mit der Drohung in keinerlei Zusammenhang steht.

3. Schuld ist ebenfalls gegeben, so dass B aus § 240 I StGB zu bestrafen ist.

III. Hehlerei, § 259 I StGB

1. B könnte des Weiteren wegen Hehlerei zu bestrafen sein.

---

[234] SCH-SCH/ESER, § 240 Rn. 16.
[235] BGHSt 2, 196; TRÖNDLE/FISCHER, § 240 Rn. 40.
[236] TRÖNDLE/FISCHER, § 240 Rn. 41.
[237] BGH NJW 96, 2877, 2878.

Die 20.000 € waren taugliches Hehlereiobjekt, da sie aus dem Betrug zu Lasten des N stammten, mithin durch eine gegen fremdes Vermögen gerichtete Tat erlangt waren. Da das Geld auch noch nicht eingewechselt worden ist, liegt auch kein Fall der straflosen Ersatzhehlerei vor.[238]

Fraglich ist es jedoch, ob von Seiten des B ein Sich-Verschaffen i.S.d. § 259 I StGB vorliegt.

Erforderlich ist hierfür die Herstellung einer vom Vortäter abgeleiteten *eigenen Verfügungsgewalt*. Diese war hier unproblematisch durch die Erlangung unmittelbaren Besitzes gegeben.

Ein tatbestandsmäßiges "Sich-Verschaffen" ist jedoch nach Ansicht des BGH nur dann gegeben, wenn der Täter die eigene Verfügungsgewalt an der Sache *im Einvernehmen mit dem Vortäter* herstellt.[239]

Diese Voraussetzung ergibt sich nicht aus dem Wortlaut der Vorschrift.

In anderen Tatbeständen (etwa in den §§ 96 I, 146, 152a StGB) ist das Merkmal des "Sich-Verschaffens" dementsprechend auch weiter zu verstehen.

In jenen Bestimmungen schließt es auch ein Handeln gegen oder ohne Willen des früheren Inhabers der Verfügungsgewalt ein.[240]

Die *Auslegung* ergibt jedoch das Erfordernis einverständlichen Zusammenwirkens aus mehreren Gründen:

Zunächst wird der Ankauf als *typischer Fall* des hehlerischen Sich-Verschaffens einer Sache unter Strafandrohung gestellt. Diese erstreckt sich dann auf vergleichbare Fälle ("oder sonst") abgeleiteten Erwerbs.

Dem "Ankaufen" vergleichbar ist das sonstige Verschaffen aber nur dann, wenn es *nicht gegen den Willen des Vortäters* erfolgt. Auch das weitere Tatbestandsmerkmal der Absatzhilfe legt eine enge Auslegung des "Sich-Verschaffens" nahe.

Auch die *systematische Stellung des* § 259 I StGB neben Begünstigung und Strafvereitelung spricht hierfür. Die Hehlerei ist (stark vereinfacht) *Hilfeleistung zugunsten des Täters* nach der Tat.

Allein diese Betrachtung entspricht im Übrigen auch dem historisch gewachsenen Bild der Hehlerei.[241]

Nur diese enge Auslegung wird schließlich dem Sinn und Zweck des § 259 I StGB gerecht.

Hehlerei ist die Aufrechterhaltung des durch die Vortat geschaffenen rechtswidrigen Vermögenszustandes.

Gerade in dem Zusammenwirken von Vortäter und Hehler aber besteht der *innere Zusammenhang* mit der Vortat, den nach Rechtsprechung und herrschender Meinung für die Hehlerei in allen ihren Begehungsformen erforderlich ist.[242]

Unstreitig fehlt es an dem erforderlichen einverständlichen Zusammenwirken, wenn der Täter dem Vortäter die Sache wegnimmt oder *gegen seinen Willen* weiter über sie verfügt.[243]

Ein Einverständnis ist aber auch dann nicht gegeben, wenn der *Täter*, wie hier A, *den Vortäter* durch Drohungen zur Übertragung der Verfügungsmacht *veranlasst.*[244]

Die Gegenansicht[245] geht davon aus, dass das Einverständnis über sein tatsächliches Bestehen hinaus nicht auch noch frei von Willensmängeln sein müsse.

Diese Auffassung verkennt aber, dass gerade aus diesem Zusammenwirken den von § 259 StGB geschützten Rechtsgütern Gefahren erwachsen:

Gefährlich wird der Hehler nicht erst mit der einzelnen hehlerischen Verletzung fremden Vermögens, sondern bereits durch seine - Vermögensdelikte generell fördernde - Bereitschaft, bei der Abnahme der Beute mit*zuhelfen*. Der Hehler enthebt den Dieb der Sorge um die gefahrlose Verwertung seiner Beute und schafft so durch sein Vorhandensein einen *ständigen Anreiz* für die Begehung von Diebstählen und anderen Vermögensstraftaten.[246]

Diese Gefährlichkeit geht dagegen nicht von demjenigen aus, der die Überlassung der Beute erzwingt.

---

[238] Zu diesem Betriff vgl. Sch-Sch/Stree, § 259 Rn. 14.

[239] NJW 1996, 2877.

[240] Vgl. z.B. Tröndle/Fischer, § 146 Rn. 10.

[241] BGH NJW 1996, 2877.

[242] Vgl. nur BGH NJW 1985, 502; Tröndle/Fischer, § 259 Rn. 16 m.w.N.

[243] Tröndle/Fischer, § 259 Rn. 16.

[244] BGH NJW 1996, 2277, 2278 m.w.N.

[245] RGSt 35, 279.

[246] So schon BGH NJW 1958, 390.

Die Aussicht, die erhoffte Beute durch Erpressung oder Nötigung zu verlieren, schafft keinen Anreiz zu Vermögensstraftaten; eine Gefährdung allgemeiner Sicherheitsinteressen geht von dem Nötigenden daher gerade nicht aus.

hemmer-Methode: Auch Wertungsgesichtspunkte sprechen gegen die zwischen eigenmächtiger Wegnahme und Drohung differenzierende Auffassung: Konsequenz wäre, dass die räuberische Erpressung einer deliktisch erworbenen Sache gleichzeitig eine Hehlerei darstellte, der Raub derselben Sache (der nach der Rechtsprechung einen Spezialfall der räuberischen Erpressung darstellt) dagegen nicht[247].

Nach alledem setzt ein Sich-Verschaffen i.S.d. § 259 I StGB voraus, dass *die Überlassung der Sache dem freien - von nötigendem Zwang nicht beeinflussten - Willen des Vortäters entspricht.*

2. Eine Strafbarkeit des B gem. § 259 I StGB ist somit nicht gegeben.

IV. Geldwäsche, § 261 II Nr. 1 StGB

Ebenso kommt Geldwäsche gemäß § 261 II Nr. 1 StGB nicht in Betracht, weil mangels bandenmäßiger bzw. gewerbsmäßiger Begehung der Betrug nicht als Vortat ausreicht (vgl. § 261 I 2 Nr. 3 StGB).

V. Betrug zu Lasten der Bank, § 263 I StGB

1. Zu prüfen ist schließlich, ob B durch Einzahlen des Geldes einen Betrug zu Lasten der Bank begangen hat. Das wäre dann der Fall, wenn die Bank an dem eingezahlten Geld kein Eigentum erworben hätte.

Im Falle der Herausgabe einer Sache als Folge einer Drohung ist umstritten, ob ein Abhandenkommen i.S.d. § 935 I BGB vorliegt. Der BGH stellt hier strenge Anforderungen und bejaht dies nur bei unwiderstehlicher Gewalt gleichstehendem seelischen Zwang.

Da es sich vorliegend aber um Geld handelt, greift ohnehin § 935 II BGB, so dass die Bank jedenfalls nach §§ 929 S. 1, 932 BGB Eigentum erwerben konnte.

Somit kann man bereits eine Täuschung des B, jedenfalls aber einen Vermögensschaden der Bank verneinen.

2. B hat keinen Betrug zu Lasten der Bank begangen.

hemmer-Methode: Die Vorschrift des § 935 BGB spielt bei § 259 I StGB immer dann eine Rolle, wenn es um die Frage geht, ob nicht eventuell eine straflose Ersatzhehlerei vorliegt:

Veräußert der Dieb die gestohlene Sache und schenkt den Erlös, ohne das Geld vorher einzutauschen, seiner bösgläubigen Freundin, so ist diese aus § 259 I StGB strafbar, da die Weiterveräußerung an einen gutgläubigen Dritten wegen § 935 I BGB den Tatbestand des § 263 I StGB erfüllt. Das Geld stammt aus einer gegen fremdes Vermögen gerichteten rechtswidrigen Tat.

Kauft der Täter im umgekehrten Fall mit gestohlenem Geld eine Sache, die er dann seiner bösgläubigen Freundin zuwendet, so scheidet § 259 I StGB für sie aus, denn wegen § 935 II BGB hat sich der Dieb diesmal nicht nach § 263 I StGB schuldig gemacht und bezogen auf den Diebstahl liegt eine von § 259 I StGB nicht erfasste und damit straflose Ersatzhehlerei vor.

Sie sehen: ohne ein Minimum an Zivilrechtskenntnissen lassen sich oft auch die Vermögensdelikte des StGB nicht bewältigen!

---

[247] Otto, Jura 1988, 606.

Zusammenfassung

1. Tatkomplex: Die Entwendung des Pkws

A. Strafbarkeit von O, T und R

I. §§ 242 I, 243 I, 25 II StGB (+)
hier Gewerbsmäßigkeit i.S.d. § 243 I 2 Nr. 3 StGB

II. §§ 244 I Nr. 2, 25 II StGB (+)

III. §§ 244a I, 25 II StGB (+)

IV. §§ 303 I, 25 II StGB (+)

V. Konkurrenzen

B. Strafbarkeit des G

I. §§ 244a I, 27 I StGB
keine Mittäterschaft: aufgrund von § 28 II StGB (zweimalige) Tatbestandsverschiebung, daher nur §§ 242 I, 27 I StGB

II. §§ 303 I, 27 I StGB (+)

2. Tatkomplex: Der Geistesblitz des Guido

A. Strafbarkeit des G

I. § 263 I StGB zu Lasten der Autodiebe (+)
Rspr.: wirtschaftlicher Vermögensbegriff, daher auch der sog. Komplizenbetrug strafbar

II. § 263 I StGB zu Lasten des N (+), da dieser wg. § 935 I BGB kein Eigentum erwirbt

III. § 259 I StGB (-)
kein Sich-Verschaffen

IV. § 246 I StGB (-)
wiederholte Zueignung nach Tatbestandslösung nicht möglich (a.A. Konkurrenzlösung)

V. Konkurrenzen

B. Strafbarkeit von O, T und B nach § 246 I StGB (-)

3. Tatkomplex: Der Besuch des Benno Gierig

Strafbarkeit des B

I. § 253 I StGB (-)
Rechtswidrigkeit der Bereicherungsabsicht (-)

II. § 240 I StGB (+)

III. § 259 I StGB (-)
kein Sich-Verschaffen bei Nötigung des Vortäters

IV. § 261 II Nr. 1 StGB (-)

V. § 263 I StGB zu Lasten der Bank (-), jedenfalls § 935 II BGB

Fall 9

Sachverhalt:

Die mittlerweile 21-jährigen Drillinge Tick, Trick und Track haben alle ihren Weg gefunden, ihren Lebensstandard durch mehr oder minder dubiose Aktionen aufzubessern.

Der Computerfreak Tick ist als Verkäufer bei der Firma CompuSurf angestellt. Er erhält für jeden zustande gekommenen Vertrag von seinem Arbeitgeber eine Provision. Im Auftrag von Compu-Surf sucht er seinen Onkel Dagobert zu einem Beratungs- und Verkaufsgespräch auf, da dieser eine neue Computeranlage zur Verwaltung seines stetig wachsenden Vermögens benötigt. Tick stellt eine Anlage inklusive der Software "Moneywatch" zusammen und gibt vor, seinem Onkel einen Freundschaftspreis zu machen. Dagobert weist Tick darauf hin, dass die Anlage angesichts des Wachstums seines Vermögens unbedingt erweiterbar sein müsse, um dessen Verwaltung auch später noch bewerkstelligen zu können. Tick sichert dies, ohne zu zögern, wahrheitswidrig zu. Dagobert kauft daraufhin die Anlage mitsamt der Software. Die Anlage wird alsbald geliefert, der Kaufpreis überwiesen. Schon nach wenigen Wochen, noch bevor es jedoch zur Auszahlung der von Tick beantragten Provision gekommen ist, stellt Dagobert fest, dass die Anlage der Verwaltung seines Vermögens nicht mehr gewachsen ist und sich auch nicht erweitern lässt. Er ficht den Kaufvertrag an und erhält von CompuSurf anstandslos seinen Kaufpreis zurück. Dabei stellt er auch fest, dass er den Computer zum Listenpreis erworben hatte.

Trick hat vor wenigen Monaten endlich seine Führerscheinprüfung bestanden. Da er nicht einsieht, die hohen Parkgebühren zu bezahlen, häufen sich auf seinem Schreibtisch schon die Strafzettel der kommunalen Parküberwachung wegen Parkens ohne Parkschein. Angesichts dessen beschließt er, den Schwerbehindertenausweis seines Onkels Donald zu fälschen, da dieser sogar zum kostenlosen Parken in der Fußgängerzone berechtigt. Dazu überdeckt er Namen und Geburtsdatum des Donald mit einem Papierschnipsel, auf den er seine eigenen Daten täuschend Echt gedruckt hat. Diesen befestigt er mit Tesa auf dem Ausweis, den er sodann kopiert. Die als solche erkennbare Kopie legt er einen Tag lang hinter die Windschutzscheibe. Der Trick funktioniert. Beim zweiten Mal fliegt er jedoch auf.

Drillingsbruder Track hat seinerseits eine Methode entdeckt, wie er auch ohne Geld modisch immer "up to date" sein kann. Obwohl er absolut pleite ist, sein Taschengeld mit dem 21. Geburtstag gestrichen wurde und auch von Onkel Dagobert keine finanzielle Unterstützung zu erwarten ist, bestellt er dreimal hintereinander beim Versandhaus Qualle Modeartikel des "In-Designers" Nino Giotto, die dieser exklusiv für Qualle entworfen hat. Track weiß, dass seine persönlichen Daten computermäßig hinsichtlich des Rufnamens, des Familiennamens und der Anschrift erfasst und beim Überschreiten der von der Lieferfirma festgesetzten Bonitätsgrenze Bestellungen nicht mehr ausgeführt werden. Daher benutzt er bei der zweiten Bestellung seinen zweiten Vornamen neben seinem Rufnamen und gibt bei der dritten Bestellung eine falsche Hausnummer an. Er rechnet damit, dass der Postbote den abweichenden Namen und die abweichende Zustellungsanschrift als unerheblich erachten und ihm die Modeartikel trotzdem zustellen wird. Tatsächlich veranlasst der zuständige Sachbearbeiter erwartungsgemäß auch bei der zweiten und dritten Bestellung die Zusendung der Modeartikel.

Bearbeitervermerk:

Beurteilen Sie die Strafbarkeit von Tick, Trick und Track.

-

Lösung:

A. Strafbarkeit des Tick

I. Betrug zum Nachteil des Dagobert durch den Verkauf, § 263 I StGB

1. Tick hat den Computer als angeblich weit unter dem normalen Preis angeboten und er hat zugesichert, die Anlage könne erweitert werden, während es sich tatsächlich um den Listenpreis handelte und keine Erweiterungsmöglichkeit bestand.

Eine Täuschung kann sich aber nur auf Tatsachen beziehen. Dies sind alle konkreten vergangenen oder gegenwärtigen Geschehnisse oder Zustände der Außenwelt und des menschlichen Innenlebens.[248] Soweit Tick dem Dagobert vorgespiegelt hat, es handle sich um einen "Freundschaftspreis", d.h. der Preis für den Computer liege weit unter dem normalen, handelt es sich um eine Behauptung von Tatsachen. Ebenso stellte die Erklärung über die Erweiterbarkeit der Anlage eine Tatsachenbehauptung dar. In beiden Fällen handelte es sich also um die Vorspiegelung falscher Tatsachen.

Diese Täuschungen haben bei Dagobert auch zu einem entsprechenden Irrtum geführt.

Durch den Irrtum muss der Getäuschte zu einer Vermögensverfügung veranlasst werden. Darunter versteht man jedes Handeln, Dulden oder Unterlassen, das eine Vermögensminderung unmittelbar herbeiführt.[249] Bereits der Abschluss des Kaufvertrages stellt hier eine Vermögensverfügung dar, da hierdurch das Vermögen des Dagobert mit einer Verbindlichkeit belastet wird (Eingehungsbetrug). Die Vermögensverfügung beruhte auf dem Irrtum des Dagobert, die Anlage werde zu einem billigeren Preis verkauft und sei erweiterbar. Im Übrigen reicht Mitursächlichkeit des Irrtums für die Vermögensverfügung aus.[250]

Die Verfügung muss zu einem Vermögensschaden geführt haben.[251]

Ein solcher könnte fraglich sein, da die Computeranlage zum Listenpreis verkauft wurde.

Eine Vermögensschädigung erfordert eine Wertminderung des Vermögens. Die h.M. verfährt dabei nach dem Prinzip der Gesamtsaldierung: es wird die Vermögenslage des Opfers vor und nach der Verfügung ohne Beachtung einzelner Vermögenspositionen miteinander verglichen.

Grundsätzlich liegt dabei nur bei einer Differenz zu Ungunsten des Verfügenden ein Vermögensschaden vor. Eine Gegenleistung findet Berücksichtigung.

Hier hat Dagobert zunächst einen Übereignungsanspruch auf die Computeranlage erworben. Da der Kaufvertrag den beiderseitig erfüllt wurde, ist hierauf abzustellen.

Der Computer entsprach nach seinem Marktwert dem Kaufpreis. Nach objektiver Betrachtungslage hat Dagobert daher keinen Schaden erlitten.

Ob sich Dagobert geschädigt fühlt, spielt keine Rolle, da seine *subjektive Einschätzung nicht maßgeblich* ist. Das Vertrauen darauf, im Vergleich zum normalen Preis einen Gewinn zu erzielen, bleibt außer Betracht, da § 263 I StGB seiner Schutzrichtung nach nur die Verhinderung von Vermögensschäden bezweckt, nicht aber Gewinnerwartungen schützt. Es darf auch nicht darauf abgestellt werden, dass Dagobert die Anlage bei Kenntnis des wahren Listenpreises nicht gekauft hätte, denn wenn man hieraus den Schaden begründen würde, müsste § 263 I StGB die Dispositionsfreiheit schützen. Diese ist als solche jedoch in §§ 240 I, 253 I StGB, nicht aber gegen Täuschung und List geschützt.[252]

Nach der h.M. findet jedoch auch bei wirtschaftlicher Ausgeglichenheit des Geschäfts unter bestimmten Voraussetzungen ein individueller Schadenseinschlag Berücksichtigung. Der Vermögensschaden lässt sich nämlich nicht gänzlich unabhängig von der Bedürfnissituation des Geschädigten bestimmen.[253] Für diese Frage kommt es nach h.M. auf das vernünftige Urteil eines unbeteiligten Dritten an.

---

[248] Sch-Sch/Cramer, § 263 Rn. 8.
[249] Sch-Sch/Cramer/Perron, § 263 Rn. 55.
[250] Wessels/Hillenkamp, BT-2, Rn. 520.
[251] Sch-Sch/Cramer/Perron, § 263 Rn. 78.

[252] Wessels/Hillenkamp, BT-2, Rn. 544.
[253] BGHSt 16, 321, 325.

Im grundlegenden "Melkmaschinenfall"[254] hat der BGH diesen Gesichtspunkt dahingehend zusammengefasst, dass ein Schaden aufgrund *"individuellen Einschlags"* insbesondere anzunehmen sei, "wenn der Erwerber

⇨ die angebotene Leistung nicht oder nicht in vollem Umfang zu dem vertraglich vorausgesetzten Zweck oder in anderer zumutbarer Weise verwenden kann oder

⇨ durch die eingegangene Verpflichtung zu vermögensschädigenden Maßnahmen genötigt wird oder

⇨ infolge der Verpflichtung nicht mehr über die Mittel verfügen kann, die zur ordnungsgemäßen Erfüllung seiner Verbindlichkeiten oder sonst für eine seinen persönlichen Verhältnissen angemessene Wirtschafts- oder Lebensführung unerlässlich sind."

Die beiden letzten Punkte sind allerdings umstritten, da es zumindest fraglich ist, inwieweit die Unmittelbarkeit zwischen Vermögensschaden und erstrebter Bereicherung (Stoffgleichheit) zu bejahen ist.

Im vorliegenden Fall kommt es aber hierauf nicht an, da es sich um den typischen Fall handelt, dass der Erwerber die Gegenleistung zu dem vertraglich vorausgesetzten Zweck nicht verwenden kann, denn es wurde ausdrücklich eine Anlage bestellt, die nach dem Zweck des Vertrages die Erweiterungsmöglichkeit bietet.

Tatsächlich fehlte ihr diese Eigenschaft, so dass die Leistung, die Dagobert erhielt, im Hinblick auf seine speziellen Bedürfnisse und Zwecke kein ausreichendes Äquivalent für die von ihm erbrachte Gegenleistung darstellte.

hemmer-Methode: Diese subjektive Schadenseinschlag hat also nichts mit der Täuschung über die Frage "Freundschafts- oder Listenpreis" zu tun, sondern mit dem täuschungsbedingten Irrtum über die Erweiterbarkeit.

Ein Vermögensschaden liegt vor. Hieran ändert sich auch nichts durch etwaige Ausgleichsansprüche.

Nach ganz einhelliger Auffassung sind gesetzliche Ansprüche, die dem Betroffenen gerade aufgrund der Täuschung erwachsen, wie Schadensersatz- oder Bereicherungsansprüche, bei der Bestimmung des Schadens außer Betracht zu lassen.

§ 263 I StGB würde sonst gänzlich leer laufen. Demnach bleibt es bei dem Vermögensschaden des Dagobert selbst dann, wenn der ungünstige, aufgrund der Täuschung zustande gekommene Vertrag zivilrechtlich rückabgewickelt wird.

Dieser beruhte auch unmittelbar auf der Vermögensverfügung, nämlich dem Abschluss des Kaufvertrages bzw. der Zahlung des Kaufpreises.

2. Tick handelte mit dem Vorsatz, bei Dagobert durch Täuschung einen Irrtum zu erregen und ihn so zu einer schädigenden Vermögensverfügung zu veranlassen.

Daneben müsste er mit Bereicherungsabsicht gehandelt haben. Der Vermögensvorteil ist das Gegenstück zum Vermögensschaden des Geschädigten. Daher stellt jede günstigere Gestaltung der Vermögenslage, jede Erhöhung des Vermögenswertes einen Vermögensvorteil dar. Hier kommt sowohl die Alternative "sich einen Vermögensvorteil zu verschaffen" als auch die Alternative "einem Dritten einen Vermögensvorteil zu verschaffen" in Betracht. Erstere im Hinblick auf die von Tick angestrebte Provision, durch die sein eigenes Vermögen vermehrt werden sollte (*eigennütziger Betrug*), und letztere im Hinblick auf den von Dagobert zu zahlenden und gezahlten Kaufpreis, der CompuSurf zufließen sollte (*fremdnütziger Betrug*).

hemmer-Methode: Bei der Prüfung des Betrugtatbestands dürfen Sie sich keine Ungenauigkeiten leisten. Personenidentität ist nur zwischen dem Getäuschten und dem Verfügenden erforderlich. Geschädigter kann dagegen ein Dritter sein. Das ist die Konstellation des Dreiecksbetrugs, die weitere Fragen im Hinblick auf ein spezifisches Näheverhältnis oder eine rechtliche Verfügungsbefugnis aufwirft.

Ebenso muss - wie sich aus dem Wortlaut der Norm bereits eindeutig ergibt - der Täter nicht der Bereicherte sein. Hieraus ergibt sich, dass der Betrug ein fremdnütziger oder ein eigennütziger sein kann.

---

[254] BGHSt 16, 321 ff.

In dieser Konstellation sind sogar vier Personen denkbar: Täter, Getäuschter = Verfügender, Geschädigter, Drittbereicherter. Nur wenn Sie diese Punkte klar herausarbeiten, schöpfen Sie den Rahmen der Klausur vollständig aus. Eine oberflächliche Prüfung des § 263 I StGB bringt keine Punkte!

Nach allgemeiner Ansicht muss zwischen Vermögensschaden und Vermögensvorteil *"Stoffgleichheit"* bestehen, da der Betrug (anders als die Untreue) ein Vermögensverschiebungsdelikt ist. Dies fordert zwar keine Identität der Gegenstände, da der Betrug kein Eigentums-, sondern ein Vermögensdelikt ist, aber es ist erforderlich, dass der Vorteil die Kehrseite des Schadens ist. Der Schaden und der Vorteil müssen durch ein und dieselbe Vermögensverfügung herbeigeführt werden. Dies könnte hier eventuell noch bejaht werden, da dieselbe Vermögensverfügung, der Vertragsschluss mit Dagobert, dessen Schaden und die konkrete Aussicht auf Provision bei Tick entstehen lässt.

Weiterhin ist aber für das Vorliegen der Stoffgleichheit zusätzlich erforderlich, *dass der Vorteil ohne Umweg über eine andere Vermögensmasse unmittelbar aus dem Vermögen des Geschädigten dem Bereicherten zuwächst.*[255]

Daran fehlt es, wenn der Täter, wie hier Tick, in der Absicht handelt, für die Vermögensschädigung des Opfers eine Belohnung durch einen Dritten zu erhalten. Der von Tick erstrebte Vorteil, die Provision, stammt nicht unmittelbar aus dem Vermögen des Dagobert, sondern von CompuSurf. Stoffgleichheit liegt bei der Provision daher nicht vor.

Anders ist dies jedoch beim Kaufpreisanspruch von CompuSurf. Dieser stellt *die Kehrseite des Vermögensschadens von Dagobert dar.* Stoffgleichheit zwischen dem Vorteil, der CompuSurf zufließt, und dem Schaden des Dagobert ist daher zu bejahen.

Fraglich ist jedoch, ob Tick wirklich die Absicht hatte, CompuSurf zu bereichern. Dabei muss allerdings berücksichtigt werden, dass Tick die Provision schließlich nur dadurch erlangt, dass CompuSurf ein aus dem Vermögen des Dagobert stammender Vorteil zufließt.

Eine Betrugsabsicht im Sinne zielgerichteten Handelns ist im Hinblick auf diesen Vorteil auch dann gegeben, wenn dieser nur notwendiges Mittel zur Erlangung der vom Täter erstrebten Provision ist.[256] Somit liegt auch die Absicht der Bereicherung von CompuSurf vor.

Der erstrebte Vorteil muss auch rechtswidrig sein. Die Rechtswidrigkeit der Vermögensverschiebung ist zu bejahen, wenn die vom Täter erstrebte Verschiebung des fremden Vermögenswertes in sein eigenes Vermögen oder in das eines Dritten durch die Rechtsordnung nicht gebilligt wird, er also materiell keinen Anspruch darauf hat. Die hier von Tick durch Täuschung erstrebte Vermehrung des Vermögens der Firma CompuSurf ist ein rechtswidriger Vermögensvorteil.

hemmer-Methode: Leisten Sie sich im Grundsätzlichen keine Fehler. Die Rechtswidrigkeit und Stoffgleichheit sind objektive Tatbestandsmerkmale im subjektiven Tatbestand, bezüglich derer dolus eventualis ausreicht. Hintergrund ist, dass diese Merkmale sich auf die Bereicherungsabsicht beziehen und daher nach h.L. erst im subjektiven Tatbestand geprüft werden können. Nur bezüglich der Bereicherung muss Absicht vorliegen.

Tick handelte somit mit der Absicht rechtswidriger und stoffgleicher Bereicherung.

3. Tick handelte auch rechtswidrig und schuldhaft.

4. Tick ist des fremdnützigen Betrugs schuldig.

II. Versuchter Betrug zum Nachteil von CompuSurf durch Beantragung der Provision, §§ 263 I, II, 22, 23 I StGB

1. Vollendung ist nicht eingetreten, denn hierfür ist erforderlich, dass ein Vermögensschaden eingetreten ist.[257]

2. Der Versuch ist strafbar gemäß § 263 II, 23 I StGB.

---

[255] SCH-SCH/CRAMER/PERRON, § 263 Rn. 168.

[256] SCH-SCH/CRAMER/PERRON, § 263 Rn. 169.
[257] SCH-SCH/CRAMER/PERRON, § 263 Rn. 178.

3. Tick müsste Vorsatz bezüglich aller objektiven Tatbestandsmerkmale des § 263 I StGB und weiterhin die Absicht gehabt haben, sich oder einem anderen einen rechtswidrigen und stoffgleichen Vermögensvorteil zu verschaffen.

Tick wollte CompuSurf durch schlüssiges Verhalten vorspiegeln, es sei mit dem Dagobert ein gültiger, unanfechtbarer Kaufvertrag zustande gekommen.

Hierdurch sollte bei CompuSurf ein Irrtum, nämlich der über die Unanfechtbarkeit des Geschäfts, erregt oder aufrechterhalten werden, so dass Tick Vorsatz bezüglich der Irrtumserregung hatte.

CompuSurf sollte dem Tick die beantragte Provision auszahlen, also eine Vermögensverfügung vornehmen.

Hierdurch sollte das Vermögen von CompuSurf verringert werden. Da der Kaufvertrag mit Dagobert anfechtbar war, stünde diesem Verlust auch keine gleichwertige Gegenleistung gegenüber.

Somit hatte Tick Vorsatz bezüglich aller Tatbestandsmerkmale des § 263 I StGB.

Tick wollte sich die Provision, also einen Vermögensvorteil, verschaffen. Zwischen diesem Vermögensvorteil und dem Schaden von CompuSurf hätte Stoffgleichheit bestanden. Der erstrebte Vermögensvorteil war auch rechtswidrig, da Tick keinen Provisionsanspruch hatte, denn das Geschäft konnte von Dagobert noch angefochten werden, so dass CompuSurf berechtigt gewesen wäre, die Zahlung der Provision zurückzuhalten.[258]

Damit hatte Tick auch die erforderliche Bereicherungsabsicht.

4. Mit der Vornahme der auf Täuschung abzielenden Handlung (Stellung des Provisionsantrags) hat Tick zur Verwirklichung des Tatbestands nach seiner Vorstellung unmittelbar angesetzt.[259]

5. Die Tat war rechtswidrig und schuldhaft.

6. Tick ist des versuchten Betruges zum Nachteil von CompuSurf gem. §§ 263 I, II, 22, 23 I StGB schuldig.

III. Konkurrenzen

Beide Betrugshandlungen stehen daher miteinander im Verhältnis der Tatmehrheit (§ 53 I StGB).

B. Strafbarkeit des Trick

I. Urkundenfälschung, § 267 I StGB

1. Trick könnte beim Überkleben des Schwerbehindertenausweises seines Onkels mit seinen eigenen Daten eine echte Urkunde verfälscht haben, § 267 I 2. Alt. StGB.

hemmer-Methode: In solchen Fällen geht die h.M. von einem einheitlichen Vorgang aus und nimmt den Verfälschungstatbestand an, statt das Geschehen isoliert als Herstellen einer unechten Urkunde und gleichzeitige Urkundenunterdrückung durch Überkleben zu betrachten.

Urkunde im Sinne von § 267 I StGB ist eine verkörperte Gedankenerklärung, die zur Beweiserbringung im Rechtsverkehr geeignet und bestimmt ist und die ihren Aussteller erkennen lässt.[260] Der Originalausweis erfüllt unproblematisch diese Voraussetzungen. Fraglich ist jedoch seine *Urkundsqualität als Kopiervorlage*. Der Papierschnipsel mit den Daten des Tick ist mit Tesa auf ihm festgeklebt, so dass man möglicherweise von einer *zusammengesetzten Urkunde* ausgehen könnte. Allerdings ist die Manipulation der Kopiervorlage offensichtlich.

Sie ist damit zur Beweiserbringung im Rechtsverkehr ungeeignet. Im Übrigen sollte sie auch nicht zur Täuschung im Rechtsverkehr verwandt werden. Trick wollte nur die Kopie verwenden. Damit scheidet die Urkundsqualität des manipulierten Originalausweises aus.

2. Durch den Kopiervorgang könnte Trick jedoch eine Urkundenfälschung i.S.d. § 267 I 1.Alt StGB begangen haben.

---

[258] Vgl. SCH-SCH/CRAMER/PERRON, § 263 Rn. 169.
[259] Vgl. SCH-SCH/CRAMER/PERRON, § 263 Rn. 179.

[260] SCH-SCH/CRAMER/HEINE, § 267 Rn. 2.

Nach Auffassung der h.M. handelt es sich bei einfachen und unbeglaubigten Fotokopien nicht um Urkunden, da diese nur Reproduktionen des Originals sind und sich in dessen Wiedergabe erschöpfen.[261] Oft wird dies auch damit begründet, dass Fotokopien den Aussteller nicht erkennen lassen, denn Aussteller i.d.S. sei ja der Kopierende. Lehnt man diesen Ansatz ab, weil als Aussteller auch bei Fotokopien der - dann sehr wohl erkennbare - geistige Urheber der Erklärung anzusehen sei[262], dann fehlt es zumindest an der Beweiseignung und Beweisbestimmung.

Die Gegenmeinung[263] will alle Urkundenmerkmale bejahen, wenn die unbeglaubigte Fotokopie die gleiche Akzeptanz genießt wie eine Urschrift. Sie dürfte vorliegend jedoch zu keinem anderen Ergebnis kommen, da die Akzeptanz eines kopierten Schwerbehindertenausweises hinter der Windschutzscheibe sehr fraglich ist.

Anders könnte es allenfalls sein, wenn die Kopie den Eindruck eines Originals erwecken sollte. Denn dann ist der Kopiervorgang seinem Wesen nach nicht mehr die Anfertigung eines Duplikats mit entsprechender Bedeutung im Rechtsverkehr, sondern vielmehr der Einsatz eines technischen Hilfsmittels zur möglichst perfekten Anfertigung eines vermeintlichen Originals und damit die Herstellung einer unechten Urkunde. Vorliegend war die Kopie jedoch als solche erkennbar.

3. Fraglich ist, ob durch das Auslegen in der Windschutzscheibe der Tatbestand des § 267 I 3. Alt. StGB verwirklicht ist.

Die Tatbestandsalternative des "Gebrauchmachens" einer unechten Urkunde kann nach der Rechtsprechung vorliegen, wenn der Täter eine unechte Urkunde durch eine Fotokopie dem Rechtsverkehr zugänglich macht. Dadurch wird dem zu Täuschenden nämlich die sinnliche Wahrnehmung der in allen Einzelheiten abgebildeten falschen Urkunde ermöglicht.[264] Allerdings wurde bereits festgestellt, dass der manipulierte Originalausweis schon keine unechte Urkunde darstellt.

Daher scheidet auch die Alternative des Gebrauchmachens von einer unechten Urkunde aus.

4. Trick ist nicht wegen Urkundenfälschung strafbar.

II. Missbrauch von Ausweispapieren, § 281 I StGB

1. § 281 I StGB ist von vornherein nicht einschlägig, da er sich nur auf *echte* Urkunden bezieht.[266] Bezüglich des Originalausweises, der zwar eine echte Urkunde darstellt, liegt ein Gebrauchen im Rechtsverkehr aber gerade nicht vor.

2. Eine Strafbarkeit aus § 281 I StGB scheidet aus.

III. Betrug zum Nachteil der kommunalen Parküberwachung, § 263 I StGB

1. Trick könnte durch Täuschung der Angestellten der kommunalen Parküberwachung, die ihm erwartungsgemäß keinen Strafzettel ausstellten, einen Betrug zum Nachteil der Stadt begangen haben.

Trick täuschte durch die Verwendung des gefälschten Ausweises über eine Tatsache, nämlich seine Berechtigung zum gebührenfreien Parken und erregte dadurch bei den Parküberwachern einen entsprechenden Irrtum.

Eine Vermögensverfügung könnte darin liegen, dass die Parküberwachung es unterlassen hat, dem Trick einen Strafzettel auszustellen. Vermögensverfügung kann auch ein irrtumsbedingtes Unterlassen sein, das unmittelbar zu einem Vermögensschaden führt.

Unschädlich ist, dass Verfügender und Getäuschter nicht identisch sind. Anerkanntermaßen ist es ausreichend, dass der Getäuschte rechtlich (*Befugnistheorie*) bzw. tatsächlich in der Lage ist (*Lagertheorie*), über das Vermögen des Geschädigten wirksam zu verfügen.[267] Es liegt dann ein Fall des sog. *Dreiecksbetrugs* vor.

Bzgl. einer Vermögensverfügung bzw. eines Vermögensschadens könnten aber aus anderen Gründen Bedenken bestehen.

---

[261] TRÖNDLE/FISCHER, § 267 Rn. 12b.
[262] MITSCH, NStZ 1994, 88, 89.
[263] MITSCH, NStZ 1994, 88, 89.
[264] BGHSt 5, 291, 292; BayObLG NJW 1991, 2163; dazu auch SCH/SCH/CRAMER/HEINE, § 267 Rn. 42ff.
[266] SCH-SCH/CRAMER/HEINE, § 281 Rn. 1.

[267] TRÖNDLE/FISCHER, § 263 Rn. 48 ff.

Trick wollte durch die manipulierte Kopie verhindern, dass er von der kommunalen Parküberwachung einen Bußgeldbescheid wegen unberechtigten Parkens erhielt.

Insofern ist aber fraglich, ob die auf diese Weise von der Stadt erzielten Einnahmen überhaupt Gegenstand des für § 263 I StGB relevanten Wirtschaftsverkehrs sind. Geldbußen und Geldstrafen dienen nämlich nicht (auch nicht sekundär) der Einnahmenerzielung, sondern haben ausschließlich Sanktionscharakter.[268]

Für die Stadt sind sie unter diesem Aspekt ohne wirtschaftliche Relevanz, so dass in dem Unterlassen des Ausstellens des Bußgeldbescheids auch keine Vermögensverfügung gesehen werden kann.

hemmer-Methode: Beachten Sie, dass beim Forderungsbetrug - anders als beim Sachbetrug - kein Verfügungsbewusstsein des Getäuschten erforderlich ist. Nur so ist es überhaupt möglich, das Unterlassen der Geltendmachung eines Anspruchs als Vermögensverfügung i.S.d. § 263 I StGB zu qualifizieren.

3. Trick hat sich nicht wegen Betrugs strafbar gemacht.

C. Strafbarkeit des Track

I. Betrug, § 263 I StGB

1. Erforderlich ist zunächst eine Täuschung über Tatsachen. Dabei handelt es sich um konkrete vergangene oder gegenwärtige Geschehnisse oder Zustände der Außenwelt oder des menschlichen Innenlebens. Hier hat Track durch seine Bestellungen dreifach seine Zahlungsfähig- und Zahlungswilligkeit konkludent behauptet. Dadurch hat er auch einen entsprechenden Irrtum bei dem Qualle-Versand erregt.

Durch den Abschluss des Kaufvertrages und die anschließende Versendung der Waren hat der Qualle-Versand auch eine entsprechende Vermögensverfügung durchgeführt.

Fraglich ist jedoch, ob durch diese Vermögensverfügung auch ein Schaden entstanden ist. Immerhin steht dem Qualle-Versand ein Anspruch in Höhe des Verkaufspreises gegen Track zu. Allerdings ist hier bei der gebotenen wirtschaftlichen Betrachtungsweise davon auszugehen, dass der gegen einen Zahlungsunfähigen gerichtete Anspruch nicht als kompensationsfähiges Äquivalent anzusehen ist. Insoweit genügt für die Bejahung eines Vermögensschadens des Qualle-Versands bereits die hinreichend konkrete Vermögensgefährdung.

2. Track handelte auch vorsätzlich und in der Absicht, sich einen rechtswidrigen Vermögensvorteil zu verschaffen.

3. Rechtfertigungs- und Schuldausschließungsgründe sind nicht ersichtlich.

4. Track ist des Betruges (§ 263 I StGB) schuldig.

hemmer-Methode: Beachten Sie, dass es an dieser Stelle auf die Manipulation bei dem Namen noch gar nicht ankommt. An der Strafbarkeit des Track aus § 263 I StGB würde sich auch dann nichts ändern, wenn er stets mit dem eigenen Namen bestellt hätte. Die für § 263 I StGB relevante Täuschungshandlung besteht allein in der Vorspiegelung der tatsächlich nicht vorhandenen Zahlungsbereitschaft.

II. Urkundenfälschung, § 267 I StGB

1. Track könnte dadurch, dass er beim zweiten Bestellschreiben seinen *zweiten Vornamen* und beim dritten Bestellschreiben eine *falsche Adresse* angegeben hat, eine Urkundenfälschung begangen haben. In Betracht kommt hierbei § 267 I 1. Alt StGB (Herstellen einer unechten Urkunde).

Eine Urkunde ist unecht, wenn sie den Anschein erweckt, ihr Aussteller sei eine andere Person als diejenige, von der sie tatsächlich herrührt. Entscheidend ist hierbei die Täuschung über die *Identität des Ausstellers, nicht über seinen Namen.*

---

[268] Vgl. unter diesem Aspekt BGHSt 38, 345.

Daher kann auch eine mit dem richtigen Namen unterschriebene Urkunde unecht sein, wenn damit der gerade angesprochene Anschein erweckt werden soll.[270]

Diese Auslegung ist im Hinblick auf das durch § 267 I StGB geschützte Rechtsgut, die Sicherheit und Zuverlässigkeit des Rechtsverkehrs mit Urkunden, geboten. Dies bedeutet für den vorliegenden Fall:

Durch Hinzufügen anderer Vornamen als des Rufnamens (zweites Schreiben) wurde der Eindruck erweckt, die Bestellung sei durch eine Person erfolgt, die bisher nicht Kunde gewesen ist. Dem steht nicht entgegen, dass der Track *berechtigt* war, im Rechtsverkehr neben oder anstelle seines Rufnamens weitere Vornamen zu verwenden. Denn bei der Echtheitsprüfung im Rahmen des § 267 I StGB muss auch der Verwendungszweck berücksichtigt werden. Der Gebrauch neuer zusätzlicher Vornamen war aber gerade auf die Täuschung des Rechtsverkehrs angelegt. Die Verlässlichkeit des Beweisverkehrs war daher tangiert, so dass die Urkunde als unecht anzusehen ist.[271]

Fraglich ist, ob auch in dem Fall, in dem der Täter eine falsche Adresse angibt, eine Identitätstäuschung vorliegt. Hierbei ist zu beachten, dass der Name zwar das wichtigste, keineswegs aber das einzige Identifikations- und Unterscheidungsmerkmal ist. Als weiteres Unterscheidungsmerkmal kommt daher im Versandhandel auch das Geburtsdatum in Betracht.[272]

Bei der *Anschrift* dagegen handelt es sich üblicherweise nicht um ein *zur Identifizierung geeignetes Merkmal* einer Person mit selbständiger *Bedeutung für die Identitätsbestimmung*. Eine insoweit bewusst unrichtige Angabe erschwert zwar den Rechtsverkehr, ist aber grundsätzlich keine Identitätstäuschung i.S.d. § 267 I StGB, da nicht vorgegeben wird, der Aussteller sei eine andere Person als diejenige, die nach dem Wortlaut der Urkunde als solche erscheint.[273]

Für *Rechtsgeschäfte*, die mittels *Datenverarbeitungsanlagen abgewickelt* werden, kann dies jedoch nicht uneingeschränkt gelten.

Insoweit maßgebliches Kriterium ist, ob aufgrund der vorhandenen Daten diese Person bereits erfasst ist.

Wenn eine andere Anschrift angegeben ist, gilt der Besteller als neuer Kunde. Daher ist in diesem Fall auch die Anschrift als Unterscheidungs- und Identifizierungskriterium anzusehen, so dass in diesem Fall eine Identitätstäuschung und damit eine unechte Urkunde vorliegt.

Durch Abschicken der Bestellkarten liegt auch ein Gebrauchmachen i.S.d. § 267 I 3. Alt StGB vor. Ist jedoch die Urkunde von vornherein nur in Hinblick auf einen bestimmten Verwendungszweck hergestellt worden, liegt nur eine Tat i.S.d. § 52 I StGB vor. Da schon die Herstellung einer unechten Urkunde zur Täuschung im Rechtsverkehr erfolgen muss, stellt das einmalige Gebrauchmachen kein selbständiges Unrecht dar. Insofern handelt es sich bei § 267 I StGB um ein quasi zweiaktiges Delikt. Herstellen bzw. Verfälschen und Gebrauchmachen stellen dann eine tatbestandliche Handlungseinheit dar.

2. Track handelte auch vorsätzlich und in Täuschungsabsicht.

3. Rechtfertigungs- und Schuldausschließungsgründe sind nicht ersichtlich.

4. Track hat sich wegen zweier Urkundenfälschungen strafbar gemacht.

III. Konkurrenzen:

Fraglich ist, ob die beiden Fälschungshandlungen in Realkonkurrenz (§ 53 I StGB) zueinander stehen. Da die Rechtsprechung zum Fortsetzungszusammenhang aufgegeben wurde, scheint die Annahme von Tatmehrheit unausweichlich. Mit den jeweils gleichzeitig erfolgten Betrugshandlungen liegt dagegen Tateinheit vor.

Der erste Betrug (Bestellkarte ohne Identitätstäuschung) steht zu den weiteren deliktischen Handlungen allerdings in Tatmehrheit.

[270] Vgl. Sch-Sch/Cramer/Heine, § 267 Rn. 52.
[271] Vgl. BGH NStZ 1994, 487.
[272] Vgl. BGH NStZ 1994, 487.
[273] Tröndle/Fischer, § 267 Rn. 20.

Zusammenfassung

A. Strafbarkeit des Trick

I. § 263 I StGB zu Lasten des D (+)
Vermögensschaden aufgrund subjektiven
Schadenseinschlags; fremdnütziger Betrug, da für den eigennützigen Schadenseinschlag die Stoffgleichheit zu verneinen ist

II. §§ 263 I, II, 22, 23 I StGB zu Lasten von
CompuSurf (+)

III. Konkurrenzen

B. Strafbarkeit des Trick

I. § 267 I StGB (-)
Urkundsqualität der Kopie (-)

II. § 281 I StGB (-)

III. § 263 I StGB (-)
Bußgelder nicht von Vermögensschutz
des § 263 I StGB umfasst

C. Strafbarkeit des Track

I. § 263 I StGB (+)
Täuschung über die Zahlungswilligkeit

II. § 267 I StGB (+)
Identitätstäuschung auch bei Verwendung des eigenen Namens möglich

IIII. Konkurrenzen

Fall 10

Sachverhalt:

Manfred befindet sich in permanenten Geldschwierigkeiten. Sein kleines Angestelltengehalt reicht weder dazu aus, seine Bedürfnisse noch die seiner Frau Elfriede zu befriedigen.

Um so überraschter ist er, als seinem Konto, das ansonsten immer weit in den roten Zahlen steckt, auf einmal 50.000 € gutgeschrieben sind, so dass sich ein Saldo in Höhe von 30.000 € zu seinen Gunsten ergibt. Manfred ist sich darüber im klaren, dass es sich hierbei nur um ein Versehen der Bank handeln kann. Gleichwohl beschließt er, das Geld sofort abzuheben, da die Bank schließlich selber schuld sei, wenn sie sich zu ihren Ungunsten vertue.

Manfred begibt sich daher zu der B-Bank und erhält tatsächlich am Kassenschalter 30.000 € ausgezahlt. Als die B-Bank das Versehen bemerkt und den Kontostand richtig stellt, hat Manfred das Geld längst ausgegeben.

Einige Tage später fehlt Manfred erneut das Geld, um - wie er meint - wenigstens die nötigsten Lebenshaltungskosten abdecken zu können. Obwohl er weiß, dass er nach den Geschäftsbedingungen der B-Bank nicht mehr zu Abhebungen mit der EC-Karte berechtigt ist, versucht er gleichwohl sein Glück und erhält tatsächlich an einem Automaten der B-Bank 1000 € ausgezahlt.

Seine Frau Elfriede ist davon begeistert, wie schnell sich in der heutigen Zeit Geld beschaffen lässt. Daher sei es doch für Manfred ein Leichtes, sich bei einer anderen Bank erneut "einzudecken" und ihr das schon lange ersehnte Sommerkleid, das sie in einer Nobelboutique gesehen habe, zu schenken. Schließlich sei morgen auch ihr zehnjähriger Hochzeitstag. Manfred gibt dem Drängen seiner Frau nach, hebt dieses Mal bei der C-Bank wiederum 1000 € ab und bezahlt das von Elfriede ins Auge gefasste Sommerkleid, das sie nach seinem Willen aber erst am morgigen Hochzeitstag tragen darf.

Nachdem die B-Bank aber schließlich die EC-Karte eingefordert hat, scheint auch diese bequeme Geldquelle zu versiegen. Manfred sieht daher keine andere Möglichkeit, als sein Glück nunmehr im Spiel zu versuchen. Da er aber bald spitz bekommt, dass letztlich immer die Bank bzw. der Automat gewinnt, will er dem Glück etwas nachhelfen und verschafft sich auf dem "Schwarzmarkt" Kenntnis von dem Spielprogramm, so dass er den Programmablauf berechnen und durch Betätigen der Risikotaste zum richtigen Zeitpunkt den Gewinn vervielfachen kann. Auf diese Weise spielt er eines Abends einen Automaten der Spielbank am Ort "leer".

Manfred, der dem Spielbankpersonal schon einige Male vorher aufgefallen war, erhält daraufhin von der Spielbank ein Hausverbot.

Da das Spielen mittlerweile für ihn aber zu einer Leidenschaft geworden ist, sucht Manfred die Spielbank vier Wochen später erneut auf und wird auch vom Spielbankpersonal nicht bemerkt.

An einem "einarmigen Banditen" gewinnt er unter ordnungsgemäßer Bedienung an diesem Abend 200 €. Da ihm das als Taschengeld für das Wochenende genügt, verlässt er bester Laune die Spielbank.

Bearbeitervermerk:

Beurteilen Sie die Strafbarkeit von Manfred und Elfriede nach dem StGB!

Lösung:

1. Tatkomplex: Das Abheben des irrtümlich gutgeschriebenen Geldes

Strafbarkeit des M

I. Unterschlagung, § 246 I StGB

1. Fraglich erscheint im vorliegenden Fall bereits, ob überhaupt eine fremde, bewegliche Sache vorliegt, wenn M bereits durch Übereignung nach § 929 S.1 BGB Eigentümer des Geldes geworden ist. Es erscheint hierbei lebensfremd, dem entsprechenden Übereignungsangebot des Bankangestellten eine Bedingung i.S.d. § 158 I BGB mit Inhalt, dass der von der Bank geführte Kontostand auch inhaltlich richtig ist, beizufügen. Der Bankangestellte macht sich im Rahmen des hochtechnisierten Zahlungsverkehrs regelmäßig keine Gedanken über die Richtigkeit des Kontostandes.

2. Daher scheitert eine Unterschlagung bereits am geeigneten Tatobjekt.

II. Untreue, § 266 I StGB

1. Eine Bestrafung kommt nur aus dem Treuebruchstatbestand (2. Alt.) in Betracht. Fraglich ist jedoch, ob dem M im Verhältnis zu seiner Bank eine *qualifizierte Vermögensbetreuungspflicht* obliegt.

Eine solche Pflicht darf nicht nur eine untergeordnete sein. Vielmehr muss es sich um eine *wesentliche Vertragspflicht* handeln. Diese wird aber von der ganz h.M. im Verhältnis Bank/Kunde ausschließlich auf Seiten der Bank bejaht.[274]

2. Damit scheidet konsequenterweise auch die Verwirklichung des Treubruchstatbestands aus.

hemmer-Methode: Die Ablehnung der Untreue war im vorliegenden Fall unproblematisch. Gerade im Strafrecht, wo häufig eine Vielzahl von Tatbeständen zu prüfen ist, kann und darf der Gutachtenstil nicht konsequent durchgehalten werden. Haken Sie ferner liegende Tatbestände, die Sie der Vollständigkeit halber dennoch erwähnen wollen, deshalb ruhig im Urteilsstil ab, damit Sie genügend Zeit für die wirklichen Probleme des Falls haben.

Bei der Untreue müssen Sie grundsätzlich den Missbrauchs- und den Treuebruchstatbestand auseinander halten. Die 1. Alt. ist nur bei rechtsgeschäftlichem Handeln einschlägig, wenn der Täter durch wirksames Handeln im Außenverhältnis seine Kompetenzen im Innenverhältnis überschreitet.

Dagegen kann der Treuebruchstatbestand auch durch rein tatsächliches Handeln verwirklicht werden.

Die Vermögensbetreuungspflicht gilt nach h.M. für beide Alternativen. Für das Verhältnis der beiden folgt daraus, dass der Missbrauchs- gegenüber dem Treuebruchstatbestand lex specialis ist.

III. Betrug, § 263 I StGB

M könnte dadurch, dass er die Auszahlung in Kenntnis seines wirklichen Kontostandes entgegennahm, einen Betrug zu Lasten der Bank begangen haben.

1. Erforderlich ist zunächst im Rahmen des Betrugs eine Täuschung über Tatsachen. Unter diesem Begriff sind die konkreten vergangenen oder gegenwärtigen Geschehnisse oder Zustände der Außenwelt und des menschlichen Innenlebens zu verstehen.[275] Im vorliegenden Fall kommt eine Täuschung über die Höhe des Kontostandes in Betracht.

Die Möglichkeit einer Täuschung durch konkludentes Handeln ist allgemein anerkannt. Beim schlüssigen Verhalten ist also entscheidend, welcher Erklärungswert dem Gesamtverhalten des Täters nach der Verkehrsanschauung zukommt.

---

[274] BGHSt 24, 387.

[275] Vgl. TRÖNDLE/FISCHER, § 263 Rn. 6, 7.

Diese ist nach den objektiven Maßstäben der Verkehrsauffassung in Bezug auf den konkret in Frage stehenden Geschäftstyp zu bestimmen.

Bei Bankgeschäften kann grundsätzlich davon ausgegangen werden, dass es in den Risikobereich des Leistenden fällt, dass die Schuld besteht und die Leistung den Anspruch nicht übersteigt.[276] Daher kann dem Verhalten des M kein entsprechender Erklärungswert beigemessen werden, so dass eine Täuschung durch schlüssiges Handeln abzulehnen ist.

In Betracht käme jedoch eine Täuschung durch Unterlassen. Um das nach dem oben Gesagten grundsätzlich bei der Bank liegende Aufklärungsrisiko aufwiegen zu können, wäre eine Garantenstellung des M erforderlich, die eine entsprechende Aufklärungs- und Offenbarungspflicht nach sich zieht.

Diese Garantenstellung könnte sich im vorliegenden Fall aus dem zwischen den beiden Parteien bestehenden *Vertragsbeziehungen* ergeben. Auch hier ist wieder nach der Art der Rechtsbeziehung zu differenzieren. Erforderlich ist nämlich in diesem Zusammenhang innerhalb der Vertragsbeziehungen ein *enges Vertrauensverhältnis*.

Dieses enge Vertrauensverhältnis kann zumindest bei normalen Geschäftsabläufen innerhalb eines Girokontos nicht angenommen werden.[277]

Fraglich ist weiterhin, ob eine Aufklärungspflicht für M nicht aus dem Grundsatz von *Treu und Glauben* hergeleitet werden kann. In der Begründung von Aufklärungspflichten ist die Rechtsprechung zunächst relativ weit gegangen.[278] Der BGH ist jedoch inzwischen davon abgerückt und verlangt auch hier als Grundlage ein besonderes Vertrauensverhältnis, wie es eben im vorliegenden Fall gerade nicht vorliegt.[279]

In Betracht käme weiterhin, die Garantenstellung aus der Höhe des der Bank entstandenen Schadens abzuleiten.

Derartige Erwägungen hat z.B. das OLG Hamburg[280] anklingen lassen, das eine Garantenstellung aus Treu und Glauben insbesondere dann annehmen wollte, wenn bei der Nichtaufklärung dem Vertragspartner ein nicht unerheblicher Schaden entstehen würde.

Diese Auffassung ist jedoch mit dem BGH abzulehnen.[281] Vielmehr gelten auch beim Betrug durch Unterlassen nur die allgemein anerkannten Garantenstellungen (Gesetz, enges Vertrauensverhältnis, vertraglich Übernahme, Ingerenz), denn es ist nicht einzusehen, warum der Betrug im Rahmen der unechten Unterlassungsdelikte eine Sonderstellung einnehmen sollte.

2. Damit scheidet mangels Garantenstellung die Annahme eines Betrugs durch Unterlassen gem. §§ 263 I, 13 I StGB aus.

IV. Ergebnis

M hat sich im ersten Tatkomplex nicht strafbar gemacht.

hemmer-Methode: Beachten Sie, dass der BGH im Übrigen mittlerweile davon ausgeht, dass eine Gutschriftanzeige auf einem Kontoauszug stets ein abstraktes Schuldanerkenntnis i.S.d. §§ 780, 781 BGB darstellt, so dass bei einer internen Fehlbuchung wie bei einer Fehlüberweisung ein – wenn auch kondizierbarer – Auszahlungsanspruch des Bankkunden besteht. Damit fehlt es in beiden Fällen schon richtigerweise an einer Tatsache, über die getäuscht wird, wenn der Bankkunde einen Auszahlungsanspruch geltend macht.

2. Tatkomplex: Das Abheben bei der B-Bank

Strafbarkeit des M

I. Scheckkartenmissbrauch, § 266b I StGB

1. Indem M bei seiner Hausbank 1.000 € abhob, könnte er sich nach § 266b StGB strafbar gemacht haben.

---

[276] BGH NJW 1994, 951.
[277] BGH NStZ 1994, 544, 545.
[278] Vgl. BGHSt 6, 198.
[279] S. dazu TRÖNDLE/FISCHER, § 263 Rn. 14.

---

[280] NJW 1969, 336.
[281] NStZ 1994, 544, 546.

§ 266b I StGB ist ein echtes Sonderdelikt, d.h. Täter kann hier nur sein, wem von seiner Bank eine Scheck- oder Kreditkarte überlassen worden ist.

Da dem M die EC-Karte von seiner Bank ausgestellt wurde, ist er tauglicher Täter.

Die EC-Karte müsste ferner eine Scheck- oder Kreditkarte im Sinne des § 266b I StGB sein. Der Begriff der Scheck- oder Kreditkarte wird vom Gesetz vorausgesetzt. Die Vorschrift ist nach ihrem Sinn und Zweck aber jedenfalls nur auf solche Karten anwendbar, denen eine für § 266b I StGB tatbestandstypische Garantiefunktion innewohnt. Diese liegt vor, wenn der Inhaber der Karte durch deren Verwendung das ausstellende Institut einem Dritten gegenüber wirksam zur Zahlung verpflichten kann.

Daher ist § 266b I StGB im sog. Zwei-Partner-Verhältnis (Kundenkarten, die von Banken, Kaufhäusern Autovermietern etc. ausgegeben werden) nicht anwendbar.[282] Hier verwendet der Inhaber die Kreditkarte nämlich nur gegenüber dem ausstellenden Institut selbst, so dass nicht davon gesprochen werden kann, dass ein Dritter zu einer Zahlung verpflichtet wird.

Die EC-Karte nimmt eine problematische Zwischenstellung ein: Sie kann sowohl gegenüber der eigenen Bank (dann nur Zwei-Partner-System) als auch gegenüber anderen Kreditinstituten (dann Drei-Partner-System) verwendet werden.

Es kommt daher stets auf die konkrete Verwendung der Karte an. Wird wie hier in Verbindung mit der Geheimnummer am hauseigenen Automaten Geld abgehoben, kommt die eigentliche Garantiefunktion der Karte nicht zum Tragen. Diese wird in dieser Situation lediglich als "Automatenschlüssel" eingesetzt. Der Schutz durch § 266b I StGB ist hier auch weniger erforderlich, da das ausstellende Institut die Verwendung der Karte problemlos selbst überwachen kann.

2. M hat sich daher nicht nach § 266b I StGB strafbar gemacht.

II. Betrug, § 263 I StGB

Eine Bestrafung des M wegen Betrugs scheitert schon an einer relevanten Täuschungshandlung. Mit der Benutzung des Automaten wollte M nicht auf die Vorstellung eines anderen einwirken. Täuschen kann man nur Menschen, nicht aber Automaten.

III. Computerbetrug, § 263a I 3. Alt. StGB

M könnte aber einen Computerbetrug begangen haben.

1. § 263a I StGB setzt voraus, dass der Täter das Ergebnis einer Datenverarbeitung beeinflusst. An einer Beeinflussung könnte es hier fehlen, da der M nicht auf einen bereits laufenden Datenverarbeitungsvorgang eingewirkt hat, sondern vielmehr einen solchen erst in Gang gesetzt hat.

Für eine derart einschränkende Auslegung besteht aber kein Anlass. Immerhin kann das Ingangsetzen auch als die stärkste Form der Beeinflussung angesehen werden, zumal das Gesetz gerade nicht davon spricht, dass der Datenverarbeitungs*vorgang*, sondern sein *Ergebnis* beeinflusst werden muss.

Als Tathandlung kommt die "unbefugte Verwendung von Daten" in Betracht. Mit der Geheimnummer hat M jedenfalls Daten i.S.d. § 263a I StGB verwendet.

Was das Merkmal "unbefugt" betrifft, so ist umstritten, wie dies auszulegen ist. Es werden im Wesentlichen drei Meinungen vertreten:

Nach einer Ansicht kennzeichnet der Begriff „unbefugt" eine Datenverwendung, die dem ausdrücklichen oder mutmaßlichen Willen des Berechtigten widerspricht.[283]

Nach anderer Ansicht ist, um eine Parallelität mit § 263 I StGB zu wahren, eine betrugsspezifische Auslegung erforderlich. Der Täter muss eine täuschungsgleiche Handlung begehen, wenn anstelle des Automaten ein Mensch stünde.

Schließlich wird noch eine computerspezifische Auslegung vertreten, wonach die unbefugte Verwendung von Daten verarbeitungsspezifische Vorgänge betreffen muss.

---

[282] Vgl. BGHSt 38, 283; BauObLG NJW 97, 3039 und die Nachweise bei TRÖNDLE/FISCHER, § 266b Rn. 7.

[283] Z.B. Hilgendorf JuS 1997, 130, 132-

Gegen diese Ansicht spricht aber, dass auch das Merkmal der Computermanipulation sehr unbestimmt ist und daher vorhersehbare Ergebnisse nicht gewährleistet.

Der BGH ist in den Fällen des Bankomatenmissbrauchs der betrugsspezifischen Auslegung gefolgt.[284] Dafür spricht, dass § 263a StGB gerade eine Lücke im Rahmen des § 263 StGB schließen sollte. Daher ist dieser Auffassung zu folgen.

Anhand der betrugsspezifischen Auslegung ist im Einzelfall zu bestimmen, welcher Erklärungswert dem Abheben am Bankomat zuzumessen ist. Die wohl h.M. misst der Verwendung einer EC-Karte dann einen täuschungsgleichen Erklärungswert zu, wenn die PIN unbefugt benutzt wurde.[285]

Richtigerweise ist daher darauf abzustellen, ob die Daten gerade in Bezug auf ihre Funktion im Programm unbefugt verwendet werden. Die persönliche Geheimzahl hat nur die Funktion, den Inhaber der Karte als solchen zu identifizieren. Der Inhaber "erklärt" mit der Eingabe der Geheimnummer nicht etwa konkludent seine Kreditwürdigkeit.

Da M als Inhaber der Karte mit der Verwendung der Geheimnummer lediglich seine Identität nachweist, liegt kein betrugsspezifisches Verhalten vor.

2. M hat sich auch nicht nach § 263a I StGB strafbar gemacht.

IV. Erschleichen von Leistungen, § 265a I 1. Alt. StGB

Eine Bestrafung des M aus § 265a StGB scheidet aus mehreren Gründen aus:

Zum ersten fallen Geldautomaten wohl schon deshalb nicht unter diese Vorschrift, da sie keine Leistung gegen "Entgelt" anbieten.

Zum zweiten setzt ein "Erschleichen" die ordnungswidrige Bedienung der technischen Vorrichtungen voraus. Daran fehlt es, weil M den Automaten mit der Geheimnummer absolut funktionsgerecht bedient hat.

Bei gleichzeitiger Bejahung des § 263a StGB würde § 265a StGB schließlich an der gesetzlich angeordneten Subsidiarität scheitern.

V. Diebstahl der 1.000 €, § 242 I StGB

1. Das Abheben des Geldes trotz überschrittenen Kreditlimits könnte sich aber als Diebstahl darstellen.

Neben dem Tatbestandsmerkmal "fremd" ist hier vor allem auch die Wegnahme problematisch.

Für die Frage, ob ein Gewahrsamsbruch vorliegt, stellt die Rechtsprechung in erster Linie auf das äußere Erscheinungsbild ab. Hiernach liegt ein Gewahrsamsbruch dann nicht vor, wenn der bisherige Gewahrsamsinhaber die Sache übergibt, mag diese Übergabe auch auf einer Täuschung beruhen.

Auf die Geldautomatenfälle übertragen, bedeutet dies, dass bei funktionsgerechter Bedienung der Automat entsprechend seinem Programm den Geldbetrag frei- (und damit über-)gibt, und dies sogar unabhängig davon, ob es sich bei dem abhebenden Kunden um den Berechtigten handelt.[286]

Ein Gewahrsamsbruch von Seiten des M liegt daher nicht vor.[287]

Dagegen kann auch nicht eingewendet werden, dass bei Benutzung eines Warenautomaten mittels Falschgeld regelmäßig von Diebstahl ausgegangen wird. In dieser Konstellation wird der Automat - anders als im vorliegenden Fall - noch nicht einmal formal ordnungsgemäß bedient.

2. Mangels Gewahrsamsbruchs hat sich M daher nicht nach § 242 I StGB strafbar gemacht.

VI. Unterschlagung der 1.000 €, § 246 I StGB

1. M könnte aber gleichwohl den Tatbestand der Unterschlagung erfüllt haben, wenn die 1.000 € für ihn nach wie vor fremd gewesen wären.

---

[284] BGH NJW 2002, 905, ausführliche Besprechung in L&L 2002, 386 ff.

[285] Zu den Problemen des Bankomatenmissbrauchs siehe L&L 2003, 810 ff. sowie Kudlich JuS 2003, 537 ff.

[286] BGH NJW 88, 979, 980.

[287] BGHSt 35, 158; für Diebstahl aber SCH-SCH/ESER § 242 Rn. 36 m.w.N.

Daraus, dass der Täter infolge des der Bank zurechenbaren automatisierten Geldausgabeverfahrens den Gewahrsam der Bank an dem Geld nicht bricht, folgt nach dem BGH noch nicht, dass die Bank auch mit der Eigentumsübertragung einverstanden gewesen sei.

Denn die Gewahrsamsübertragung sei ein tatsächlicher Vorgang, die Übereignung dagegen ein Rechtsgeschäft, das unter einer Bedingung erfolgen könne.[288]

Das Geldinstitut habe nämlich weder Grund noch Anlass, das ihm gehörende Geld demjenigen zu übereignen, der nach den allgemeinen Bankenbedingungen schon längst nicht mehr zu Abhebungen berechtigt ist.

Unumstritten ist die Ansicht des BGH allerdings nicht. Es wird eingewandt, es sei widersprüchlich, Gewahrsamsübertragung und Übereignung nach unterschiedlichen Kriterien zu beurteilen.[289]

Schließt man sich der Auffassung des BGH an, ist im vorliegenden Fall von einer nur bedingten Übereignung auszugehen. Das Geld war daher für M nach wie vor fremd.

Spätestens im Ausgeben kann dann auch die objektive Manifestation einer Zueignung gesehen werden.

2. M hat auch vorsätzlich, rechtswidrig und schuldhaft gehandelt.

3. M hat sich nach § 246 I StGB strafbar gemacht. Insbesondere greift mangels einer Strafbarkeit aus § 242 StGB auch nicht die Subsidiaritätsklausel des neugefassten § 246 I StGB ein.

3. Tatkomplex: Das Abheben bei der C-Bank

A. Strafbarkeit des M

I. Scheckkartenmissbrauch, § 266b I StGB

1. Indem M dieses Mal bei einer fremden Bank am Automaten Geld gezogen hat, liegt hier unproblematisch das Drei-Partner-Verhältnis vor.

In dieser Konstellation wird von dem Täter auch die tatbestandstypische Garantiefunktion der EC-Karte ausgenutzt.[290]

2. Da M vorsätzlich, rechtswidrig und schuldhaft gehandelt hat, ist er nach § 266b I StGB zu bestrafen.

hemmer-Methode: Nach a.A. wird auch in diesen Fällen die EC-Karte nicht als "Scheckkarte", sondern nur als "Automatenschlüssel" verwendet. Diese Ansicht erscheint zwar in einer Drei-Personen-Konstellation weniger überzeugend, ist aber bei entsprechender Begründung selbstverständlich ebenfalls vertretbar.

II. Computerbetrug, § 263a I StGB

Ob auch der Tatbestand des § 263a I StGB gegeben ist, hängt wiederum von der Frage ab, ob diese Vorschrift auch den Kartenmissbrauch durch den berechtigten Karteninhaber erfasst, der lediglich seine zivilrechtlichen Befugnisse im Innenverhältnis überschreitet.[291]

Da die besseren Argumente dafür sprechen, den Kartenmissbrauch durch den berechtigten Karteninhaber von § 266b I StGB abschließend erfasst zu sehen, hat sich M in diesem Tatkomplex ebenfalls nicht nach § 263a I StGB strafbar gemacht.

III. Unterschlagung, § 246 I StGB

1. Eine Strafbarkeit des M wegen Unterschlagung kann man mit denselben Argumenten bejahen wie im zweiten Tatkomplex.

Eine andere Ansicht erscheint hier aber auch deshalb gut vertretbar, weil sich die fremde Bank über die Überschreitung des Innenverhältnisses gegenüber der Hausbank keine Gedanken zu machen braucht, so dass man auch von einer unbedingten Übereignung ausgehen könnte.

---

[288] BGH NJW 88, 979, 980.
[289] WESSELS/HILLENKAMP, BT-2, Rn. 171.

[290] BGHSt 38, 283.
[291] Dafür WESSELS/HILLENKAMP, BT-2, Rn. 610; dagegen BGHSt 47, 162; TRÖNDLE/FISCHER, § 263a Rn. 8a m.w.N.; SCH-SCH/CRAMER/PERRON, § 263a Rn. 11.

2. Bejaht man aber die Strafbarkeit nach § 246 I StGB, so wird man § 266b I StGB als lex specialis ansehen müssen, wenn man der vorzugswürdigen Ansicht folgt, dass die Strafbarkeit des berechtigten Karteninhabers in § 266b I StGB abschließend geregelt ist.[292] Zu demselben Ergebnis könnte man über die Subsidiaritätsklausel des § 246 I StGB n.F. kommen. Problematisch ist hierbei jedoch, dass § 266b StGB keine schwerere Strafandrohung als § 246 I StGB bei enthält.

B. Strafbarkeit der E

I. Anstiftung zum Scheckkartenmissbrauch, §§ 266b I, 26 StGB

1. Eine vorsätzliche rechtswidrige Haupttat liegt von Seiten des M vor.

2. Zu dieser müsste die E den M bestimmt haben. Unter "Bestimmen" wird nach allgemeiner Auffassung das Wecken des Tatentschlusses verstanden. Das kann im vorliegenden Fall auch unproblematisch angenommen werden, da der M die zweite Abhebung erst auf Drängen der E vorgenommen hat.

3. E hat auch mit doppeltem Anstiftervorsatz gehandelt.

4. Rechtswidrigkeit und Schuld liegen vor.

5. Auf Strafzumessungsebene ist fraglich, ob zugunsten der E § 28 I StGB zur Anwendung kommt.

Die h.M. nimmt dies an[293], da es sich bei § 266b I StGB um ein Echtes Sonderdelikt handele, so dass die Kartenberechtigung ein besonderes persönliches, die Strafbarkeit begründendes Merkmal i.S.d. § 28 I StGB sei.

Nach anderer Ansicht[294] soll dies nicht der Fall sein. Die Beschränkung des § 266b I StGB auf Personen mit bestimmten Dispositionsmöglichkeiten ergebe sich nur aus der besonderen Anfälligkeit des Vermögens ihnen gegenüber, beruhe aber nicht auf dem Gedanken eine von der Rechtsgutverletzung unabhängigen persönlichen Unrechts.

Schließt man sich der ganz überwiegenden Ansicht in der Lehre und Rechtsprechung an, so kommt der E die obligatorische Strafmilderung des § 28 I StGB zugute.

II. Hehlerei, § 259 I StGB

1. E könnte eine Hehlerei begangen haben, indem sie das Kleid annahm, das mit dem bei der C-Bank gezogenen Geld gekauft worden war.

Das Geld stammte zunächst sicher aus einer gegen fremdes Vermögen gerichteten Tat, § 266b I StGB (vgl. oben).

Dass die E den M zu dieser Tat angestiftet hat, ist unschädlich, denn dadurch wird sie nicht zum Vortäter i.S.d. § 259 I StGB. Der Anstifter weckt nur den Tatentschluss eines anderen. Insofern kann er tauglicher Täter einer Hehlerei bzgl. der Beute aus der angestifteten Tat sein.

Problematisch ist allerdings, dass sich die E ja nicht das Geld, sondern das mit diesem gekaufte Kleid hat schenken lassen.

Bzgl. des Geldes liegt daher nur eine Ersatzhehlerei vor, die von § 259 I StGB nach ganz allgemeiner Auffassung nicht erfasst wird.[295] § 259 StGB käme aber gleichwohl in Betracht, wenn der M bei dem Erwerb des Kleids erneut ein Vermögensdelikt begangen hätte.

Eine Strafbarkeit des M nach § 263 I StGB ist hier aber nicht gegeben, da der Inhaber des Geschäfts Eigentum an dem Geld jedenfalls gutgläubig nach §§ 929 S.1, 932, 935 II BGB erwerben konnte.

Nach alledem liegt hier nur ein Fall der straflosen Ersatzhehlerei vor.

2. E hat sich nicht nach § 259 I StGB strafbar gemacht.

4. Tatkomplex: Der erste Spielbankbesuch

Strafbarkeit des M

I. Diebstahl, § 242 I StGB

Die Mitnahme des von M gewonnenen Geldes könnte sich als Diebstahl darstellen.

---

[292] SCH-SCH/CRAMER/PERRON, § 263a Rn. 11.
[293] Vgl. TRÖNDLE/FISCHER, § 266b Rn. 21.
[294] Vor allem SCH-SCH/LENCKNER/PERRON, § 266b Rn. 13 i.V.m. § 266 Rn. 52.

[295] TRÖNDLE/FISCHER, § 259 Rn. 8, 9.

1. Voraussetzung dafür wäre, dass es sich bei dem Geld noch um eine für M fremde Sache handelte. Das ist aber gerade fraglich, da man davon ausgehen könnte, dass dem M die Münzen durch Ausschüttung nach § 929 S.1 BGB übereignet wurden. Hätte M den Automaten in jeder Hinsicht ordnungsgemäß bedient, wäre das unstreitig. Man könnte aber vertreten, die Übereignung der Münzen von Seiten des Automatenaufstellers erfolge unter der konkludenten Bedingung des regelgemäßen Spielens.

Eine solche Argumentation läuft jedoch im Ergebnis auf eine Fiktion hinaus. Schon aus Gründen der Rechtssicherheit wird man verlangen müssen, dass Anhaltspunkte für einen fehlenden Übereignungswillen objektiv erkennbar sind. Rein subjektiv gebliebene Vorbehalte des Betreibers genügen nicht.[296]

Nach außen hin wird der Automat von M absolut ordnungsgemäß bedient.

Des Weiteren besteht auch zu den EC-Karten-Fällen, in denen der BGH regelmäßig von einer bedingten Übereignung ausging, ein wichtiger Unterschied: zum einen fehlt es an einem durch ein entsprechendes Legitimationsmerkmal begrenzten Personenkreis - die Spielautomaten sind allgemein zugänglich - , zum anderen gibt es in diesem Bereich noch keine AGB.[297]

Nach alledem ist davon auszugehen, dass dem M die Münzen wirksam übereignet wurden.

2. Mangels Fremdheit der Münzen hat sich M nicht nach § 242 I StGB strafbar gemacht. Aus denselben Gründen scheitert auch eine Strafbarkeit des M wegen Unterschlagung gemäß § 246 I StGB.

hemmer-Methode: Mit guter Argumentation ist hier auch eine anderes Ergebnis vertretbar. Konstruktiv ist die Annahme einer Bedingung immerhin möglich. Überlegen müssen Sie dann weiterhin, ob sowohl die Gewahrsamsübertragung als auch die dingliche Einigung bedingt erfolgen, vgl. hierzu die Ausführungen im zweiten Tatkomplex.

Je nachdem hat sich M dann eines Diebstahls oder einer Unterschlagung schuldig gemacht.

Beachten Sie in diesem Kontext auch die Entscheidung des OLG Celle NJW 97, 1518, das selbstverständlich von § 242 I StGB (also auch von einer bedingten Gewahrsamsübereignung) ausgeht, wenn der Täter einen Geldspielautomaten mit falschen Münzen bedient, um echte zu erlangen. Auch wenn der Automat mit einem elektronischen Münzprüfer ausgestattet ist, begeht der Täter nach Ansicht des Gerichts keinen Computerbetrug, sondern einen Diebstahl. Der Unterschied zum vorliegenden Fall besteht allerdings darin, dass aufgrund der Verwendung von Falschgeld der Automat hier noch nicht einmal formal ordnungsgemäß bedient wird.

II. Erschleichen von Leistungen, § 265a I StGB

M könnte sich aber eventuell nach § 265a I 1.Alt. StGB strafbar gemacht haben.

1. Die noch h.M. unterscheidet hier zwischen Warenautomaten und Leistungsautomaten, wobei nur letztere von § 265a I StGB erfasst sein sollen.[298]

Ob dieser Differenzierung zu folgen ist und in welche Kategorie der Spielautomat überhaupt einzuordnen wäre[299], kann aber dahinstehen, da die Strafbarkeit des M jedenfalls an anderen Merkmalen scheitert.

Zum ersten wird unter dem *Erschleichen* einer Leistung *nur die ordnungswidrige oder zumindest missbräuchliche Benutzung der technischen Vorrichtungen* verstanden. Daran fehlt es, denn M hat den Spielautomaten äußerlich vollkommen ordnungsgemäß bedient.

Zum zweiten ist auch der subjektive Tatbestand nicht gegeben: Dem M ging es nicht darum, das Spielgeld nicht zu entrichten, sondern einen möglichst großen Gewinn zu erzielen.

---

[296] Vgl. HILGENDORF, JuS 97, 130.
[297] Vgl. ARLOTH, Jura 96, 354, 358.

[298] S. dazu TRÖNDLE/FISCHER, § 265a Rn. 11.
[299] Vgl. hierzu die Ausführungen bei OLG Celle NJW 97, 1518.

2. M hat sich damit nicht nach § 265a I 1.Alt. StGB strafbar gemacht.[300]

III. Computerbetrug, § 263a StGB

M könnte sich aber des Computerbetrugs schuldig gemacht haben.

1. In Betracht kommt zunächst eine Strafbarkeit nach der § 263a I 3. Alt. StGB durch unbefugte Verwendung von Daten.

Hierbei ist umstritten, ob eine unbefugte Verwendung von Daten nur bei Eingabe derselben vorliegt. Hieran würde es fehlen, denn M hat keine Daten in den beginnenden oder bereits angelaufenen Verarbeitungsvorgang eingeführt.

Allerdings lässt sich eine Beschränkung auf das Eingeben von Daten dem Wortlaut der Vorschrift nicht entnehmen. Es wird daher auch vertreten, dass eine Datenverwendung nicht nur vorliegt, wenn die Daten selbst Gegenstand einer Tätigkeit sind, sondern auch dann, wenn die fragliche Tätigkeit in Kenntnis und nach Maßgabe der Daten erfolgt.[301]

Im Ergebnis kann diese Frage jedoch offen bleiben, wenn jedenfalls die als Auffangtatbestand verstandene 4. Alt. des § 263a StGB Anwendung findet:

2. M könnte jedenfalls in sonstiger Weise unbefugt auf den Datenablauf eingewirkt haben.

Das Merkmal des Einwirkens lässt sich noch unproblematisch bejahen: Das Drücken der Risikotaste hat zur Folge, dass zu diesem Zeitpunkt das normale Spiel in ein besonders programmiertes Spiel übergeht, bei dem erhöhte Gewinnchancen bestehen.[302]

Fraglich ist aber, ob M *unbefugt* gehandelt hat. Die *Auslegung dieses Merkmals* ist umstritten. Es werden im wesentlichen die subjektivierende, betrugsspezifische und computerspezifische Auslegung vertreten (s.o.).

Der BGH hat sich für den Fall des Leerspielens von Glücksautomaten der subjektivierenden Auslegung angeschlossen. Dies hat er wie folgt begründet: Da geschütztes Rechtsgut des § 263a I StGB wie beim Betrug das Individualvermögen sei, müsse dem Willen des Automatenbetreibers, des Inhabers dieses Rechtsguts, maßgebliche Bedeutung zukommen.[303] Gewinnbringendes Spielen an einem Geldautomaten sei daher nicht unbefugt, wenn es der Aufsteller ausdrücklich oder stillschweigend gestattet habe. Das verneint der BGH aber für den Fall, dass der Täter - wie im vorliegenden Fall - ein rechtswidrig erlangtes Computerprogramm auswertet, um so einen "Schlüssel" zu einem Spielverlauf einzusetzen, den der Hersteller des Spielautomaten aus gutem Grund "verschlüsselt" hat.[304]

In solchen Fällen sei das Spielen an dem Geldautomaten von dem Willen des Betreibers nicht mehr gedeckt. M hat sich daher durch das Leerspielen des Glücksspielautomats gemäß § 263a I StGB strafbar gemacht.

hemmer-Methode: Beachten Sie, dass der BGH also in den Fällen des Bankomatenmissbrauchs und dem Leerspielen von Glücksspielautomaten bisher verschiedene Ansichten bezüglich der Auslegung des Merkmals „unbefugt" heranzieht. Es handelt sich hier um ein sehr spezielles Problem. Mit guter eigener Argumentation konnte hier jede Ansicht vertreten werden. Insbesondere war es auch möglich, eine Strafbarkeit des M nach dem StGB völlig abzulehnen. Absolute Einigkeit zwischen Literatur und Rechtsprechung besteht aber dahingehend, dass das Leerspielen eines Glücksautomaten eine strafbare Geheimnishehlerei nach § 17 II Nr. 2 UWG darstellt, was aber laut Bearbeitervermerk nicht zu prüfen ist. Auch hier gilt wieder die Devise: nicht das Ergebnis oder die Kenntnis der einschlägigen BGH-Entscheidung, sondern die Argumente zählen. Wichtig ist, dass Sie ein strafrechtliches Problembewusstsein entwickeln, um an den kritischen Stellen einzuhaken.

---

[300] Das Ergebnis entspricht der ganz h.M. in der Literatur; vgl. nur HILGENDORF, JuS 97, 130, 131; ARLOTH, Jura 96, 354, 359.

[301] In diesem Sinn HILGENDORF, JuS 97, 130, 131; RANFT, JuS 97, 19, 20; dagegen ARLOTH, Jura 96, 354, 356 f.
[302] BGH NJW 95, 669, 670.

[303] BGH NJW 95, 669, 670.
[304] BGH NJW 95, 669, 670.

5. Tatkomplex: Der zweite Spielbankbesuch

Strafbarkeit des M

I. Hausfriedensbruch, § 123 I StGB

M hat sich eines Hausfriedensbruchs nach § 123 I 1. Alt StGB schuldig gemacht. Dass es sich bei der Spielbank grundsätzlich um der Allgemeinheit zugängliche Räumlichkeiten handelt, ist unerheblich, da der Inhaber des Hausrechts durch das Hausverbot gerade deutlich gemacht hat, dass er mit dem Betreten durch den M nicht einverstanden ist. Gemäß § 123 II StGB wird die Tat allerdings nur auf Antrag verfolgt.

II. Computerbetrug, § 263a I StGB

Fraglich ist, ob auch in diesem Tatkomplex von Seiten des M ein vollendeter Computerbetrug vorliegt.

1. Eine unbefugte Datenverwendung i.S.d. § 263a I 3. Alt StGB liegt mit Sicherheit nicht vor, denn M hat bei seinem zweiten Besuch keinerlei Sonderwissen eingesetzt.

Folgt man der subjektivierenden Auslegung des BGH, ließe sich § 263a I 4. Alt StGB dem Wortlaut nach noch bejahen, denn M hat gegen den Willen des Automatenaufstellers auf den Datenverarbeitungsvorgang eingewirkt.

Die Annahme eines Computerbetrugs in dieser Konstellation begegnet aber durchgreifenden Bedenken, da sich das materielle Unrecht des Vorgehens des M in dem Tatbestand des Hausfriedensbruchs erschöpft.

Stellt man aber grundsätzlich zur Bestimmung des Merkmals "unbefugt" auf den Willen des Automatenaufstellers ab, so wird man wenigstens verlangen müssen, dass sich der entgegenstehende Wille auf das "wie" der Benutzung und nicht lediglich auf das "ob" bezieht.

Aber selbst wenn man den objektiven Tatbestand des Computerbetrugs bejahen würde, müsste man eine Strafbarkeit des M zumindest am subjektiven Tatbestand scheitern lassen:

Indem M den Automaten absolut ordnungsgemäß bedient und auch kein Sonderwissen eingesetzt hat, wird man den erstrebten Vermögensvorteil kaum als rechtswidrig bezeichnen können. Auch die Verletzung des Hausverbots führt zu keinem anderen Ergebnis, denn die zivilrechtlichen Regeln, nach denen der Spielgewinn übereignet wird, bleiben hiervon unberührt.[305]

2. M hat sich bei seinem zweiten Spielbankbesuch nicht nach § 263a I StGB strafbar gemacht.

III. Konkurrenzen

Die Unterschlagung im 2. Tatkomplex, der Scheckkartenmissbrauch im 3. Tatkomplex, der Computerbetrug im 4. Tatkomplex und der Hausfriedensbruch im letzten Tatkomplex stehen in Tatmehrheit, § 53 I StGB.

---

[305]   Vgl. auch HILGENDORF, JuS 97, 130, 132 f.

Zusammenfassung

1. Tatkomplex: Das Abheben des Geldes

Strafbarkeit des M

I. § 246 I StGB (-)

II. § 266 I StGB (-)
keine Vermögensbetreuungspflicht

III. § 263 I StGB (-)
für Täuschung durch Unterlassen fehlt
es an der Garantenstellung

2. Tatkomplex: Das Abheben bei der B-Bank

Strafbarkeit des M

I. § 266b I StGB (-)
im Zwei-Partner-Verhältnis nach h.M.
nicht anwendbar

II. § 263 I StGB (-)

III. § 263a I 3. Alt StGB (-)
Vorschrift ist beim berechtigten Karteninhaber, der seine Befugnisse im Innenverhältnis überschreitet, nicht anwendbar
(a.A. vertretbar)

IV. § 265a I 1. Alt StGB (-)

V. § 242 I StGB (-)
Wegnahme (-), da Gewahrsamsübertragung (a.A. vertretbar)

VI. § 246 I StGB (+)

3. Tatkomplex: Das Abheben bei der C-Bank

A. Strafbarkeit des M

I. § 266b I StGB (+) (a.A. vertretbar)

II. § 263a I StGB (-) (a.A. vertretbar)

III. § 246 I StGB (+)

B. Strafbarkeit der E

I. §§ 266b I, 26 StGB (+)
nach h.M. § 28 I StGB einschlägig

II. § 259 I StGB (-), nur "Ersatzhehlerei"

**4. Tatkomplex: Der erste Spielbankbe-
such**

Strafbarkeit des M

I. § 242 I StGB (-)
Geld wurde übereignet

II. § 265a I StGB (-)

III. § 263a I StGB (+)
nach BGH jedenfalls 4. Alt. gegeben;
subjektivierende Auslegung des Merkmals "unbefugt"

**5. Tatkomplex: Der zweite Spielbankbe-
such**

Strafbarkeit des M

I. § 123 I StGB (+)

II. § 263a I StGB (-)

III. Konkurrenzen

Die Zahlen beziehen sich auf die Nummern der Fälle.

hemmer/wüst
Verlagsgesellschaft mbH

VERLAGSPROGRAMM
2008

Jura mit den Profis

Liebe Juristinnen und Juristen,

Auch beim Lernmaterial gilt:
„Wer den Hafen nicht kennt, für den ist kein Wind günstig" (Seneca).
Häufig entbehren Bücher und Karteikarten der Prüfungsrealität. Bei manchen Produkten stehen ausschließlich kommerzielle Interessen im Vordergrund. Dies ist gefährlich: Leider kann der Student oft nicht erkennen wie gut ein Produkt ist, weil ihm das praktische Wissen für die Anforderungen der Prüfung fehlt.

Denken Sie deshalb daran, je erfahrener die Ersteller von Lernmaterial sind, um so mehr profitieren Sie. Unsere Autoren im Verlag sind alle Repetitoren. Sie wissen, wie der Lernstoff richtig vermittelt wird. Die Prüfungsanforderungen sind uns bekannt.

Unsere Zentrale arbeitet seit 1976 an examenstypischem Lernmaterial und wird dabei von hochqualifizierten Mitarbeitern unterstützt.

So arbeiteten z.B. ehemalige Kursteilnehmer mit den Examensnoten von 16,0; 15,54; 15,50; 15,25; 15,08; 14,79; 14,7; 14,7; 14,4; 14,25; 14,25; 14,08; 14,04 ... als Verantwortliche an unserem Programm mit. Unser Team ist Garant, um oben genannte Fehler zu vermeiden.

Lernmaterial bedarf ständiger Kontrolle auf Prüfungsrelevanz. Wer sonst als derjenige, der sich täglich mit Examensthemen beschäftigt, kann diesem Anforderungsprofil gerecht werden.

Gewinnen Sie, weil

- gutes Lernmaterial Verständnis schafft
- fundiertes Wissen erworben wird
- Sie intelligent lernen
- Sie sich optimal auf die Prüfungsanforderungen vorbereiten
- Jura Spaß macht

und Sie letztlich unerwartete Erfolge haben, die Sie beflügeln werden.

Damit Sie sich Ihre eigene Bibliothek als Nachschlagewerk nach und nach kostengünstig anschaffen können, schlagen wir Ihnen speziell für die jeweiligen Semester Skripten und Karteikarten vor. Bildung soll für jeden bezahlbar bleiben, deshalb der studentenfreundliche Preis.

Viel Spaß und Erfolg beim intelligenten Lernen.

Grundwissen

- Skripten „Grundwissen"
- Die wichtigsten Fälle
- Musterklausuren für das Examen
- Musterfälle für die Zwischenprüfung
- Lexikon, die examenstypischen Begriffe

Basiswissen

- Die Basics
- Die Classics

Examenswissen

- Skripten Zivilrecht
- Skripten Strafrecht
- Skripten Öffentliches Recht
- Skripten Schwerpunkt

Karteikarten

- Die Shorties
- Die Karteikarten
- Übersichtskarteikarten

Assessor-Skripten/-karteikarten

BWL-Skripten

Intelligentes Lernen/Sonderartikel

- Coach dich - Psychologischer Ratgeber
- Lebendiges Reden - Psychologischer Ratgeber
- Lernkarteikartenbox
- Der Referendar
- Der Rechtsanwalt
- Gesetzesbox
- Klausurenblock
- Wiederholungsmappe
- Jurapolis - das hemmer-Spiel

Life&LAW - die hemmer-Zeitschrift

HEMMER Skripten - Logisch aufgebaut!

Intelligentes Lernen
schnell & effektiv

Randbemerkung
Zur schnellen Rekapitulation des Skripts

hemmer-Methode
Zur richtigen Einordnung des Gelernten in der Klausurlösung

---

§ 3 RECHTSVERNICHTENDE EINWENDUNGEN
123

IV. Leistungsstörungen[318]

1. Einordnung

Begriff

Erbringt der Schuldner seine Leistung nicht, nicht rechtzeitig, oder nicht ordnungsgemäß, so bezeichnet man das als Leistungsstörung. — 581

Auswirkungen auf Primäranspruch

Das Recht der Leistungsstörungen ist das Kerngebiet des allgemeinen Schuldrechts; deshalb haben wir es auch in unserer Skriptenreihe hauptsächlich dort verortet. Daneben ergeben sich aber vielfältige Wechselwirkungen zum Primäranspruch, die im folgenden angesprochen werden sollen.

> **hemmer-Methode:** Das Recht der Leistungsstörungen ist ein überaus komplexes und daher klausurrelevantes Problem. Nachfolgend beschränkt sich die knappe Darstellung auf die Auswirkungen hinsichtlich der Primäransprüche der Vertragspartner. Zur Vertiefung dieser hier nur angedeuteten Probleme vgl. Sie unbedingt HEMMER/WÜST, Schuldrecht II

2. Unmöglichkeit

> **hemmer-Methode:** Ausführlich hierzu Hemmer/Wüst Schuldrecht I, Rn. 9 ff.

Unter Unmöglichkeit versteht man die dauerhafte Nichterbringbarkeit der geschuldeten Leistung. — 582

> **hemmer-Methode:** Was genau Inhalt der Leistungspflicht ist, müssen Sie oft an Hand genauer Sachverhaltsarbeit ermitteln. Unterschätzen Sie diese Aufgabe nicht – sie kann die Weichen für den Fortgang der Klausur stellen. Ungenauigkeiten können „tödlich" sein.

a) Arten der Unmöglichkeit — 583

Unter dem Oberbegriff Unmöglichkeit werden die folgenden Alternativen behandelt.

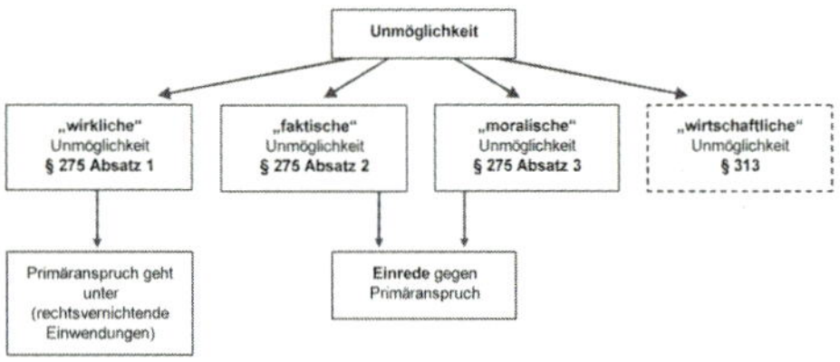

```
                        Unmöglichkeit

   „wirkliche"      „faktische"      „moralische"     „wirtschaftliche"
   Unmöglichkeit    Unmöglichkeit    Unmöglichkeit    Unmöglichkeit
   § 275 Absatz 1   § 275 Absatz 2   § 275 Absatz 3   § 313

   Primäranspruch geht              Einrede gegen
   unter                            Primäranspruch
   (rechtsvernichtende
   Einwendungen)
```

318 Vgl. dazu auch den zusammenfassenden Überblick von MEDICUS, „Die Leistungsstörungen im neuen Schuldrecht", JuS 2003, 521 ff.

Systematische Verweise
Isoliertes Lernen vermeiden! Zusammenhänge verstehen. Unsere Skriptenreihe – der große Fall

Randnummern
Für zielgenaues Arbeiten mit Stichwortverzeichnis und Wiederholungsfragen

Freiraum
Viel Platz für eigene Anmerkungen

Schemata
Übersichtliches Lernen

Fußnoten
Vertiefende Literatur und Rechtsprechung

---

examenstypisch - anspruchsvoll - umfassend

Grundwissen

Für Ihr Jurastudium ist es nötig, sich schnell mit dem notwendigen Grundwissen einen Überblick zu verschaffen. Was aber ist wichtig und richtig? Bei der Fülle der Ausbildungsliteratur kann einem die Lust auf Jura vergehen. Wir beschränken uns in dieser Ausbildungsphase auf das Wesentliche. Weniger ist mehr.

Skripten Grundwissen

Die Reihe „Grundwissen" stellt die theoretische Ergänzung unserer Reihe „die wichtigsten Fälle" dar.

Mit ihr soll das notwendige Hintergrundwissen vermittelt werden, welches für die Bewältigung der Fallsammlungen erforderlich ist. Auf diese Art und Weise ergänzen sich beide Reihen ideal. Hilfreich dabei sind Verweisungen auf die jeweiligen Fälle der Fallsammlungen, so dass man das Erlernte gleich klausurtypisch anwenden kann. Die Darstellung erfolgt bewusst auf sehr einfachem Niveau. Es werden also für die Bewältigung der Ausführungen keine Kenntnisse vorausgesetzt. Ebenso wird bewusst auf Vertiefungshinweise verzichtet. Eine Vertiefung kann erfolgen, wenn die Kenntnisse anhand der Fälle wiederholt wurden. Dazu werden Hinweise in den Fallsammlungen gegeben.

Grundwissen und die Reihe „Die wichtigsten Fälle" sind so das ideale Lernsystem für eine klausur- und damit prüfungstypische Arbeitsweise.

Grundwissen Zivilrecht

BGB AT (111.10)	6,90 €
Schuldrecht AT (111.11)	6,90 €
Schuldrecht BT I (111.12)	6,90 €
Schuldrecht BT II (111.13)	6,90 €
Sachenrecht I (111.14)	6,90 €
Sachenrecht II (111.15)	6,90 €

Grundwissen Strafrecht

Strafrecht AT (112.20)	6,90 €
Strafrecht BT (112.21)	6,90 €

Grundwissen Öffentliches Recht

Staatsrecht (113.30)	6,90 €
Verwaltungsrecht (113.31)	6,90 €

Grundwissen

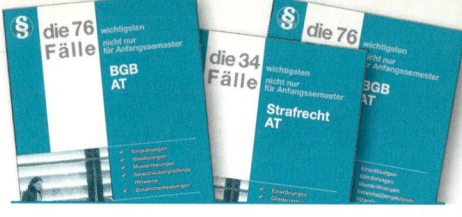

Die wichtigsten Fälle

Die vorliegende Fallsammlung ist für Studenten in den ersten Semestern gedacht. Gerade in dieser Phase ist es wichtig, bei der Auswahl der Lernmaterialien den richtigen Weg einzuschlagen. Die Gefahr zu Beginn des Studiums liegt darin, den Stoff zu abstrakt zu erarbeiten. Ein problemorientiertes Lernen, d.h. ein Lernen am konkreten Fall, führt zum Erfolg. Das gilt für die kleinen Scheine/die Zwischenprüfung genauso wie für das Examen. Wer gelernt hat, sich die Probleme des Falles aus dem Sachverhalt schnell zu erschließen, schreibt die gute Klausur. Bei der Anwendung dieser Lernmethode sind wir Marktführer. Profitieren Sie von der über 30-jährigen Erfahrung des Juristischen Repetitoriums hemmer im Umgang mit Examensklausuren. Diese Erfahrung fließt in sämtliche Skripten des Verlages ein. Das Repetitorium beschäftigt ausschließlich Spitzenjuristen, teilweise Landesbeste ihres Examenstermins. Die so erreichte Qualität in Unterricht und Skripten werden Sie woanders vergeblich suchen. Lernen Sie mit den Profis! Ihre Aufgabe als Jurist wird es einmal sein, konkrete Fälle zu lösen. Je mehr Sie verstehen, desto mehr Freude werden Sie haben, sich neue Probleme durch eigenständiges Denken zu erarbeiten. Wir bieten Ihnen mit unserer juristischen Kompetenz die notwendige Hilfestellung. Fallsammlungen gibt es viele. Die Auswahl des richtigen Lernmaterials ist jedoch der entscheidende Aspekt. Prüfungsinhalte wiederholen sich. Wir vermitteln Ihnen das, worauf es in der Prüfung ankommt – verständlich – knapp – präzise.

BGB AT (115.21)	12,80 €
Schuldrecht AT (115.22)	12,80 €
Schuldrecht BT (115.23)	12,80 €
GOA-BereicherungsR (115.24)	12,80 €
Deliktsrecht (115.25)	12,80 €
Verwaltungsrecht (115.26)	12,80 €
Staatsrecht (115.27)	12,80 €
Strafrecht AT (115.28)	12,80 €
Strafrecht BT I (115.29)	12,80 €
Strafrecht BT II (115.30)	12,80 €
Sachenrecht I (115.31)	12,80 €
Sachenrecht II (115.32)	12,80 €
ZPO I (115.33)	12,80 €
ZPO II (115.34)	12,80 €
Handelsrecht (115.35)	12,80 €
Erbrecht (115.36)	12,80 €
Familienrecht (115.37)	12,80 €
Gesellschaftsrecht (115.38)	12,80 €
Arbeitsrecht (115.39)	12,80 €
StPO (115.40)	12,80 €
Europarecht (115.41)	12,80 €

Musterklausuren

Examen Zivilrecht (16.01)	14,80 €
Examen Strafrecht (16.02)	14,80 €
Examen Steuerrecht (16.03)	14,80 €

Die Musterklausuren für das Examen

Fahrlässig handelt, wer sich diese Fälle entgehen lässt! Aus unserem langjährigen Klausurenkursprogramm die besten Fälle, die besonders häufig Gegenstand von Prüfungen waren und sicher wieder sein werden. Lernen Sie den Horizont von Klausurenerstellern und -korrektoren anhand von exemplarischen Fällen kennen .

Sonderband Der Streit- und Meinungsstand im neuen Schuldrecht

Der hemmer/wüst Verlag stellt mit dem vorliegenden Werk die umstrittensten Problemkreise in 24 Fällen des neuen Schuldrechts dar, zeigt den aktuellen Meinungsstand auf und schafft so einen Überblick. Es wird das notwendige Wissen vermittelt.

115.20 *14,80 €*

Grundwissen

Musterfälle für die Zwischenprüfung

Exempla docent - an Beispielen lernen. Die Fälle zu den Basics! Nur wer so lernt, weiß was in der Klausur verlangt wird. Die Fallsammlungen erweitern unsere Basics und stellen die notwendige Fortsetzung für das Schreiben der Klausur dar. Genau das, was Sie für die Scheine brauchen - nämlich exemplarisch dargestellte Falllösungen. Wichtige, immer wiederkehrende Konstellationen werden berücksichtigt. Profitieren Sie von der seit 1976 bestehenden Klausurerfahrung des Juristischen Repetitoriums hemmer. Über 1000 Klausuren wurden für die Auswahl der Musterklausuren auf ihre „essentials" analysiert

Musterklausur für die Zwischenprüfung - Zivilrecht

Ein Muss: Klassiker wie die vorvertragliche Haftung (c.i.c.), die Haftung bei Pflichtverletzungen im Schuldverhältnis (§ 280), Vertrag mit Schutzwirkung, Drittschadensliquidation, Mängelrecht, EBV, Bereicherungs- und Deliktsrecht werden klausurtypisch aufbereitet. Auf „specials" wie Saldotheorie, Verarbeitung, Geldwertvindikation, Vorteilsanrechnung und Nebenbesitz wird eingegangen. So entsteht wichtiges Grundverständnis.

16.31   *14,80 €*

Musterklausur für die Zwischenprüfung - Strafrecht

Auch hier wieder prüfungstypische Fälle mit genauen Aufbauhilfen. Die immer wiederkehrenden „essentials" der Strafrechtsrechtsklausur werden in diesem Skript abgedeckt: Von der Abgrenzung von dolus eventualis und bewusster Fahrlässigkeit über die Irrtumslehre bis hin zu Problemen der Täterschaft und Teilnahme, u.v.m. Wer sich die Zeit nimmt, diese Musterfälle sorgfältig durchzuarbeiten, besteht jede Grundlagenklausur.

16.32   *14,80 €*

Musterklausur für die Zwischenprüfung - Öffentliches Recht

Dieses Skript enthält die wichtigsten, in der Klausur immer wiederkehrenden Problemkonstellationen für die Bereiche Verfassungs- und Verwaltungsrecht. Im Verfassungsrecht werden die Zulässigkeitsvoraussetzungen von Verfassungsbeschwerden, Organstreitverfahren sowie abstrakter und konkreter Normenkontrolle erörtert. Im Rahmen der Begründetheitsprüfung werden die klausurrelevanten Grundrechte ausführlich erläutert. Gleichzeitig werden auch staatsorganisationsrechtliche Problemfelder aufbereitet. Die Klausuren zum Verwaltungsrecht zeigen die optimale Prüfung von Anfechtungs-, Verpflichtungs- und Fortsetzungsfeststellungsklagen sowie von Widerspruchsverfahren. Standardprobleme wie die Rücknahme oder der Widerruf eines Verwaltungsaktes und die Behandlung von Nebenbestimmungen eines VA sind u.a. Gegenstand der Begründetheitsprüfung.

16.33   *14,80 €*

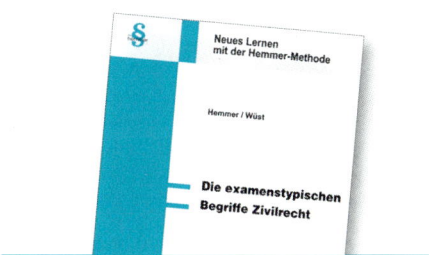

Die examenstypischen Begriffe/ ZivilR.

Das Grundwerk für die eigene Bibliothek. Alle examenstypischen Begriffe in diesem Nachschlagewerk werden anwendungsspezifisch für Klausur und Hausarbeit erklärt. Das gesammelte Examenswissen ist eine optimale schnelle Checkliste. Zusätzlicher Nutzen: Das große Stichwortverzeichnis. Neben der Einbettung des gesuchten Begriffs in den juristischen Kontext finden Sie Verweisungen auf entsprechende Stellen in unserer Skriptenreihe. Begriffe werden transparenter. Sie vertiefen Ihr Wissen. So können Sie sich schnell und auf anspruchsvollem Niveau einen Überblick über die elementaren Rechtsbegriffe verschaffen.

14.01   *14,80 €*

Basiswissen

Grundwissen auf höherem Niveau! Sie sind Jurastudent in den mittleren Semestern und wollen die großen Scheine unter Dach und Fach bringen. Wenn Sie sich in dieser Phase mit tausend Meinungen beschäftigen, besteht die Gefahr, sich im Detail zu verlieren. Wir empfehlen Ihnen, schon jetzt das Material zu wählen, welches Sie durch die Scheine begleitet. Ideal zur schnellen Wiederholung vor dem Examen.

Die „Basics" - Reihe

Die **Klassiker** der hemmer-Reihe. So schaffen Sie die Universitätsklausuren viel leichter. Die Basics vermitteln Ihnen Grundverständnis auf anspruchsvollem Niveau, sie sind auch für die Examensvorbereitung ideal.
Denn: Wissen wird konsequent unter Anwendungsgesichtspunkten erworben.
Die Basics dienen auch der schnellen Wiederholung vor dem Examen oder der mündlichen Prüfung, wenn Zeit zur Mangelware wird.

Basics-Zivilrecht I
BGB-AT/ Vertragliche Schuldverhältnisse mit dem neuen Schuldrecht
Im Vordergrund steht die Vermittlung der Probleme des Vertragsschlusses, u.a. das Minderjährigenrecht und die Stellvertretung. Neben rechtshindernden (z.B. §§ 134, 138 BGB) und rechtsvernichtenden Einwendungen (z.B. Anfechtung) werden auch die Klassiker der Pflichtverletzung nach § 280 BGB wie Unmöglichkeit (§§ 280 I, III, 283), Verzug (§§ 280 I, II, 286) und Haftung bei Verletzung nicht leistungsbezogener Nebenpflichten i.S.d. § 241 II BGB (früher: pVV bzw. c.i.c. jetzt: § 280 I bzw. § 280 I i.V.m. § 311 II BGB) behandelt. Ausführlich wird auf die wichtige Unterscheidung von Schadensersatz nach § 280 I BGB und Schadensersatz statt der Leistung nach §§ 280 I, III, 281-283 bzw. § 311a II BGB eingegangen. Nach Mängelrecht, Störung der GG und Schadensrecht schließt das Skript mit dem nicht zu unterschätzenden Gebiet des Dritten (z.B. Abgrenzung § 278 / § 831 / § 31; § 166; Vertrag mit Schutzwirkung zugunsten Dritter; DriSchaLi) im Schuldverhältnis ab.

110.0011   *14,80 €*

Basics-Zivilrecht II
Gesetzliche Schuldverhältnisse, Sachenrecht
Das Skript befasst sich mit dem Recht der GoA, dem Bereicherungsrecht und dem Recht der unerlaubten Handlungen als immer wieder klausurrelevante gesetzliche Schuldverhältnisse. Der Einstieg in das Sachenrecht wird mit der Abhandlung des Besitzrechts und dem Erwerb dinglicher Rechte an beweglichen Sachen erleichtert, wobei der Schwerpunkt auf dem rechtsgeschäftlichen Erwerb des Eigentums liegt. Über das für jede Prüfung unerlässliche Gebiet des EBV gibt das Skript einen ausführlichen Überblick.
Eine systematische Aufbereitung des Pfandrechts und des Grundstückrechts führen zum richtigen Verständnis dieser prüfungsrelevanten Gesetzesmaterie.

110.0012   *14,80 €*

Basics-Zivilrecht III
Familienrecht/ Erbrecht
Die typischen Probleme des Familienrechts: Von der Ehe als Klassiker für die Klausur (z.B. § 1357; GbR; Gesamtschuldner; Gesamtgläubiger; §§ 1365; 1369 BGB) zum ehelichen Güterrecht bis hin zur Scheidung.
Gegenstand des Erbrechts sind die gesetzliche und gewillkürte Erbfolge, die möglichen Verfügungen (Testament bzw. Erbvertrag) des Erblassers und was sie zum Inhalt haben (z.B. Erbeinsetzung; Vermächtnis, Auflage), Annahme und Ausschlagung der Erbschaft sowie neben Fragen der Rechtsstellung des Erben (z.B. im Verhältnis zum Erbschaftsbesitzer) auch das Pflichtteilsrecht und der Erbschein.
Fazit: Das Wichtigste in Kürze für den schnellen Überblick.

110.0013   *14,80 €*

Basiswissen

Basics-Zivilrecht IV

Zivilprozessrecht (Erkenntnisverfahren und Zwangsvollstreckungsverfahren)

Wegen fehlender Praxis ist in der Regel die ZPO dem Studenten fremd. Von daher wurde hier besonders auf leichte Verständlichkeit Wert gelegt. Der Schwerpunkt im Erkenntnisverfahren liegt neben den immer wiederkehrenden Problemen der Zulässigkeitsvoraussetzungen (z.B. Zuständigkeit, Streitgegenstand) auf den typischen Problemen des Prozesses, wie z.B. Versäumnisurteil, Widerklage und Klagenhäufung. Die Beteiligung Dritter am Rechtsstreit wird im Hinblick auf die Klausur und die examensrelevante Verortung erklärt.

Das Kapitel der Zwangsvollstreckung befasst sich vor allem mit dem Ablauf der Zwangsvollstreckung und den möglichen Rechtsbehelfen von Schuldner, Gläubiger und Dritten.

Dieses Skript gehört daher zur „Pflichtlektüre", um sich einen vernünftigen Überblick zu verschaffen!

110.0014   *14,80 €*

Basics-Zivilrecht V

Handels- und Gesellschaftsrecht

Im Vordergrund steht: Wie baue ich eine gesellschaftsrechtliche Klausur richtig auf. Häufig geht es um die Haftung der Gesellschaft und der Gesellschafter. Eine systematische Aufbereitung führt durch das Recht der Personengesellschaften, also der GbR und OHG, sowie der KG. Das Recht der Körperschaften, wozu der rechts- und nichtrechtsfähige Verein, die GmbH sowie die AG zählen, wird ebenso im Überblick dargestellt.

Auf dem Gebiet des Handelsrechts als Sonderrecht des Kaufmanns dürfen typische Problemkreise wie Kaufmannseigenschaft, Handelsregister, Wechsel des Unternehmensträgers und das kaufmännische Bestätigungsschreiben nicht fehlen. Abschließend befasst sich das Skript mit den Mängelrechten beim Handelskauf, der auch häufig die Schnittstelle zu BGB-Problemen darstellt.

110.0015   *14,80 €*

Basics-Zivilrecht VI

Arbeitsrecht

Das Arbeitsrecht gehört in den meisten Bundesländern zum Pflichtprogramm in der Examensvorbereitung. Hier tauchen immer wieder die gleichen Fragestellungen auf, die in diesem Skript knapp, präzise und klausurtypisch aufbereitet werden, wie die Zulässigkeit der Kündigungsschutzklage, Kündigungsschutz nach dem KSchG, innerbetrieblicher Schadensausgleich, fehlerhafter Arbeitsvertrag und die Reaktionsmöglichkeiten des Arbeitnehmers auf Änderungskündigungen. Ferner bildet auch das Recht der befristeten Arbeitsverhältnisse nach dem TzBfG einen Schwerpunkt.

110.0016   *14,80 €*

Basics-Strafrecht

Je besser der Einstieg, umso besser später die Klausuren. Weniger ist häufig mehr. Alle klausurwichtigen Probleme und Fragestellungen des materiellen Strafrechts auf einen Blick: Vom StGB-AT bis hin zum StGB-BT finden Sie all das dargestellt, was als Grundlagenwissen im Strafrecht angesehen wird. Außerdem werden die wichtigsten Aufbaufragen zur strafrechtlichen Klausurtechnik - an denen gerade Anfänger häufig scheitern - in einem eigenen Kapitel einfach und leicht nachvollziehbar erläutert.

110.0032   *14,80 €*

Basics-Öffentliches Recht I

Verfassungsrecht/ Staatshaftungsrecht

Materielles und prozessuales Verfassungsrecht bilden zusammen mit wichtigen Problemstellungen des Staatshaftungsrechts die Grundlage für dieses Skript. Öffentlich-rechtliches Wissen wird konsequent unter Anwendungsgesichtspunkten erworben.

110.0035   *14,80 €*

Basiswissen

Skripten Classics

Basics-Öffentliches Recht II
Verwaltungsrecht
Grundfragen des allgemeinen und besonderen Verwaltungsrechts werden im Rahmen der wichtigsten Klagearten der VwGO verständlich und einprägsam dargestellt. Zusammen mit dem Skript Ö-Recht I werden Sie sich in der öffentlich rechtlichen Klausur sicher fühlen.

110.0036   *14,80 €*

Basics-Steuerrecht
Die Basics im Steuerrecht für einen einfachen, aber instruktiven Einstieg in das materielle Einkommensteuer- und Steuerverfahrensrecht. Die notwendigen Bezüge des Einkommensteuerrechts zum Umsatz- und Körperschaftssteuerrecht werden dargestellt sowie auf examens- und klausurtypische Konstellationen hingewiesen. Ein ideales Skript für alle, die sich erstmals mit der Materie befassen und die Grundstrukturen verstehen wollen. Es wird der Versuch unternommen, den Einstieg so verständlich wie möglich zu gestalten. Dazu werden immer wieder kleine Beispiele gebildet, die das Erlernen des abstrakten Stoffs vereinfachen sollen.

110.0004   *14,80 €*

Basics-Europarecht
Neben unserem Hauptskript nun die Basics zum Europarecht. Verständlicher Einstieg oder schnelle Wiederholung der wesentlichen Probleme? Für beides sind die Basics ideal. Wer in die Tiefe gehen möchte, kann dies mit unserem Klassiker, dem Hauptskript Europarecht. In Verbindung mit den Classics Europarecht und der Fallsammlung auf Examensniveau sind Sie somit gerüstet für die Prüfung in Ausbildung und Examen. Vernachlässigen Sie dieses immer wichtiger werdende Prüfungsgebiet nicht!

110.0005   *14,80 €*

Für beides sind die Basics ideal. Wer in die Tiefe

In den Classics haben wir für Sie die wichtigsten Entscheidungen der Obergerichte, denen Sie während Ihres Studiums immer wieder begegnen, ausgewählt und anschaulich aufbereitet. Bestimmte Entscheidungen müssen bekannt sein. In straffer Form werden der Sachverhalt, die Entscheidungssätze und die Begründung dargestellt. Die hemmer-Methode ordnet die Rechtssprechung für die Klausuren ein. Rechtsprechung wird so verständlich, Seitenfresserei vermieden. Hiermit bereiten Sie sich auch gezielt auf die mündliche Prüfung vor.

BGH-Classics Zivilrecht
Rechtskultur und Verständnis des Gesetzes werden in weiten Teilen von der Rechtsprechung geprägt. Nicht umsonst spricht man von der Rechtsprechung als der normativen Kraft des Faktischen. Die wegweisenden Entscheidungen müssen Student, Referendar und Anwalt bekannt sein. Auf leicht erfaßbare, knappe, präzise Darstellung wird Wert gelegt. Die hemmer-Methode sichert den für die Klausur und Hausarbeit notwenigen „background" ab.

15.01   *14,80 €*

BGH-Classics Strafrecht
Auch die Entscheidungen im Strafrecht in ihrer konkreten Aufbereitung führen zur richtigen Einordnung der jeweiligen Problematik. Es wird die Interessenslage der Rechtsprechung erklärt. Im Vordergrund steht oft Einzelfallgerechtigkeit. Deswegen vermeidet die Rechtsprechung auch allzu dogmatische Entscheidungen.
Effizient, und damit in den wesentlichen Punkten knapp und präzise, wird die Entscheidung selbst wiedergegeben. So sparen Sie sich Zeit und erleiden nicht den berühmten Informationsinfarkt. Sowohl in der Examensvorbereitung, als auch in Klausur und Hausarbeit dienen die Classics als schnelles Lern- und Nachschlagewerk.

15.02   *14,80 €*

Examenswissen

In der letzten Phase sollten Sie sich mit voller Kraft auf das Examen vorbereiten. Besonders wichtig ist jetzt fundiertes Wissen auf Examensniveau! unser Filetstück: die Hauptskripten. Konfronierten Sie sich frühzeitig mit dem, was Sie im Examen erwartet. Examenswissen unter professioneller Anleitung.

Zivilrecht BGB-AT I-III

Die Aufteilung der Unwirksamkeitsgründe nach den verschiedenen Büchern des BGB (z.B. BGB-AT, Schuldrecht AT usw.) entspricht nicht der Struktur des Examensfalls. Wegen der klassischen Einteilung wird der Begriff BGB-AT/ Schuldrecht AT beibehalten. Unsere Skripten BGB-AT I - III unterscheiden entsprechend der Fallfrage in Klausur und Hausarbeit (Anspruch entstanden? Anspruch untergegangen? Anspruch durchsetzbar?) zwischen wirksamen und unwirksamen Verträgen, zwischen rechtshindernden, rechtsvernichtenden und rechtshemmenden Einwendungen. Damit stellen sich diese Skripten als großer Fall dar und dienen auch als Checkliste für Ihre Prüfung. Schon das Durchlesen der Gliederung schafft Verständnis für den Prüfungsaufbau.

Classics Öffentliches Recht

Das Skript umfasst die Dauerbrenner aus den Bereichen der Rechtsprechung zu den Grundrechten, zum Staatsrecht, Verwaltungsrecht AT und BT sowie zum Europarecht. Neben der inhaltlichen Darstellung der Entscheidung werden mit Hilfe knapper Anmerkungen Besonderheiten und Bezüge zu anderen Problematiken hergestellt und somit die Fähigkeit zur Verknüpfung geschärft.

15.03   *14,80 €*

Classics Europarecht

Anders als im amerikanischen Recht gibt es bei uns kein reines „case-law". Gleichwohl hat die Rechtsprechung für Rechtsentwicklung und -fortbildung eine große Bedeutung. Gerade im Europarecht kommt man ohne festes Basiswissen in der europäischen Rechtsprechung nur selten zum Zuge. Auch für das Pflichtfach ein unbedingtes Muss!

15.04   *14,80 €*

BGB-AT I
Entstehen des Primäranspruchs

Besteht der Vertrag, so kann der Anspruchsteller Erfüllung, z.B. Übereignung, Überlassung der Mietsache etc. verlangen. Dies setzt unter anderem Rechtsfähigkeit der Vertragspartner, eine wirksame Willenserklärung, Zugang und ggf. Bevollmächtigung voraus. Nur wenn ein wirksamer Vertrag vorliegt, entsteht die Leistungspflicht des Schuldners und deren Folgeproblematik wie Rücktritt und Schadensersatz. Konsequent befasst sich das Skript daher auch mit den Problemkreisen der Stellvertretung sowie der Einbeziehung von AGB'en.

0001   *14,80 €*

BGB-AT II
Scheitern des Primäranspruchs
Scheitert der Vertrag von vornherein, so entfallen Erfüllungsansprüche. Die Unwirksamkeitsgründe sind im Gesetz verstreut, wie z.B. § 125, § 134, § 2301. Als konsequentes Rechtsfolgenskriptum sind alle klausurtypischen rechtshindernden Einwendungen zusammengefasst.

0002   *14,80 €*

BGB-AT III
Erlöschen des Primäranspruchs
Der Primäranspruch (bzw. Leistungs- oder Erfüllungsanspruch) kann nachträglich wegfallen, z.B. durch Erfüllung, Aufrechnung, Anfechtung, Unmöglichkeit. Nur wer Unwirksamkeitsgründe im Kontext des gescheiterten Vertrags einordnet, lernt richtig. Die rechtshemmenden Einreden (z.B. Verjährung, § 214 BGB) bewirken, dass der Berechtigte sein Recht nicht (mehr) geltend machen kann.

0003   *14,80 €*

> Die klassischen Rechtsfolgeskripten zum Schadensersatz - „klausurtypisch!"

Schadensersatzrecht I
Das Skript erfasst neben Allgemeinem zum Schadensersatzrecht zunächst den selbstständigen Garantievertrag als Primäranspruch auf Schadensersatz. Daneben wird die gesetzliche Garantiehaftung behandelt. Ebenfalls enthalten sind die Sachmängelhaftung im Kauf- und Werk-, Miet- und Reisevertragsrecht sowie die Rechtsmängelhaftung.

0004   *14,80 €*

Schadensersatzrecht II
Umfassende Darstellung des Leistungsstörungsrechts, rechtsfolgenorientierte Darstellung der Sekundäransprüche-Schadensersatzansprüche.

0005   *14,80 €*

Schadensersatzrecht III
Befasst sich schwerpunktmäßig mit dem Anspruchsinhalt, d.h. mit der Frage des Umfangs der Ersatzpflicht, also dem „wie viel" eines dem Grunde nach bereits bestehenden Anspruchs. Drittschadensliquidation, Vorteilsausgleichung und hypothetische Schadensursachen dürfen nicht fehlen.

0006   *14,80 €*

Schuldrecht

> Die Reihe Schuldrecht orientiert sich an der Klausurrelevanz des Schuldrechts. In nahezu jeder Klausur ist nach Schadensersatzansprüchen des Gläubigers bei Leistungsstörungen des Schuldners, nach bereicherungsrechtlichen Ansprüchen oder nach der deliktischen Haftung gefragt.
> Die Schuldrechtsskripten eignen sich hervorragend sowohl zur erstmaligen Aneignung der Materie als auch zur aufgrund der Schuldrechtsreform notwendigen Neustrukturierung bereits vorhandenen Wissens.

Schuldrecht I
Das allgemeine Leistungsstörungsrecht war schon immer äußerst klausurrelevant. Dies hat sich durch die Schuldrechtsreform in erheblichem Maße verstärkt, zumal das Besondere Schuldrecht nun häufig Rückverweisungen auf die §§ 280 ff. BGB vornimmt (z.B. § 437 BGB). Entsprechend der Gesetzessystematik ist das Skript von der Rechtsfolge her aufgebaut: Welche Art des Schadensersatzes verlangt der Gläubiger? Schwerpunkte bilden das Unmöglichkeitsrecht, der allgemeine Anspruch aus § 280 I BGB (auch vorvertragliche Haftung und Schuldnerverzug), die Ansprüche auf Schadensersatz statt der Leistung, Rücktritt und Störung der Geschäftsgrundlage.

0051   *14,80 €*

Examenswissen

Schuldrecht II

Die Klassiker im Examen! Kauf- und Werkvertrag in allen prüfungsrelevanten Varianten. Dies gilt insbesondere beim Kauf, dessen spezielles Gewährleistungsrecht abgeschafft und stattdessen auf die §§ 280 ff. BGB Bezug genommen wurde. Das Skript setzt sich mit den kaufspezifischen Fragestellungen wie Sachmangelbegriff, Nacherfüllung, Rücktritt, Minderung und Schadensersatz, Versendungs- und Verbrauchsgüterkauf auseinander. Ferner wird das - dem Kauf nun weitgehend gleichgeschaltete - Werkvertragsrecht behandelt.

0052   *14,80 €*

Schuldrecht III

Umfassend werden die klausurrelevanten Probleme der Miete, Pacht, Leihe, des neuen Darlehensrechts (samt Verbraucherwiderruf nach §§ 491 ff. BGB), des Leasing- und Factoringrechts abgehandelt. Die äußerst wichtigen Fragestellungen aus dem Bereich Bürgschaft („Wer bürgt, wird erwürgt"), Reise- und Maklervertrag kommen ebenfalls nicht zu kurz.

0053   *14,80 €*

Bereicherungsrecht

Die §§ 812 ff. sind regelmäßig die Folge unwirksamer Verträge. Abgrenzungsprobleme gibt es dabei u.a. zum Wegfall der Geschäftsgrundlage (z.B. Rückabwicklung bei der nichtehelichen Lebensgemeinschaft) und §§ 987 ff. Die hemmer-Methode versteht sich als Gebrauchsanweisung für die erfolgreiche Bewältigung des anspruchsvollen Rechtsgebiets Bereicherungsrecht. Ohne Verständnis für dieses Rechtsgebiet bleibt der Zusammenhang im Zivilrecht im Dunkeln.

0008   *14,80 €*

Verbraucherschutzrecht

Das Verbraucherschutzrecht erlangt im Gesamtgefüge des BGB eine immer stärkere Bedeutung. Kaum ein Bereich, in dem die Besonderheiten des Verbraucherschutzrechtes nicht zu abweichenden Ergebnissen führen, so z.B. bei den §§ 474 ff. BGB, oder bei der Widerrufsproblematik der §§ 355 ff. BGB. Insbesondere die umständliche Verweisungstechnik der §§ 499 ff. BGB stellt den Bearbeiter von Klausuren vor immer neue Herausforderungen. Das Skript liefert eine systematische Einordnung in den Gesamtzusammenhang. Wer den Verbraucher richtig einordnet, schreibt die gute Klausur.

0007   *14,80 €*

Deliktsrecht I

Eine umfassende Einführung in das deliktische Haftungssystem. Da die deliktische Haftung gegenüber jedermann besteht, können die §§ 823 ff BGB. in jede Klausur problemlos eingebaut werden. Neben einer umfassenden Übersicht über die Haftungstatbestände werden sämtliche klausurrelevanten Problemfelder der §§ 823 ff BGB. umfassend behandelt (z.B. Probleme der haftungsbegründenden und -ausfüllenden Kausalität). § 823 I BGB ist als elementarer, strafrechtsähnlicher Grundtatbestand leicht erlernbar. Auch § 823 II und §§ 824 - 826 BGB sollten nicht vernachlässigt werden. Neben § 831 BGB (Vorsicht beim Entlastungsbeweis!), der Haftung für Verrichtungsgehilfen, befasst sich der erste Band auch mit der Mittäterschaft, Teilnahme und Beteiligung gem. § 830 BGB.

0009   *14,80 €*

Deliktsrecht II

Deliktsrecht II vervollständigt das deliktische Haftungssystem mit besonderem Schwerpunkt auf der Gefährdungshaftung und der Haftung für vermutetes Verschulden. Zum einen erfolgt eine ausführliche Erörterung der im BGB integrierten Haftungsnormen. Zum anderen vermittelt das Skript ein umfassendes Wissen in den klausurrelevanten Spezialgesetzen wie dem StVG, dem ProdHaftG und dem UmweltHaftG. Abgerundet werden die Darstellungen durch den wichtigen Beseitigungs- und Unterlassungsanspruch des § 1004 BGB.

0010   *14,80 €*

Examenswissen

Sachenrecht I-III:

Sachenrecht ist durch immer wiederkehrende examenstypische Problemfelder gut
ausrechenbar. Anders als das Schuldrecht
ist es ein klar strukturiertes Rechtsgebiet. In
der Regel besteht deswegen eine feste Vorstellung, wie der Fall zu lösen ist. Deshalb gilt
es gerade hier, mit der hemmer-Methode den
Ersteller der Klausur als imaginären Gegner zu
erfassen. Es gilt, Begriffe wie z.B. Widerspruch
und Vormerkung in ihrer rechtlichen Wirkung
zu begreifen und in den Kontext der Klausur
einzuordnen.

Sachenrecht I

Zu Beginn werden die allgemeinen Lehren des
Sachenrechts (Abstraktionsprinzip, Publizität, nu-
merus clausus etc.) behandelt, die für den Einstieg
und ein grundlegendes Verständnis der Materie
unabdingbar sind. Im Vordergrund stehen dann
das Besitzrecht und das Eigentümer-Besitzer-Ver-
hältnis. Gerade das EBV ist klausurrelevant. Hier
dürfen Sie keinesfalls auf Lücke lernen. Schließlich
geht es auch um die immer wichtiger werdenden
(verschuldensunabhängigen) Beseitigungs- bzw.
Unterlassungsanspruch aus § 1004 BGB.

0011   *14,80 €*

Sachenrecht II

Sachenrecht II behandelt den Erwerb dinglicher
Rechte an beweglichen Sachen. Neben dem
Erwerb kraft Gesetzes ist Schwerpunkt hier natürlich der rechtsgeschäftliche Erwerb des Eigentums. Bei dem Erwerb vom Berechtigten und den
§§ 932 ff. BGB müssen Sie sicher sein, insbesondere, wenn wie im Examensfall regelmäßig Dritte
(Besitzdiener, Besitzmittler, Geheißpersonen) in
den Übereignungstatbestand eingeschaltet werden. Daneben geht es um die klausurrelevanten
Probleme beim Pfandrecht, bei der Sicherungsübereignung und beim Anwartschaftsrecht des
Vorbehaltsverkäufers.

0012   *14,80 €*

Sachenrecht III

Gegenstand des Skripts Sachenrecht III ist das
Immobiliarsachenrecht, wobei die Übertragung
des Eigentums an Grundstücken im Vordergrund
steht. Weitere Schwerpunkte bilden u.a. Erst- und
Zweiterwerb der Vormerkung, die Hypothek und
Grundschuld -Gemeinsamkeiten und Unterschie-
de-, Übertragung sowie der Wegerwerb von
Einwendungen und Einreden bei diesen.

0012A   *14,80 €*

Kreditsicherungsrecht

Der Clou! Wettlauf der Sicherungsgeber, Verhältnis
Hypothek zur Grundschuld, Verlängerter Eigentumsvorbehalt und Globalzession/Factoring sind
häufig Prüfungsgegenstand. Lernen Sie das, was
zusammen gehört, als zusammengehörend zu betrachten. Alle examenstypischen Sicherungsmittel
im Überblick: Wie sichere ich neben dem bestehenden Rückzahlungsanspruch einen Kredit? Unterschieden werden Personalsicherheiten (z.B. Bürgschaft, Schuldbeitritt), Mobiliarsicherheiten (z.B.
Sicherungsübereignung, Sicherungsabtretung, Eigentumsvorbehalt und Pfandrecht) sowie Immobi-
liarsicherheiten (Grundschuld und Hypothek). Wer
die Unterscheidung zwischen akzessorischen und
nichtakzessorischen Sicherungsmitteln wirklich
verstanden hat, geht unbesorgt in die Prüfung.

0013   *14,80 €*

Nebengebiete

Familienrecht

Das Familienrecht wird häufig in Verbindung mit
anderen Rechtsgebieten geprüft. So sind z.B.
§§ 1357, 1365, 1369 BGB Schnittstelle zum BGB-
AT und nur in diesem Kontext verständlich. Die
sog. Ehestörungsklage hat ihre Bedeutung bei
§§ 823 und 1004 BGB. Da nur der geschädigte
Ehegatte einen eigenen Schadensersatzanspruch
gegen den Schädiger hat, stellen sich Probleme
der Vorteilsanrechnung (vgl. § 843 IV BGB) und
Fragen beim Regress. Von Bedeutung sind bei der
Nichtehelichen Lebensgemeinschaft Bereicherungsrecht und, wie bei Eheleuten auch, famili-
enrechtliche Bestimmungen sowie das Recht der
BGB-Gesellschaft. Die typischen Problemkreise
des Familienrechts sind berechenbar und leicht
erlernbar.

0014   *14,80 €*

Examenswissen

Erbrecht

„Erben werden geboren, nicht gekoren." oder „Erben werden gezeugt, nicht geschrieben." deuten auf germanischen Einfluß mit seinem Sippengedanken. Das Prinzip der Universalsukzession und die Testamentidee sind römisch-rechtliche Tradition. Die Spannung zwischen individualistischem (der Erbe steht im Vordergrund) und kollektivistischem Ansatz (die Sippe ist privilegiert) ist auch für die Klausur von großer praktischer Relevanz, z.B. gewillkürte oder gesetzliche Erbfolge, Formwirksamkeit des Testaments (auch gemeinschaftliches Testament und Erbvertrag), Widerruf und Anfechtung, Bestimmung durch Dritte, Vor- und Nach- sowie Ersatzerbschaft, Vermächtnis, Pflichtteilsrecht, Erbschaftsbesitz, Miterben, Erbschein. Auch die dingliche Surrogation, z.B. bei § 2019 BGB, und das Verhältnis des Erbrechts zum Gesellschaftsrecht sollte als prüfungsrelevant bekannt sein.

0015   *14,80 €*

Zivilprozessrecht I

Versäumnisurteil, Erledigung, Streitverkündung, Berufung (ZPO I, sog. Erkenntnisverfahren) sind mit der hemmer-Methode leicht verständlich für die Klausuranwendung aufbereitet. Von den vielen Bestimmungen der ZPO sind insbesondere diejenigen, die mit materiellrechtlichen Problemen verknüpft werden können, klausurrelevant. ZPO-Probleme werden nur dann richtig erfasst und damit auch für die Klausur handhabbar, wenn man den praktischen Hintergrund verstanden hat. Dies erleichtert Ihnen die hemmer-Methode. Die klausurrelevanten Neuerungen der ZPO-Reform sind selbstverständlich eingearbeitet.

0016   *14,80 €*

Zivilprozessrecht II

Zwangsvollstreckungsrecht - mit diesem Skript halb so wild: Grundzüge, allgemeine und besondere Vollstreckungsvoraussetzungen, sowie die klausurrelevanten Rechtsbehelfe wie §§ 771 BGB (und die Abgrenzung zu § 805), 766 und 767 BGB werden wie gewohnt übersichtlich und gut verständlich für die Anwendung in der Klausur aufbereitet. Dann werden auch gefürchtete Zwangsvollstreckungsklausuren leicht.

0017   *14,80 €*

Arbeitsrecht

Arbeitsrecht ist stark von Richterrecht geprägt und hat sich auch, wie z.B. im Streikrecht, praeter legem entwickelt. Entsprechend häufig sind die Neuerungen. Gleichwohl ist die Arbeitsrechtsklausur im Regelfall standardisiert: Kündigungsschutz (Feststellungsklage) und Lohnzahlung (Leistungsklage) bilden häufig das Grundgerüst. Eingestreut sind regelmäßig Probleme wie z.B. Gratifikationen, Urlaubsabgeltungsanspruch, faktische Bindung und Anwendbarkeit der Grundrechte. Verständnis entsteht. So macht Arbeitsrecht Spaß. Das Standardwerk! Ausgehend von einem großen Fall wird das gesamte Arbeitsrecht knapp und prägnant erklärt.

0018   *16,80 €*

Handelsrecht

Handelsrecht verschärft wegen der Sonderstellung der Kaufleute viele Bestimmungen des BGB (z.B. §§ 362, 377 HGB). Auch Vertretungsrecht wird modifiziert (z.B. § 15 HGB, Prokura), ebenso die Haftung (§§ 25 ff HGB). So kann eine Klausur ideal gestreckt werden. Deshalb sind Kenntnisse im Handelsrecht unerlässlich, alles in allem aber leicht erlernbar.

0019A   *14,80 €*

Gesellschaftsrecht

Ein Problem mehr in der Klausur: die Gesellschaft, insbesondere BGB-Gesellschaft, OHG, KG und GmbH. Zu unterscheiden ist häufig zwischen Innen- und Außenverhältnis. Die Haftung von Gesellschaft und Gesellschaftern muss jeder kennen. In der examenstypischen Klausur sind immer mehrere Personen vorhanden (Notendifferenzierung!), so dass sich zwangsläufig die typischen Schwierigkeiten der Mehrpersonenverhältnisse stellen (Zurechnung, Gesamtschuld, Ausgleichsansprüche etc.).

0019B   *14,80 €*

Examenswissen

Rechtsfolgeskripten

Regelmäßig ist die sog. Herausgabeklausur („A verlangt von B Herausgabe. Zu Recht?") Prüfungsgegenstand. Der Rückgriff kann als Zusatzfrage jede Klausur abschließen. Klausurtypisch werden diese Problemkreise im Anspruchsgrundlagenaufbau dargestellt. So schreiben Sie die 18 Punkteklausur. Ein Muss für jeden Examenskandidaten!

Herausgabeansprüche

Der Band setzt das Rechtsfolgesystem bisheriger Skripten fort. Die Anspruchsgrundlagen, die in den verschiedenen Rechtsgebieten verstreut sind, werden in einem eigenen Skript klausurtypisch konzentriert behandelt, §§ 285, 346, 546, 604, 812, 861, 985, 1007 BGB. Die ideale Checkliste für die Herausgabeklausur. Wer konsequent von der Fallfrage aus geht, lernt richtig.

0031   *14,80 €*

Rückgriffsansprüche

Der Regreß ist examenstypisch. Dreiecksbeziehungen sind nicht nur im wirklichen Leben problematisch, sondern auch im Recht. Der Band gibt unsere Erfahrungen mit den verschiedenen Examenskonstellationen wieder. Beispielhaft ist die Begleichung einer Schuld durch einen Dritten und der Regreß beim Schuldner. In Betracht kommen häufig GoA, Gesamtschuld und Bereicherungsrecht.

0032   *14,80 €*

Strafrecht

Eine zweistellige Punktezahl ist im Strafrecht immer im Bereich des Möglichen. Gerade im Strafrecht ist es wichtig, die Klassiker genau zu kennen. Im Strafrecht/Strafprozessrecht wird Ihre Belastbarkeit getestet: innerhalb relativ kurzer Zeit müssen viele Problemkreise „abgehakt" werden.

Strafrecht AT I

Für das Verständnis im Strafrecht unabdingbar sind vertiefte Kenntnisse des Allgemeinen Teils. Der Aufbau eines vorsätzlichen Begehungsdelikts wird ebenso vermittelt wie der eines vorsätzlichen Unterlassungsdelikts bzw. eines Fahrlässigkeitsdelikts. Darin eingebettet werden die examenstypischen Probleme erläutert und anhand der hemmer-Methode Lernverständis geschaffen. Um die allgemeine Strafrechtssystematik besser zu verstehen, beinhaltet dieses Skript zudem Ausführungen zur Garantiefunktion des Strafrechts, zum Geltungsbereich des deutschen Strafrechts sowie einen Überblick über strafrechtliche Handlungslehren.

0020   *14,80 €*

Strafrecht AT II

Dieses Skript vermittelt Ihnen anwendungsorientiert die Problemkreise Versuch (insbesondere Rücktritt vom Versuch), Täterschaft und Teilnahme (z.B. Täter hinter dem Täter), die Irrtumslehre (z.B. aberratio ictus), sowie das Wichtigste zu den Konkurrenzen. Grundbegriffe werden erläutert und zudem in den klausurtypischen Zusammenhang gebracht. Auch Sonderfälle wie die „actio libera in causa" werden in fallspezifischer Weise erklärt.

0021   *14,80 €*

Strafrecht BT I

Bei den Klassikern wie u.a. Diebstahl, Betrug einschließlich Computerbetrug, Raub, Erpressung, Hehlerei, Untreue (BT I) sollte man sich keine Fehltritte leisten. Mit der hemmer-Methode wird der verständnisvolle Umgang mit Fällen, die im Grenzbereich eines oder mehrerer Tatbestände liegen, eingeübt. Auf klausurtypische Fallkonstellationen wird hingewiesen.

0022   *14,80 €*

Strafrecht BT II

Immer wieder in Hausarbeit und Klausur: Totschlag, Mord, Körperverletzungsdelikte, Aussagedelikte, Urkundsdelikte, Straßenverkehrsdelikte. In aller Regel werden diese Delikte mit Täterschaftsformen des Allgemeinen Teils kombiniert, und dadurch die Problematik klausurtypisch gestreckt.

0023   *14,80 €*

Strafprozessordnung

Strafprozessrecht hat auch im Ersten Juristischen Staatsexamen deutlich an Bedeutung gewonnen: In fast jedem Bundesland ist mittlerweile verstärkt mit StPO-Zusatzfragen im Examen zu rechnen. Begriffe wie z.B. Legalitätsprinzip, Opportunitätsprinzip und Akkusationsprinzip dürfen keine Fremdworte bleiben. Lernen Sie spielerisch die Abgrenzung von strafprozessualem und materiellem Tatbegriff. Auf alle klausurtypischen Probleme wird eingegangen.

0030   *14,80 €*

Verwaltungsrecht

Auch die Verwaltungsrechtsskripten sind klausur- und hausarbeitsorientiert und damit als großer Fall zu verstehen. Trainieren Sie Verwaltungsrecht mit uns klausurorientiert. Lernen Sie mit der hemmer-Methode die richtige Einordnung. Im Öffentlichen Recht gilt: wenig Dogmatik - viel Gesetz. Gehen Sie deshalb mit dem sicheren Gefühl in die Prüfung, die Dogmatik genau zu kennen und zu wissen, wo Sie was zu prüfen haben.

Verwaltungsrecht I

Wie in einem großen Fall sind im Verwaltungsrecht I die klausurtypischen Probleme der Anfechtungsklage als zentrale Klageart der VwGO dargestellt. Entsprechend der Reihenfolge in einer Klausur werden Fragen der Zulässigkeit, vom Vorliegen eines VA bis zum Vorverfahren, und der Begründetheit, von der Ermächtigungsgrundlage bis zum Widerruf und der Rücknahme von VAen, klausurorientiert aufbereitet.

0024   *14,80 €*

Verwaltungsrecht II

Die richtige Einordnung der Prüfungspunkte im Rahmen der Zulässigkeit und Begründetheit von Verpflichtungs-, Fortsetzungsfeststellungs-, Leistungs- und Feststellungsklage sowie Normenkontrolle unter gleichzeitiger Darstellung typischer Fragestellungen der Begründetheit sind Gegenstand dieses Skripts. Sie machen es zu einem unentbehrlichen Hilfsmittel zur Vorbereitung auf Zwischenprüfung und Examina.

0025   *14,80 €*

Verwaltungsrecht III

Profitieren Sie von unserer jahrelangen Erfahrung als Repetitoren und unserer Sachkenntnis von Prüfungsfällen. Widerspruchsverfahren, vorbeugender und vorläufiger Rechtsschutz, Rechtsmittel sowie Sonderprobleme aus dem Verwaltungsprozess- und allgemeinen Verwaltungsrechts sind anschließend für Sie keine Fremdwörter mehr.

0026   *14,80 €*

Staatsrecht

Stoffauswahl und Schwerpunktbildung von Verfassungsrecht (Staatsrecht I) und Staatsorganisationsrecht (Staatsrecht II) orientieren sich am praktischen Bedürfnis von Klausur und Hausarbeit. Da in diesem Bereich häufig nach dem Prinzip „terra incognita" gelernt wurde, gilt es Lücken zu schließen. Wer Staatsrecht richtig gelernt hat, kann sich jedem Fall stellen. Es gilt der Wahlspruch der Aufklärung: „sapere aude" (Wage, Dich Deines Verstandes zu bedienen.), Kant, auf ihn Bezug nehmend Karl Popper (Beck´sche Reihe, „Große Denker").

Staatsrecht I
Die Grundrechte sind das Herzstück der Verfassung. Zulässigkeit und Begründetheit der Verfassungsbeschwerde geben jedem Klausurersteller die Möglichkeit, Grundrechtsverständnis abzuprüfen. Die einzelnen Grundrechte werden im Rahmen der Begründetheit der Verfassungsbeschwerde umfassend erklärt. Lernen Sie mit der hemmer-Methode den richtigen Fallaufbau, auf den gerade im Öffentlichen Recht besonders viel Wert gelegt wird.

0027 *14,80 €*

Staatsrecht II
Speziell hier gilt: Die wenigen Klassiker, die immer wieder in der Klausur eingebaut sind, muss man kennen. Dies sind im Prozessrecht: Organstreitigkeiten, abstrakte und konkrete Normenkontrolle und föderale Streitigkeiten (Bund-/ Länderstreitigkeiten). Das materielle Recht beinhaltet Staatszielbestimmungen (Art. 20 GG), Finanzverfassung, daneben auch oberste Staatsorgane, Gesetzgebungskompetenz und -verfahren, Verwaltungsorganisation und das Recht der politischen Parteien. Mit diesen Problemkreisen sollten Sie sich im Rahmen einer sinnvollen Examensvorbereitung mit den jeweiligen landesrechtlichen Besonderheiten auseinandersetzen. Skripten, die die Problematik „verallgemeinernd" auf Bundesebene darstellen, helfen meist nicht weiter!

0028 *14,80 €*

Staatshaftungsrecht
Das Staatshaftungsrecht ist eine Querschnittsmaterie aus den Bereichen Verfassungsrecht, Allgemeines und Besonderes Verwaltungsrecht und dem Bürgerlichen Recht. Diese Besonderheit macht es einerseits kompliziert, andererseits interessant für Klausurersteller! In diesem Skript finden Sie alle klausurrelevanten Probleme des Staatshaftungsrechts examenstypisch aufgearbeitet.

0040 *14,80 €*

Europarecht
Immer auf dem neusten Stand! Unser Europarecht hat sich zum Klassiker entwickelt. In Zeiten unüberschaubarer Normenflut ermöglicht dieses Skript die zum Verständnis notwendige Orientierung und Vereinfachung. Anschaulich und klar strukturiert erspart es Zeit und dient dem Allgemeinverständnis für dieses in Zukunft immer wichtiger werdende Prüfungsgebiet. Zusammen mit der Fallsammlung Europarecht Garant für ein erfolgreiches Abschneiden in der Prüfung! Die hohe Nachfrage gibt dem Skriptum recht.

0029 *16,80 €*

Öffentliches Recht - landesspezifische Skripten

Wesentliche Bereiche des Öffentlichen Rechts - Kommunalrecht, Sicherheitsrecht, Bauordnungsrecht - sind aufgrund der Kompetenzverteilung des Grundgesetzes Landesrecht. Hier müssen Sie sich im Rahmen einer sinnvollen Examensvorbereitung mit den jeweiligen landesrechtlichen Besonderheiten auseinandersetzen. Skripten, die die Problematik „verallgemeinernd" auf Bundesebene darstellen, helfen meist nicht weiter!

Baurecht/Bayern
Baurecht/Nordrhein-Westfalen
Baurecht/Baden Württemberg

Bauplanungs- und Bauordnungsrecht werden in klausurtypischer Aufarbeitung so dargestellt, dass selbst ein Anfänger innerhalb kürzester Zeit die Systematik des Baurechts erlernen kann. Vertieft werden darüber hinaus alle wichtigen Spezialprobleme des Baurechts wie gemeindliches Einvernehmen, Vorbescheid, Erlass von Bebauungsplänen etc. behandelt.

01.0033 BauR Bayern	*14,80 €*
02.0033 BauR NRW	*14,80 €*
03.0033 BauR Baden Württ.	*14,80 €*

Polizei- und Sicherheitsrecht/ Bayern
Polizei- und Ordnungsrecht/ Nordrhein-Westfalen
Polizeirecht/Baden Württemberg

Gerade das Polizei- und/oder Sicherheitsrecht stellt sich von Bundesland zu Bundesland unterschiedlich dar: Hier kommt die Stärke der landesrechtlichen Skripten voll zur Geltung! Lernen Sie im jeweils regionalen Kontext die Begriffe Primär- und Sekundärmaßnahme, Konnexität, Anscheins- und Putativgefahr usw. Der Aufbau des Skripts orientiert sich an der typischen Systematik einer Polizeirechtsklausur.

01.0034 Polizei-/SR Bayern	*14,80 €*
02.0034 Polizei-/OR NRW	*14,80 €*
03.0034 PolizeiR/ Baden Württ.	*14,80 €*

Kommunalrecht/Bayern
Kommunalrecht/NRW
Kommunalrecht/Baden Württemberg

In vielen Bundesländern ist Kommunalrecht das Herz der verwaltungsrechtlichen Klausur, da es sich mit den meisten anderen Bereichen des Verwaltungsrecht-BT hervorragend kombinieren lässt: Begriffe wie eigener und übertragener Wirkungskreis, Kommunalaufsicht, Verbands- und Organkompetenz, Befangenheit von Gemeinderäten, Kommunale Verfassungsstreitigkeit, gemeindliche Geschäftsordnung und vieles mehr werden in gewohnt fallspezifischer Art dargestellt und erklärt.

01.0035 KomR. Bayern	*14,80 €*
02.0035 KomR. NRW	*14,80 €*
03.0035 KomR. Baden Württ.	*14,80 €*

Schwerpunktskripten

Auch im Schwerpunktbereich können Sie auf die gewohnte und bewährte Qualität der Hemmer-Skripten zurückgreifen. Wir ermöglichen Ihnen, ihren Schwerpunktbereich effektiv und examenstypisch zu erschließen. Die Zusammenstellung der Skripten orientiert sich am examensrelevanten Stoff und den wichtigsten Problemkreisen.

Kriminologie

Das Skript Kriminologie umfasst sämtliche, für den Schwerpunkt relevanten Bereiche: Kriminologie, Jugendstrafrecht und Strafvollzug. Im Mittelpunkt stehen insbesondere die Erscheinungsformen und Ursachen von Kriminalität, der Täter, aber auch das Opfer und die Kontrolle und Behandlung des Straftäters. Durch die Behandlung vieler strafrechtlicher Grundbegriffe ist das Skriptum auch für den Studenten geeignet, der diesen Schwerpunktbereich nicht gewählt hat.

0039   *16,80 €*

Völkerrecht

Die Probleme im Völkerrecht sind begrenzt. Erschließen Sie sich mit Hilfe dieses Skripts die Problemkreise der völkerrechtlichen Verträge, über die Personalhoheit bis hin zum Interventionsverbot.
Denken Sie daran: Seit das Europarecht Prüfstoff des Ersten und Zweiten Juristischen Staatsexamens geworden ist, hat die Attraktivität des Schwerpunktbereiches Völker-/Europarecht stark zugenommen.

0036   *16,80 €*

Internationales Privatrecht

In der Praxis wird der Jurist von morgen nicht darum herumkommen, sich mit IPR zu beschäftigen. Internationale Verflechtungen gewinnen an Bedeutung und den nationalen Scheuklappen wird entgegen gewirkt. Das Skript ist fallorientiert und ermöglicht den leichten Einstieg. Die Anwendung des Internationalen Einheitsrechts, staatsvertraglicher Kollisionsnormen sowie des autonomen Kollisionsrechts werden hier erläutert. Auch werden die Rechte der natürlichen Person auf internationaler Ebene vom Vertragsrecht bis hin zum Sachenrecht behandelt.

0037   *16,80 €*

Kapitalgesellschaftsrecht

Im Skript Kapitalgesellschaftsrecht werden die Gründung der Kapitalgesellschaften und deren Organisationsverfassung dargestellt. Es beinhaltet daneben die Rechtsstellung der Gesellschafter, die Finanzordnung der Gesellschaften und die Stellung der Gesellschaften im Rechtsverkehr. Abschließend erfolgt ein Überblick über das Konzernrecht und Sonderformen der Kapitalgesellschaften.

0055   *16,80 €*

Rechtsgeschichte I

Gegenstand des Skripts ist die Rechtsgeschicht des frühen Mittelalters bis hin zur Rechtsgeschichte des 20. Jahrhunderts. Inhaltlich deckt es die Bereiche Verfassungsrechtsgeschichte, Privatrechtsgeschichte und Strafrechtsgeschichte ab. Hauptsächlich hilft das Skript bei der Vorbereitung auf die rechtsgeschichtlichen Klausuren. Gleichzeitig ist es auch für „kleine" Grundlagenklausuren und die „großen" Examensklausuren geeignet. Ideal auch zur Vorbereitung auf die mündliche Prüfung.

0058   *16,80 €*

Rechtsgeschichte II

Das Skript Rechtsgeschichte II befasst sich mit der Römischen Rechtsgeschichte und liefert im Zusammenhang mit dem Skript Rechtsgeschichte I (Deutsche Rechtsgeschichte) den Stoff für den Schwerpunktbereich. Darüber hinaus sollten Grundzüge der Rechtsgeschichte zum Wissen eines jeden Jurastudenten gehören. Mit diesem Skript werden Sie schnell in die Entwicklungen und Einflüsse der Römischen Rechtsgeschichte eingeführt.

0059   *16,80 €*

Wettbewerbs- und Markenrecht

Im Rahmen des Rechts des unlauteren Wettbewerbs werden die Grundzüge erklärt, die für das Verständnis dieser Materie unerlässlich sind. Aus dem Bereich des Immaterialgüterrechts wird das Markenrecht näher betrachtet, etwa Unterlassungs- und Schadensersatzansprüche wegen Markenverletzung.

0060   *16,80 €*

Examenswissen

Rechts- und Staatsphilosophie sowie Rechtssoziologie

Ziel des Skriptes ist es, über die Vermittlung des für die Klausur erforderlichen Wissens hinaus den Leser zu befähigen, ein eigenständiges rechtsphilosophisches Denken zu entwickeln und die erforderliche Argumentation auszuprägen. Das Werk führt zunächst gezielt in die Grundlagen und Fragestellungen der Rechtsphilosophie und Rechtssoziologie ein. Dem folgt eine historisch wie thematisch orientierte Auswahl von Philosophen und Soziologen, wobei nach einem festen Gliederungsmuster deren Leben, Vorstellung von Recht und Gerechtigkeit, Gesellschaft und Staat vorgestellt wird. Die Ausführungen schließen mit aktuellen Bezügen zur jeweiligen Theorie als Denkanstoß ab.

0062   *16,80 €*

Insolvenzrecht

Das Skript umfasst sämtliche relevanten Bereiche: Insolvenzantragsverfahren, vorläufige Insolvenzverwaltung, Anfechtung, Aus- und Absonderung sowie alles rund um das Amt des Insolvenzverwalters. Ebenfalls besprochen werden die Besonderheiten von Arbeitsverhältnissen in der Insolvenz sowie die Besonderheiten des Verbraucherinsolvenzverfahrens. Mit einer Vielzahl von Beispielen aus der Praxis ist das Skriptum geeignet, sich einen groben Überblick über diesen sehr bedeutsamen Bereich zu verschaffen.

0063   *16,80 €*

Steuererklärung leicht gemacht

Das Skript gibt alle erforderlichen Anleitungen und geldwerte Tipps für die selbstständige Erstellung der Einkommensteuererklärung von Studenten und Referendaren. Zur Verdeutlichung sind Beispielfälle eingebaut, deren Lösungen als Grundlage für eigene Erklärungen dienen können.

0038   *14,80 €*

Abgabenordnung

Die Abgabenordnung als das Verfahrensrecht zum gesamten Steuerrecht hält viele Besonderheiten bereit, die Sie sowohl im Rahmen der Pflichtfachklausur im 2. Examen, wie auch im Schwerpunktbereich beherrschen müssen. Hierbei hilft zwar Systemver-

ständnis im allgemeinen Verwaltungsrecht, jedoch ist auch eine detaillierte Auseinandersetzung mit abgabenordnungsspezifischen Problemen unverzichtbar. Im 1. und 2. Examen stellen verfahrensrechtliche Fragen regelmäßig zwischen 25 und 30 % des Prüfungsstoffes der Steuerrechtsklausur dar. Hier zeigt sich immer wieder, dass das Verfahrensrecht zu wenig beachtet wurde. Eine gute Klausur kann aber nur dann gelingen, wenn sowohl die einkommensteuerrechtliche als auch die verfahrensrechtliche Problematik erfasst wurde.

0042   *16,80 €*

Einkommensteuerrecht

Der gesamte examensrelevante Stoff sowohl für den Schwerpunktbereich als auch für die Pflichtklausur im 2. Examen: Angefangen bei den einkommensteuerlichen Grundfragen der subjektiven Steuerpflicht und den Besteuerungstatbeständen der sieben Einkommensarten, über die verschiedenen Gewinnermittlungsmethoden, bis hin zur Berechnung des zu versteuernden Einkommens orientiert sich das Skript streng am Klausuraufbau und stellt so absolut notwendiges Handwerkszeug dar. Das Skript eignet sich sowohl für den Einstieg, als auch für die intensive Auseinandersetzung mit dem Einkommensteuerrecht. Auch für jeden „Steuerzahler" empfehlenswert! Schwerpunkt bleiben die examensrelevanten Problemkreise.

0043   *21,80 €*

Wasser- und Immissionsschutzrecht

Sowohl das Wasser- als auch das Immissionsschutzrecht bilden die Kernmaterien des öffentlichen Umweltrechts. In den Prüfungsordnungen der Universitäten sind das Wasser- und Immissionsschutzrecht weitestgehend Bestandteil öffentlich-rechtlicher Schwerpunktbereiche, wohingegen im Rahmen der Referendarausbildung die Materien in vielen Ländern dem Pflichtstoff angehören. Der Aufbau des Skripts orientiert sich daher grundsätzlich an der gutachterlichen Prüfungsabfolge. Den Kern bilden dabei die stark formalisierten wasser- und immissionsschutzrechtlichen Zulassungsverfahren.

0064   *16,80 €*

erhältlich ab März 2008: FGG-Verfahren

0065   *16,80 €*

Die Shorties - Minikarteikarten

Die Shorties - in 20 Stunden zum Erfolg

Die wichtigsten Begriffe und Themenkreise werden anwendungsspezifisch erklärt.
Knapper geht es nicht.
Die „sounds" der Juristerei (super learning) grafisch aufbereitet - in Kürze zum Erfolg.

- als Checkliste
zum schnellen Erfassen des jeweiligen Rechtsgebiets.

- zum Rekapitulieren
mit dem besonderen Gedächtnistraining schaffen Sie Ihr Wissen ins Langzeitgedächtnis.

- vor der Klausur zum schnellen Überblick

- ideal vor der mündlichen Prüfung

Die Shorties 1
BGB AT, SchuldR AT (50.10)   *21,80 €*

Die Shorties 2/I
KaufR, MietV, Leihe, WerkVR,
ReiseV, Verwahrung (50.21)   *21,80 €*

Die Shorties 2/II
GoA, BerR, DeliktsR,
SchadensersatzR (50.22)   *21,80 €*

Die Shorties 3
SachenR, ErbR, FamR (50.30)   *21,80 €*

Die Shorties 4
ZPO I/II, HGB (50.40)   *21,80 €*

Die Shorties 5
StrafR AT/BT (50.50)   *21,80 €*

Die Shorties 6
Öffentliches Recht (50.60)   *21,80 €*
(VerwR, GrundR, BauR, StaatsOrgR, VerfProzR)

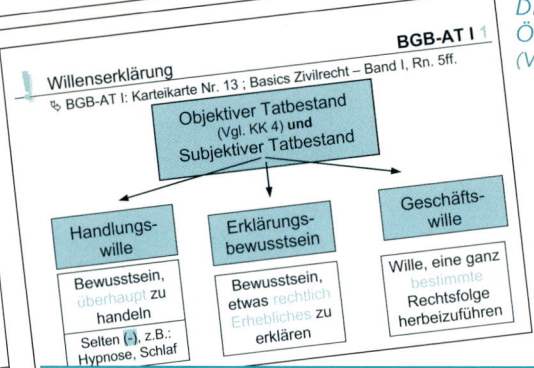

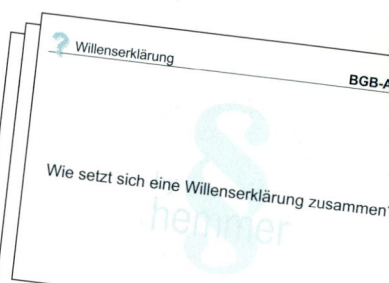

So lernen Sie richtig mit der hemmer-Box (im Preis inklusive):

1. Verstehen: Haben Sie den gelesenen Stoff verstanden, wandert die Karte auf Stufe 2., Wiederholen am nächsten Tag.

2. Wiederholen: Haben Sie den Stoff behalten, wandert er von Stufe 2. zu Stufe 4.

3. kleine Strafrunde: Konnten Sie den Inhalt von 2. nicht exakt wiedergeben, arbeiten Sie die Themen bitte noch einmal durch.

4. fundiertes Wissen: Wiederholen Sie die hier einsortierten Karten nach einer Woche noch einmal. Konnten Sie alles wiedergeben? Dann können Sie vorrücken zu Stufe 5.

5. Langzeitgedächtnis: Wiederholen Sie auf dieser Stufe das Gelernte im Schnelldurchlauf nach einem Monat. Sollten noch Fragen offen bleiben, gehen sie bitte eine Stufe zurück.

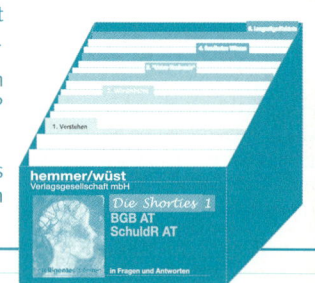

HEMMER Karteikarten - Logisch und durchdacht aufgebaut!

Einleitung
führt zur Fragestellung hin und verschafft Ihnen den schnellen Überblick über die Problemstellung

Frage oder zu lösender Fall
konkretisiert den jeweiligen Problemkreis

II. Verschulden bei Vertragsverhandlungen   **SchR-AT 1**

Vorvertragliche Sonderverbindung   hemmer Karte   22

Die c.i.c. setzt ein vorvertragliches Vertrauensverhältnis voraus. Dieses entsteht nicht durch jeden gesteigerten sozialen Kontakt, sondern nur durch ein Verhalten, das auf den Abschluss eines Vertrages oder die Anbahnung geschäftlicher Kontakte abzielt. Ob es später tatsächlich zu einem Vertragsschluss kommt, ist dagegen unerheblich. Der Vertragsschluss ist nur erheblich für die Abgrenzung zwischen §§ 280 I, 241 II BGB (pVV) und §§ 280 I, 311 II, 241 II BGB (c.i.c.): Fällt die Pflichtverletzung in den Zeitraum vor Vertragsschluss, sind ohne Rücksicht auf den späteren Vertragsschluss die §§ 280 I, 311 II, 241 II BGB richtige Anspruchsgrundlage.

A macht einen Stadtbummel. Aus Neugier betritt er ein neues Geschäft, um das Warenangebot näher kennen zu lernen. Dazu kommt es aber nicht. Er rutscht kurz hinter dem Eingang auf einer Bananenschale aus und bricht sich ein Bein. Hat A Ansprüche aus c.i.c.?

Abwandlung: A betritt das Geschäft nur, weil es gerade zu regnen angefangen hat. Er hat keinerlei Kaufinteresse.

Juristisches Repetitorium
examenstypisch · anspruchsvoll · umfassend **hemmer**

Antwort
informiert umfassend und in prägnanter Sprache

hemmer-Methode
ein modernes Lernsystem, das letztlich erklärt, was und wie Sie zu lernen haben. Gleichzeitig wird background vermittelt. Die typischen Bewertungskategorien eines Korrektors werden miterklärt. So lernen Sie Ihre imaginären Gegner (Ersteller und Korrektor) besser einzuschätzen und letztlich zu gewinnen. Denken macht Spass und Jura wird leicht.

---

1. Grundfall:

Fraglich ist, ob ein vorvertragliches Schuldverhältnis vorliegt. Dieses entsteht insbesondere erst durch ein Verhalten, das auf die Aufnahme von Vertragsverhandlungen (§ 311 II Nr. 1 BGB), die Anbahnung eines Vertrags (§ 311 II Nr. 2 BGB) oder eines geschäftlichen Kontakts (§ 311 II Nr. 3 BGB) abzielt. Hier betritt A das Geschäft zwar ohne konkrete Kaufabsicht, aber doch als potentieller Kunde in der Absicht, sich über das Warensortiment zu informieren, um später möglicherweise doch etwas zu kaufen. **Sein Verhalten ist somit auf die Anbahnung eines Vertrags gerichtet, bei welchem der A im Hinblick auf eine etwaige rechtsgeschäftliche Beziehung dem Geschäftsinhaber die Möglichkeit zur Einwirkung auf seine Rechte, Rechtsgüter und Interessen gewährt oder ihm diese anvertraut, vgl. § 311 II Nr. 2 BGB.**

Der Geschäftsinhaber hat die Pflicht, alles Zumutbare zu unternehmen, um seine Kunden vor Schäden an Leben und Gesundheit zu schützen. Diese Pflicht wurde hier verletzt. Im Hinblick auf die Darlegungs- und Beweislast zum Vertretenmüssen ist von § 280 I 2 BGB auszugehen. Ausreichend ist daher von Seiten des Geschädigten der Nachweis des objektiv verkehrsunsicheren Zustands im Verantwortungsbereich des Schuldners, hier durch die Bananenschale. Der Schuldner, also der Geschäftsinhaber muss dann nachweisen, dass er und seine Erfüllungsgehilfen alle zumutbaren Maßnahmen zur Vermeidung des Schadens ergriffen haben. Das wird regelmäßig nicht gelingen. **Von Vertretenmüssen ist daher auszugehen,** gegebenenfalls ist dem Geschäftsinhaber das Verschulden der Erfüllungsgehilfen (z.B. Ladenangestellen) nach § 278 BGB zuzurechnen. Die **Pflichtverletzung war ursächlich für den Schaden des A. A kann somit Schadensersatz aus §§ 280 I, 311 II Nr. 2, 241 II BGB verlangen** (u.U. gekürzt um einen Mitverschuldensanteil).

2. Abwandlung:

In der Abwandlung hat A von vornherein keinerlei Kaufabsicht. Sein **Verhalten ist nicht auf die Anbahnung eines Vertrags gerichtet.** Das bloße Betreten eines Ladens genügt jedoch nicht, um ein gesteigertes Vertrauensverhältnis zu begründen. **Daher scheiden Ansprüche aus §§ 280 I, 311 II Nr. 2, 241 II BGB aus.** Es kommen lediglich deliktische Schadensersatzansprüche in Betracht.

hemmer-Methode: Bei dauernden Geschäftsbeziehungen, innerhalb derer sich ein Vertrauensverhältnis herausgebildet hat, ist eine Haftung aus c.i.c. auch für Handlungen, die nicht unmittelbar auf die Anbahnung eines Vertrages gerichtet sind, gerechtfertigt, sofern die Handlung in engem Zusammenhang mit der Geschäftsbeziehung steht.

---

examenstypisch - anspruchsvoll - umfassend

Die Karteikartensätze

Lernen Sie intelligent
mit der 5-Schritt-Methode.

Weniger ist mehr. Das schnelle Frage- und Antwortspiel sich auf dem Markt durchgesetzt. Mit der hemmer-Methode wird der Gesamtzusammenhang leichter verständlich, das Wesentliche vom Unwesentlichen unterschieden. Ideal für die AG und Ihre Lerngruppe: wiederholen Sie die Karteikarten und dem hemmer-Spiel „Jurapolis". Lernen Sie so im Hinblick auf die mündliche Prüfung frühzeitig auf Fragen knapp und präzise zu antworten. Wissenschaftlich ist erwiesen, dass von dem Gelernten in der Regel innerhalb von 24 Stunden bis zu 70% wieder vergessen wird. Daher ist es wichtig, das Gelernte am nächsten Tag zu wiederholen, bevor Sie sich neue Karteikarten vornehmen.
Mit den Karteikarten können Sie leicht kontrollieren, wie viel Sie behalten haben.
Karteikarten bieten die Möglichkeit, knapp, präzise und zweckrational zu lernen. Im Hinblick auf das Examen werden die wichtigsten examenstypischen Problemfelder vermittelt. Das Karteikartensystem entspricht modernen Lernkonzepten und führt zum „learning just in time" (Lernen nach Bedarf). Da sie kurz und klar strukturiert sind, kann mit ihnen in kürzester Zeit der Lernstoff erarbeitet und vertieft werden.

Basics - Zivilrecht
Das absolut notwendige Grundwissen vom Vertragsabschluß bis zum EBV. Alles was Sie im Zivilrecht wissen müssen. Die Grundlagen müssen sitzen.

20.01   *12,80 €*

Basics - Strafrecht
Karteikarten Basics-Strafrecht bieten einen Überblick über die wichtigsten Straftatbestände wie z.B.: Straftaten gegen Leib und Leben sowie Eigentumsdelikte und Straßenverkehrsdelikte, sowie verschiedene Deliktstypen, wichtige Probleme aus dem allgemeinen Teil, z.B. Versuch, Beteiligung Mehrerer, usw.

20.02   *12,80 €*

Basics - Öffentliches Recht
Anhand der Karten Basics-Öffentliches Recht erhalten Sie einen breitgefächerten Überblick über Staatsrecht, Verwaltungs-, und Staatshaftungsrecht. So lassen sich die verschiedenen Rechtsbehelfe optimal in ihrer Zulässigkeits- und Begründetheitsstation auf die Grundlagen hin erlernen.

20.03   *12,80 €*

BGB-AT I
Die BGB-AT I Karteikarten beinhalten das, was zum Wirksamwerden eines Vertrages beiträgt (Wirksamwerden der WE, Geschäftsfähigkeit, Rechtsbindungswille, usw.) bzw. der Wirksamkeit hindernd entgegensteht (Willensvorbehalte, §§ 116 ff., Sittenwidrigkeit, u.v.m.). Die Problemfelder der Geschäftsfähigkeit, insbesondere das Recht des Minderjährigen, dürfen bei dieser Möglichkeit zu lernen nicht fehlen.

22.01   *14,80 €*

BGB-AT II
Die BGB-AT II Karteikarten stellen in bekannt knapper und präziser Weise dar, was auf dem umfangreichen Gebiet der Stellvertretung von Ihnen erwartet wird. Die unerlässlichen Kenntnisse über die Probleme der Anfechtung, der AGB-Bestimmungen und des Rechts der Einwendungen und Einreden können hiermit zur Examensvorbereitung wiederholt bzw. vertieft werden.

22.02   *14,80 €*

Die Karteikarten

Schuldrecht AT I

Im bekannten Format werden hier die Grundbegriffe des Schuldrechts dargestellt. Dazu gehören der Inhalt und das Erlöschen des Schuldverhältnisses (z.B. durch Erfüllung, Aufrechnung oder auch Rücktritt). Insbesondere die verschiedenen Probleme in Zusammenhang mit der Haftung im vorvertraglichen Schuldverhältnis nach §§ 280 I, 311 II, 241 II BGB (c.i.c.), das Verhältnis des allgemeinen Leistungsstörungsrechts zu anderen Vorschriften und die Formen und Wirkungen der Unmöglichkeit werden behandelt.

22.031   *14,80 €*

Schuldrecht AT II

Klassiker wie Verzug, Abtretung, Schuldübernahme, Vertrag zugunsten oder mit Schutzwirkung zugunsten Dritter und Drittschadensliquidation gehören hier genauso zum Stoff der Karteikarten wie die Gesamtschuldnerschaft und das Schadensrecht (§§ 249 ff. BGB), das umfassend von Schadenszurechnung bis hin zu Art, Inhalt und Umfang der Ersatzpflicht dargestellt wird.

22.032   *14,80 €*

Schuldrecht BT I

Bei diesen Karteikarten steht das Kaufrecht als examensrelevante Materie im Vordergrund. Die Schwerpunkte bilden aber auch Sachmängelrecht und die Probleme rund um den Werkvertrag.

22.40   *14,80 €*

Schuldrecht BT II

Die Karteikarten Schuldrecht BT II behandeln nach Kaufrecht im Karteikartensatz Schuldrecht BT I, die restlichen Vertragstypen. Dazu gehören vor allem das Mietrecht, der Dienstvertrag, die Bürgschaft und die GoA. Auch Gebiete wie z.B. Schenkung, Leasing, Schuldanerkenntnis und Auftrag kommen nicht zu kurz.

22.41   *14,80 €*

Bereicherungsrecht

Die §§ 812 ff. BGB sind regelmäßig die Folge unwirksamer Verträge. Abgrenzungsprobleme gibt es u.a. zum Wegfall der Geschäftsgrundlage (z.B. Rückabwicklung bei der nichtehelichen Lebensgemeinschaft) und §§ 987 ff. BGB. Der Karteikartensatz versteht sich als Gebrauchsanweisung für die erfolgreiche Bewältigung des anspruchsvollen Rechtsgebiets Bereicherungsrecht. Ohne Verständnis für dieses Rechtsgebiet bleibt der Zusammenhang im Zivilrecht im Dunkeln.

22.08   *14,80 €*

Deliktsrecht

Thematisiert werden im Rahmen dieser Karteikarten schwerpunktmäßig die §§ 823 I und 823 II BGB. Verständlich und präzise wird auch auf die Probleme der §§ 830 ff. eingegangen, wobei besonders auf den Verrichtungsgehilfen und die Gefährdungshaftung geachtet wird. Neben einem Einblick in das Staatshaftungsrecht wird auch die Haftung aus dem StVG, ProdHaftG und die negatorische/quasinegatorische Haftung behandelt.

22.09   *14,80 €*

Sachenrecht I

Mit den Karteikarten zum Sachenrecht können Sie ein so komplexes Gebiet wie dieses optimal wiederholen und Ihr Wissen trainieren.
Das Sachenrecht mit EBV, Anwartschaftsrecht und Pfandrechten ist für jeden Examenskandidaten ein Muss.

22.11   *14,80 €*

Sachenrecht II

Auch auf einem so schwierigen Gebiet wie dem Grundstücksrecht und den damit verbundenen Pfand- und Sicherungsrechten geben die Karteikarten nicht nur eine zügige Wissensvermittlung, sondern reduzieren die Komplexität des Immobiliarsachenrechts auf das Wesentliche und erleichtern somit die eigene Systematik, z.B. des Hypothek- und Grundschuldrechts, zu verstehen. Begriffe wie die Vormerkung und das dingliche Vorkaufsrecht müssen im Examen beherrscht werden.

22.12   *14,80 €*

Kreditsicherungsrecht

Die Karteikarten als Ergänzung zum Skript Kreditsicherungsrecht ermöglichen Ihnen, spielerisch mit den einzelnen Sicherungsmitteln umzugehen, und die Unterschiede zwischen akzessorischen und nichtakzessorischen Sicherungsmitteln genauso wie ihre Besonderheiten zu beherrschen.

22.13   *14,80 €*

Die Karteikarten

Arbeitsrecht

Arbeitsrecht ist stark von Richterrecht geprägt und hat sich auch, wie z.B. im Streikrecht, praeter legem entwickelt. Entsprechend häufig sind die Neuerungen. Gleichwohl ist die Arbeitsrechtsklausur im Regelfall standardisiert: Kündigungsschutz (Feststellungsklage) und Lohnzahlung (Leistungsklage) bilden häufig das Grundgerüst. Eingestreut sind regelmäßig Probleme wie z.B. Gratifikationen, Urlaubsabgeltungsanspruch, faktische Bindung und Anwendbarkeit der Grundrechte.

Verständnis entsteht, so macht Arbeitsrecht Spaß.

22.18   14,80 €

Familienrecht

Die wichtigsten Problematiken dieses Gebietes werden hier im Überblick dargestellt und erleichtern Ihnen den Umgang mit Ehe, Sorgerecht, Vormundschaft, aber auch dem Familienprozessrecht.

22.14   14,80 €

Erbrecht

Die Grundzüge des Erbrechts mit den einzelnen Problematiken der gewillkürten und gesetzlichen Erbfolge, des Pflichtteilrechts und der Erbenhaftung gehören ebenso zum Examensstoff wie die Annahme und Ausschlagung der Erbschaft und die Problematik mit dem Erbschein. Die Grundlagen zu beherrschen ist wichtiger als einzelne Sonderprobleme.

22.15   14,80 €

ZPO I

ZPO taucht zunehmend in den Examensklausuren auf und darf nicht vernachlässigt werden. Nutzen Sie die Möglichkeit, sich durch die knappe und präzise Aufbereitung in den Karteikarten mit dem Prozessrecht vertraut zu machen, um im Examen eine ZPO-Klausur in Ruhe angehen zu können.

22.16   14,80 €

ZPO II

Die Karteikarten ZPO II führen Sie quer durch das Recht der Zwangsvollstreckung bis hin zu den verschiedenen Rechtsbehelfen in der Zwangsvollstreckung. Dabei können Rechtsbehelfe wie die Vollstreckungsgegenklage oder die Drittwiderspruchsklage den Einstieg in eine BGB-Klausur bilden.

22.17   14,80 €

Handelsrecht

Im Handelsrecht kehren oft bekannte Probleme wieder, die mittels der Karteikarten optimal wiederholt werden können. Auch für das umfassende Schuld- und Sachenrecht des Handels, in dem auch viele Verknüpfungen zum BGB bestehen, bieten die Karteikarten einen guten Überblick.

22.191   14,80 €

Gesellschaftsrecht

Die Personengesellschaften, Körperschaften und Vereine haben viele Unterschiede, weisen aber auch Gemeinsamkeiten auf. Um diese mit allen wichtigen Problemen optimal vergleichen zu können, eignen sich besonders die Karteikarten im Überblicksformat.

22.192   14,80 €

Strafrecht-AT I

Das vorsätzliche Begehungsdelikt mit all seinen Problemen der Kausalität, der Irrtumslehre bis hin zur Rechtfertigungsproblematik und Schuldfrage ist hier umfassend, aber in bekannt kurzer und übersichtlicher Weise dargestellt.

22.20   14,80 €

Strafrecht-AT II

Die Karteikarten Strafrecht AT II decken die restlichen Problemkreise Versuch (insbesondere Rücktritt vom Versuch), Täterschaft und Teilnahme, das Fahrlässigkeitsdelikt und die oft vernachlässigten Konkurrenzen ab.

22.21   14,80 €

Die Karteikarten

Strafrecht-BT I
Ergänzend zum Skript werden Ihnen hier die Vermögensdelikte in knapper und übersichtlicher Weise veranschaulicht. Besonders im Strafrecht BT, wo es oft zu Abgrenzungsproblematiken kommt (z.B. Abgrenzung zwischen Raub und räuberischer Erpressung) ist eine Darstellung auf Karteikarten sehr hilfreich.

22.22   *14,80 €*

Strafrecht-BT II
Die Strafrecht BT II - Karten befassen sich mit den Nichtvermögensdelikten. Besonderes Augenmerk wird hierbei auf die Körperverletzungsdelikte sowie die Urkundendelikte und die Brandstiftungsdelikte gelegt.

22.23   *14,80 €*

StPO
In fast jeder StPO-Klausur werden Zusatzfragen auf dem Gebiet des Strafprozessrechts gestellt. Es handelt sich hierbei meist um Standardfragen, aber gerade diese sollten Sie sicher beherrschen. Die Karteikarten decken alle Standardprobleme ab, von Prozessmaximen bis hin zu den einzelnen Verfahrensstufen.

22.30   *14,80 €*

Verwaltungsrecht I
Ob allgemeines oder besonderes Verwaltungsrecht - die einzelnen Probleme der Eröffnung des Verwaltungsrechtsweges werden Ihnen immer wieder begegnen. Wiederholen Sie hier auch Ihr Wissen rund um die Anfechtungsklage, welche die zentrale Klageart in der VwGO darstellt.

22.24   *14,80 €*

Verwaltungsrecht II
Von der Verpflichtungsklage über die Leistungsklage bis hin zum Normenkontrollantrag sowie weitere Bereiche, mit deren jeweiligen Sonderproblemen werden alle verwaltungsrechtlichen Klagearten dargestellt.

22.25   *14,80 €*

Verwaltungsrecht III
Mittels Karteikarten können die Spezifika der jeweiligen Rechtsgebiete umfassend aufbereitet und verständlich erklärt werden. Thematisiert werden im Rahmen dieser Karten das Widerspruchsverfahren, der vorläufige sowie der vorbeugende Rechtsschutz und das Erheben von Rechtsmitteln.

22.26   *14,80 €*

Staats- und Verfassungsrecht
Karteikarten eignen sich besonders gut, die einzelnen Grundrechte, Verfassungsrechtsbehelfe und Staatszielbestimmungen darzustellen, da gerade die einschlägigen Rechtsbehelfe zum Bundesverfassungsgericht sehr klaren und eindeutigen Strukturen folgen, innerhalb derer eine saubere Subsumtion notwendig ist. Das Gesetzgebungsverfahren und die Aufgaben der obersten Staatsorgane können hierbei gut wiederholt werden. Auch wird ein kurzer Einblick in die auswärtigen Beziehungen und die Finanzverfassung gegeben.

22.27   *14,80 €*

Europarecht
Nutzen Sie die Europarechtskarteikarten, um im weitläufigen Gebiet des Europarechts den Überblick zu behalten. Vom Wesen und den Grundprinzipien des Gemeinschaftsrechts über das Verhältnis von Gemeinschaftsrecht zum mitgliedstaatlichen Recht bis hin zu den Institutionen wird hier übersichtlich alles dargestellt, was Sie als Grundlagenwissen benötigen. Hinzu kommen die klausurrelevanten Bereiche des Rechtsschutzes und der Grundfreiheiten.

22.29   *14,80 €*

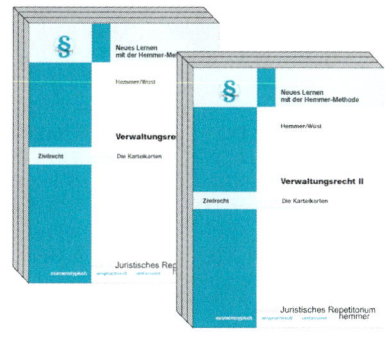

Die Karteikarten

Übersichtskarteikarten

Ihr Begleiter vom 1. Semester bis zum 2. Staatsexamen! Die wichtigsten Problemfelder im Zivil-, Straf- und Öffentlichen Recht sind knapp, präzise und übersichtlich dargestellt. Sie erfassen effektiv auf einen Blick das Wesentliche. Die grafische Aufbereitung auf der Vorderseite erleichtert den schnellen Zugriff. Die Kommentierung mit der hemmer-Methode auf der Rückseite schafft die Einordnung für die Klausur. Nutzen Sie die Übersichtskarten auch als Checkliste zur Kontrolle.

BGB im Überblick I

Mit den Übersichtskarteikarten verschaffen Sie sich einen schnellen und effizienten Überblick über die wichtigsten zivilrechtlichen Problemkreise des BGB-AT, Schuldrecht AT und BT sowie des Sachenrecht AT und BT.
Knapp und teilweise graphisch aufbereitet vermitteln Ihnen die Übersichtskarten das Wesentliche. Aufbauschemata helfen Ihnen bei der Subsumtion. Für den Examenskandidaten sind die Übersichtskarten eine „Checkliste", für den Anfänger eine Möglichkeit zum ersten Einblick.

25.01   *30,00 €*

BGB im Überblick II

Diese Karteikarten bieten einen Überblick der Gebiete Erbrecht, Familienrecht, Handelsrecht, Arbeitsrecht und ZPO.
Für den Examenskandidaten sind die Übersichtskarten eine „Checkliste", für den Anfänger eine Möglichkeit zum ersten Einblick.

25.011   *30,00 €*

Strafrecht im Überblick

Die Übersichtskarten leisten eine Einordnung in den strafrechtlichen Kontext. Im Hinblick auf das Examen werden so die wichtigsten examenstypischen Problemfelder vermittelt. Behandelt werden die Bereiche Strafrecht AT I und II wie auch BT I und II und StPO. Im Strafrecht BT ist bekanntlich fundiertes Wissen der Tatbestandsmerkmale mit ihren Definitionen gefragt, was sich durch Lernen mit den Übersichtskarten gezielt und schnell wiederholen lässt.

25.02   *30,00 €*

Öffentliches Recht im Überblick

Verschaffen Sie sich knapp einen Überblick über das Wesentliche der Gebiete Staatsrecht und Verwaltungsrecht. Die verwaltungs- und staatsrechtlichen Klagearten, Staatszielbestimmungen und die wichtigsten Vorschriften des Grundgesetzes werden mit den wichtigsten examenstypischen Problemfeldern verknüpft und vermindern in der gezielten Knappheit die Datenflut.

25.03   *16,80 €*

ÖRecht im Überblick / Bayern
ÖRecht im Überblick / NRW

Mit dem zweiten Satz der Übersichtskarteikarten im Öffentlichen Recht können Sie Ihr Wissen nun auch auf den Gebiete Polizei- und Sicherheitsrecht überprüfen und auffrischen. Die wichtigsten Probleme auf den Gebieten Baurecht und Kommunalrecht werden im klausurspezifischen Kontext dargestellt, z.B. die Besonderheiten von Kommunalverfassungsstreitigkeiten im Kommunalrecht oder Fortsetzungsfeststellungsklagen im Polizeirecht.

25.031 ÖRecht im Überb. / Bayern   *16,80 €*

25.032 ÖRecht im Überb. / NRW   *16,80 €*

Europarecht/Völkerrecht im Überblick

Die Übersichtskarten zum Europarecht dienen der schnellen Wiederholung. Gerade in diesem Rechtsgebiet ist es wichtig, einen schnellen Überblick über Institutionen, Klagearten usw. zu bekommen. Klassiker wie Grundfreiheiten und Verknüpfungen zum deutschen Recht werden ebenfalls dargestellt. Komplettiert wird der Satz durch eine Darstellung der Grundzüge des Völkerrechts.

25.04   *16,80 €*

Assessor-Skripten/-Karteikarten/BWL-Skripten

Skripten Assessor-Basics

Trainieren Sie mit uns genau das, was Sie im 2. Staatsexamen erwartet. Die Themenbereiche der Assessor-Basics sind alle examensrelevant. So günstig erhalten Sie nie wieder eine kleine Bibliothek über das im 2. Staatsexamen relevante Wissen. Die Skripten dienen als Nachschlagewerk, sowie als Anleitung zum Lösen von Examensklausuren.

Theoriebände
Die Zivilrechtliche Anwaltsklausur/Teil 1:
410.0004   18,60 €

Das Zivilurteil
410.0007   18,60 €

Die Strafrechtsklausur im Assessorexamen
410.0008   18,60 €

Die Assessorklausur Öffentliches Recht
410.0009   18,60 €

Klausurentraining (Fallsammlung)
Zivilurteile (früher. Zivilprozess)
410.0001   18,60 €

Arbeitsrecht
410.0003   18,60 €

Strafprozess
410.0002   18,60 €

Zivilrechtliche Anwaltsklausuren/Teil 2:
410.0005   18,60 €

Öffentlichrechtl. u. strafrechtl. Anwaltsklausuren
410.0006   18,60 €

Karteikarten Assessor-Basics

Zivilprozessrecht im Überblick
41.10   19,80 €

Strafprozessrecht im Überblick
41.20   19,80 €

Öffentliches Recht im Überblick I
41.30   19,80 €

Familien- und Erbrecht im Überblick
41.40   19,80 €

Skripten für BWL'er, WiWi und Steuerberater

Profitieren Sie von unserem know-how.
Seit 1976 besteht das in Würzburg gegründete Repetitorium hemmer und bildet mit Erfolg aus. Grundwissen im Recht ist auch im Wirtschaftsleben heute eine Selbstverständlichkeit. Die prüfungstypischen Standards, die so oder in ähnlicher Weise immer wiederkehren, üben wir anhand unserer Skripten mit Ihnen ein. Durch unsere jahrelange Erfahrung wissen wir, mit welchen Anforderungen zu rechnen sind und welche Aspekte der Ersteller einer juristischen Prüfungsklausur der Falllösung zu Grunde legt. Das prüfungs- und praxisrelevante Wissen wird umfassend und gleichzeitig in der bestmöglichen Kürze dargestellt. Der Zugang zur „Fremdsprache Recht" wird damit erleichtert. Unsere Erfahrung - Ihr Profit. Die richtige Investition in eine gute Ausbildung garantiert den Erfolg.

Privatrecht für BWL'er, WiWi & Steuerberater
18.01   14,80 €

Ö-Recht für BWL'er, WiWi & Steuerberater
18.02   14,80 €

Musterklausuren für´s Vordiplom/PrivatR
18.03   14,80 €

Musterklausuren für´s Vordiplom/ÖRecht
18.04   14,80 €

Die wichtigsten Fälle:
BGB-AT, Schuldrecht AT/BT für BWL'er
118.01   14,80 €

Die wichtigsten Fälle:
GesR, GoA, BerR für BWL'er
118.02   14,80 €

Coach dich!
Rationales Effektivitäts-Training zur Überwindung emotionaler Blockaden

70.05   19,80 €

Lebendiges Reden (inkl. CD)
Wie man Redeangst überwindet und die Geheimnisse der Redekunst erlernt.

70.06   21,80 €

Die praktische Lern-Karteikartenbox
- Maße der Lernbox mit Deckel: je 160 mm x 65 mm x 120 mm
- für alle Karteikarten, auch für die Überichtskarteikarten
- inklusive Lernreiter als Sortierhilfe: In 5 Schritten zum Langzeitgedächtnis

28.01   1,99 €

Der Referendar
24 Monate zwischen Genie und Wahnsinn
Das gesamte nicht-examensrelevante Wissen über Trinkversuche, Referendarsstationen, Vorstellungsgespräch… von Autor und Jurist Jörg Steinleitner. Humorvoll und sprachlich spritzig!
250 Seiten im Taschenbuchformat

70.01   8,90 €

Der Rechtsanwalt
Meine größten (Rein-) Fälle
Die im vorliegenden Band vereinigten Kolumnen erschienen in der Zeitschrift Life&LAW unter dem Titel: „Voll, der Jurist". Steinleitner hat sie für die Buchausgabe überarbeitet und ergänzt.
250 Seiten im Taschenbuchformat

70.02   9,90 €

Die Gesetzesbox
- stabile Box aus geprägtem Kunstleder mit Magnetverschluss
- für Ihre Gesetzestexte (Schönfelder und Sartorius)
- innen und außen gepolstert

28.05   24,80 €

Orig. Klausurenblock
DinA 4, 80 Blatt, Super praktisch
- Wie in der Prüfung wissenschaftlicher Korrekturrand, 1/3 von links
- glattes Papier zum schnellen Schreiben
- Klausur schreiben, rausreißen, fertig

KL 1		2,49 €
S 805	DinA 4, 80 Blatt, 5er Pack	11,80 €
S 810	DinA 4, 80 Blatt, 10er Pack	22,80 €

Intelligentes Lernen
Wiederholungsmappe
Kaum etwas ist frustrierender, als sich in mühseliger Arbeit Wissen anzueignen, nur um wenige Zeit später festzustellen, dass das Meiste wieder vergessen wurde. Mit dieser Wiederholungsmappe möchten wir diesem Problem beim Lernen entgegentreten. Mit einem effektiven Wiederholungsmanagement werden Sie Ihr Wissen beständig auf einem hohen Niveau halten.
Wiederholungsmappe inklusive Übungsbuch und Mindmapps

75.01   9,90 €

Jurapolis - das hemmer-Spiel
Mit Jurapolis lernen Sie Jura spielerisch.
Die mündliche Prüfungssituation wird spielerisch trainiert. Sie trainieren im Spiel Ihre für die mündliche Prüfung so wichtigen rhetorischen Fähigkeiten. Vergessen Sie nicht, auch im Mündlichen wird entscheidend gepunktet.
Inklusive Karteikartensatz (ohne Übersichtskarteikarten und Shorties) nach Wahl, bitte bei Bestellung angeben!
Lässt sich auch mit eigenen Karteikarten spielen!

40.01   30,00 €

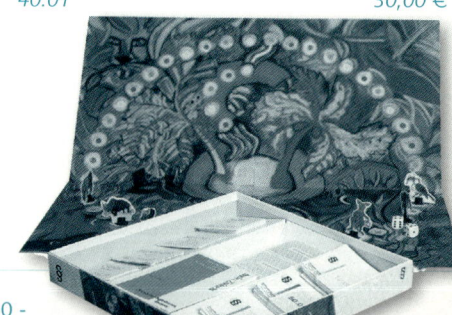

Bestellschein

Intelligentes Lernen mit der hemmer-Methode

Bestellen Sie:
per Fax: 09 31/79 78 240
per e-Shop: www.hemmer-shop.de
per Post: hemmer/wüst Verlagsgesellschaft
Mergentheimer Str. 44, 97082 Würzburg

D						

Kundennummer (falls bekannt)

Absender:

Name: Vorname:

Straße: Hausnummer:

PLZ: Ort:

Telefon: E-Mail-Adresse:

Bestell-Nr.:	Titel:	Anzahl:	Einzelpreis:	Gesamtpreis:

+ Versandkostenanteil: 3,30 €
ab 30.- € versandkostenfrei!

Gesamtsumme

Prüfen Sie in Ruhe zuhause!
Alle Produkte dürfen innerhalb von 14 Tagen an den Verlag (Originalzustand) zurückgeschickt werden. Es wird ein uneingeschränktes gesetzliches Rückgaberecht gewährt. Hinweis: Der Besteller trägt bei einem Bestellwert bis 40 € die Kosten der Rücksendung. Über 40 € Bestellwert trägt er ebenfalls die Kosten, wenn zum Zeitpunkt der Rückgabe noch keine (An-) Zahlung geleistet wurde.
Ich weiß, dass meine Bestellung nur erledigt wird, wenn ich in Höhe meiner Bestellungs-Gesamtsumme zzgl. des Versandkostenanteils zum Einzug ermächtige. Bestellungen auf Rechnung können leider nicht erledigt werden. Bei fehlerhaften Angaben oder einer Rücklastschrift wird eine Unkostenpauschale in Höhe von 8 € fällig. Die Lieferung erfolgt unter Eigentumsvorbehalt.

Buchen Sie die Endsumme von meinem Konto ab:

Kontonummer:

BLZ:

Bank:

☐ Schicken Sie mir bitte unverbindlich und kostenlos
Informationsmaterial über hemmer-Hauptkurse in _____

Ort, Datum: Unterschrift:

bitte abtrennen oder kopieren